本书出版得到北京大学历史学系离退休教师科研专项基金资助

中国人怎样看世界
近代中国认识世界走向世界人物研究

王晓秋 著

光明日报出版社

图书在版编目（CIP）数据

中国人怎样看世界：近代中国认识世界走向世界人物研究 / 王晓秋著. -- 北京：光明日报出版社，2025.
1. -- ISBN 978-7-5194-8422-4

Ⅰ.K250.7

中国国家版本馆 CIP 数据核字第 2025B346M0 号

中国人怎样看世界：近代中国认识世界走向世界人物研究
ZHONGGUOREN ZENYANG KAN SHIJIE：JINDAI ZHONGGUO RENSHI SHIJIE ZOUXIANG SHIJIE RENWU YANJIU

著　　者：王晓秋	
责任编辑：李壬杰	责任校对：李　倩　乔宇佳
封面设计：中联华文	责任印制：曹　净

出版发行：光明日报出版社

地　　址：北京市西城区永安路 106 号，100050

电　　话：010-63169890（咨询），010-63131930（邮购）

传　　真：010-63131930

网　　址：http://book.gmw.cn

E - mail：gmrbcbs@gmw.cn

法律顾问：北京市兰台律师事务所龚柳方律师

印　　刷：三河市华东印刷有限公司

装　　订：三河市华东印刷有限公司

本书如有破损、缺页、装订错误，请与本社联系调换，电话：010-63131930

开　　本：170mm×240mm	
字　　数：228 千字	印　　张：16.5
版　　次：2025 年 1 月第 1 版	印　　次：2025 年 1 月第 1 次印刷
书　　号：ISBN 978-7-5194-8422-4	
定　　价：95.00 元	

版权所有　　翻印必究

自序：近代中国人怎样看世界

光阴似箭，岁月如梭，不觉已年过八旬，进入耋耋之年。回顾五十多年学术生涯，正如墙上所挂座右铭："史海遨游，古今求索，东西纵横，其乐无穷。"静心盘点以往论述，发现还有若干学术成果，可称一家之言，尚可奉献社会。

笔者1959年考入北京大学历史学系，有幸身受翦伯赞、邓广铭、周一良、邵循正、陈庆华等史学名师教诲。1964年毕业留校担任中国近代史教研室教师，从助教、讲师、副教授，到教授、博士生导师、教研室主任，直至2013年退休，2017年带完最后两位博士生。其间还多次前往日本、韩国、美国、泰国等国访问研究、讲学交流，但始终没有离开中国近代史教学和研究的岗位。

笔者深感研究中国近代史不能仅仅就中国论中国，而必须放开视野用世界眼光，把中国放在世界全局和国际关系变化中加以考察，研究分析中国与世界各国的互动、交流、影响与比较。因此，从改革开放以来，笔者坚持以近代中国与世界作为学术主攻方向，研究和教学领域涉及近代政治史、思想史、文化史以及中外关系史、中外文化交流史、中外历史比较研究等，已经出版了一系列著作和论文。可是笔者发现这些年来一直重点关注的一个课题，即近代中国人认识世界与走向世界的人物研究尚未做系统整理和出书。恰好光明日报出版社约稿，笔者便想把这些年有关的新旧研究成果做一番梳理总结和修改加工，作为多年治史心得之一，贡献给读者参考。

　　本书的主题是试图通过对近代人物的深入具体研究，探讨近代中国人怎样看世界，论述近代中国人认识世界和走向世界的艰难曲折历程，总结其历史经验教训。尤其是发掘中国近代改革和革命的先驱者在认识世界和走向世界历程中的种种闪光点，作为我们实现中华民族伟大复兴的宝贵精神财富。本书力图把宏观研究与微观研究、创新思维与扎实考证、个案研究与综合研究以及比较研究相结合，发前人未发之言，阐述学界尚未深入探讨的新观点、新史料，如孙中山的世界眼光、康有为的仿洋改制、傅云龙的海外游历、汪荣宝的立宪日记、魏源著作的日本刻本等。尽管这些论文大多曾发表过，但是修改加工后集中整理汇编起来，可能也会给中国近代史的研究者、学习者或对历史有兴趣的读者提供一些参考和启示，这也正是笔者在 81 岁时编著本书的意图和期望。

王晓秋
2023 年 10 月
于北京大学蓝旗营公寓遨游史海斋

目 录
CONTENTS

第一章　孙中山研究:20 世纪初最有世界眼光和国际影响的中国人 …… 1

　第一节　论孙中山的世界眼光 ……………………………… 1

　第二节　辛亥前孙中山在日本和南洋的革命活动 ………… 12

　第三节　孙中山的崇高威望和国际影响 …………………… 21

第二章　康有为研究:洋为中用倡导变法的维新派领袖 ………… 28

　第一节　论康有为的仿洋改制 ……………………………… 28

　第二节　康有为《光绪二十三年列国政要比较表》新探 …… 52

　第三节　变法推手康有为 …………………………………… 67

第三章　黄遵宪研究:近代中外文化交流史上最杰出的代表人物 ……… 76

　第一节　黄遵宪研究的回顾与展望 ………………………… 76

　第二节　黄遵宪与中日笔谈 ………………………………… 95

第四章　傅云龙研究:走向世界的海外游历使 …………… 108

　第一节　论傅云龙与 1887 年海外游历使 ………………… 108

　第二节　傅云龙的拉丁美洲之行 …………………………… 143

第五章　汪荣宝研究：清末钦定宪法的起草者 …… 158
　　第一节　《汪荣宝日记》与清末制宪 …… 158
　　第二节　汪荣宝与清末京城立宪派 …… 169

第六章　林则徐、魏源研究：近代开眼看世界的先驱者 …… 187
　　第一节　林则徐是近代中国开眼看世界的第一人 …… 187
　　第二节　林则徐笔下的清代西北丝绸之路 …… 193
　　第三节　魏源《海国图志》在日本的传播和影响 …… 198

第七章　综论 …… 216
　　第一节　晚清中国改革先驱者的世界认识 …… 216
　　第二节　晚清中国人走向世界的历史轨迹 …… 227
　　第三节　晚清中国官员三次集体出洋之比较 …… 235

参考文献 …… 248

附　录 …… 250
　　王晓秋学术简历 …… 250
　　王晓秋学术著作目录 …… 253

后　记 …… 255

第一章

孙中山研究：20世纪初最有世界眼光和国际影响的中国人

第一节 论孙中山的世界眼光

辛亥革命的领导人、中国民主革命的伟大先驱者孙中山先生是19世纪末20世纪初中国最有世界眼光和国际影响的革命家、政治家、思想家，是一位站在时代前列，高瞻远瞩、有雄才大略的伟人。他留给我们许多宝贵的历史遗产和精神财富，值得我们深入学习研究和继承发扬。本节试图站在当今新时代的高度，重新认识和阐述孙中山世界眼光的丰富内涵和超越前人与同时代人的特点。

一、放眼世界全局

孙中山的世界眼光超越前人与同辈之处，首先是他放眼全球的广阔视野和关注全局的国际战略眼光。

古代中国人由于时代与知识的局限，往往误以为"中国即天下"，缺乏世界眼光。进入近代时期，中国与世界都发生了前所未有的大变局。最初，受到鸦片战争的刺激，林则徐、魏源等爱国开明士大夫开始"睁眼看世界"，提倡"师夷长技以制夷"。接着，容闳、郭嵩焘等一批留学生、外交官开始"走出国门看世界"。然后，曾国藩、李鸿章等洋务派官僚鼓吹

"中体西用",求强求富。19世纪末,康有为、梁启超等维新派精英主张改革政治,"变法图强"。而革命派的志士们则立志推翻清王朝,革命救国。此时,孙中山站在时代的最前列,第一个发出了"振兴中华"以实现民族复兴的时代最强音。他放眼全球,以世界形势和世界潮流为考察中国命运和道路的出发点,通过"内审中国之形势,外察世界之潮流,兼收众长,益以新创"①,提出了三民主义的革命纲领和建国方略的建设蓝图,表现出高瞻远瞩的世界眼光。

孙中山早在1879年13岁时就随母亲远赴夏威夷探亲,开始走向世界。"始见轮舟之奇,沧海之阔,自是有慕西学之心,穷天地之想。"② 此后,他"远观历代,横览九洲","综览古今,旷观世宙","感慨风云,悲愤时局"。认识到必须把中国的命运与世界的变化紧紧相连,"吾人眼光不可不放远大一点,当看至数十年、数百年以后,及于全世界各国方可"③。

孙中山一生在海外生活20多年,到过亚洲、欧洲、美洲的许多国家,居住时间较长的如美国、英国、日本、越南、新加坡等。其间,他留心观察各国"富国强兵之道,化民成俗之规","时局变迁之故,睦邻交际之宜"。④ 深入研究世界政治、经济、文化、社会各个方面,以及国际关系、人类前途等全局性问题。在他的著述、讲演、谈话、信函中涉及的国家和地区至少有70多个,地名2000多个,其放眼世界视野之宽阔,为前人与同辈所远远不及。

更重要的是孙中山能综观世界全局,关注全球发展趋势,探索对外方略。以往大家不太注意的是他除了在各种讲演中经常分析世界形势和国际关系外,在1921年还曾计划撰写《外交政策》一书,并已列出全书目录,分别对日本、美国、英国、俄国、德国、法国、意大利、奥地利等国的外

---

① 孙中山. 孙中山全集:第7卷 [M]. 北京:中华书局,1985:1.
② 孙中山. 孙中山全集:第1卷 [M]. 北京:中华书局,1981:47.
③ 孙中山. 孙中山全集:第2卷 [M]. 北京:中华书局,1982:320.
④ 孙中山. 孙中山全集:第1卷 [M]. 北京:中华书局,1981:8.

交政策进行深入系统的剖析研究，进而探讨中国的外交政策及其失败的原因，阐述外交政策与三民主义等的关系及展望未来的外交政策。他归纳该书的宗旨即"一言以蔽之，求恢复我国家以前之一切丧失土地和主权，和恢复人民自由平等而已"①。虽然此书因准备出师北伐而未写成，但是孙中山通过长期曲折的革命实践，总结过去各种对外交往中的失败挫折和经验教训，逐渐加深了对帝国主义和世界格局的认识，终于形成了自己最后的国际战略，那就是他在1924年国民党一大上宣布的，"要反抗帝国侵略主义，将世界受帝国主义所压迫的人民来联络一致，共同动作，互相扶助，将全世界受压迫的人民都来解放"②。也就是他在临终《国事遗嘱》中所说："余致力国民革命凡四十年，其目的在求中国之自由平等。积四十年之经验，深知欲达到此目的，必须唤起民众及联合世界上平等待我之民族，共同奋斗。"③ 为了争取中国的独立自由，实现中华民族伟大复兴，必须联合世界上一切平等待我们的国家和被压迫民族，反对帝国主义的侵略和殖民主义的霸权。

二、顺应世界潮流

孙中山世界眼光最精髓之处，是他能够努力地去观察、认识，进而把握、顺应世界的潮流。他在各种演讲、著述、谈话、题词中常常强调要"应世界之潮流""外察世界之潮流""适乎世界之潮流"。尤其是1916年9月他在浙江海宁观看钱塘江大潮后，挥笔题词曰："世界潮流，浩浩荡荡，顺之则昌，逆之则亡。"④ 这生动形象地阐明了世界潮流就像那滔滔浪潮，汹涌澎湃，奔腾向前，势不可当。

那么，作为生活在19世纪下半叶到20世纪初的孙中山，认为当时到

---

① 孙中山．孙中山全集：第5卷［M］．北京：中华书局，1985：569．
② 孙中山．孙中山全集：第9卷［M］．北京：中华书局，1986：126．
③ 孙中山．孙中山全集：第11卷［M］．北京：中华书局，1986：639．
④ 孙中山．孙中山全集续编：第2卷［M］．北京：中华书局，2017：175．

底有哪几种世界潮流是必须顺应的呢？他认为主要有以下三种潮流，而且对它们的认识是与时俱进、逐步加深的。

其一是民主革命的世界潮流。孙中山指出："吾人试观近几百年来，世界各国之发达，咸食赐于革命风潮，先由欧洲，而美洲，而亚洲，革命风潮所向无敌。"① 他在宣传反清革命思想，发动辛亥革命的时候，大力鼓吹反对封建专制，推翻君主独裁，进行暴力革命，实现民主共和，以顺应民主革命的世界潮流。强调"可观各国历史及现今形势，则知革命为世界潮流，亦即为顺天应人事业"②。他曾说："予之于革命建设也，本世界进化之潮流，循各国已行之先例，鉴其利弊得失，思之稔熟，筹之有素，而后订为革命方略。"③

因此，孙中山借鉴法国、美国、俄国、土耳其等世界各国民主革命的历史经验，结合中国国情，创建了自己的三民主义革命理论和革命方略，发动了推翻清王朝建立共和国的辛亥革命。他承认："中国的革命思潮是发源于欧美，平等自由的学说也是由欧美传进来的。"④ 但是，他又指出了欧美平等自由学说的缺点和流弊，而主张民权主义，认为"我们革命不能够单说是争平等，要主张争民权"⑤。

孙中山在进行民权主义演讲时，指出"世界潮流的趋势，好比长江、黄河的流水一样，水流的方向或者有许多曲折，向北流或向南流的，但是流到最后一定是向东的，无论是怎么样都阻止不住的"⑥。他把人类社会历史的发展分为依次递进的洪荒时代、神权时代、君权时代、民权时代。他认为"世界的潮流，由神权流到君权，由君权流到民权。现在流到了民权，便没有方法可以反抗"。只要"我们顺着潮流做去，纵然一时失败，

---

① 孙中山. 孙中山全集：第5卷[M]. 北京：中华书局，1985：628.
② 孙中山. 孙中山全集：第6卷[M]. 北京：中华书局，1985：10.
③ 孙中山. 孙中山全集：第6卷[M]. 北京：中华书局，1985：204.
④ 孙中山. 孙中山全集：第9卷[M]. 北京：中华书局，1986：293.
⑤ 孙中山. 孙中山全集：第9卷[M]. 北京：中华书局，1986：298.
⑥ 孙中山. 孙中山全集：第9卷[M]. 北京：中华书局，1986：297.

将来一定成功,并且可以永远的成功"。谁要"反抗世界的潮流,倒行逆施,无论力量是怎么样大,纵然一时侥幸成功,将来一定是失败,并且永远不能再图恢复"①。正是孙中山对世界潮流的这种认识和对革命的信念,使他尽管发动多次武装起义遭到失败,但是仍然始终不动摇,不灰心,屡败屡战,越挫越奋,再接再厉,百折不回,坚持斗争,直至辛亥革命成功,创立中华民国。

其二是民族解放运动的世界潮流。孙中山早年就曾受到夏威夷人民反抗美国吞并的斗争和菲律宾人民反对西班牙殖民统治的斗争的启发和鼓舞。19世纪末至20世纪初,他更看到世界上出现了民族解放运动的高潮,尤其是亚洲各国被压迫民族开始觉醒。除中国爆发辛亥革命外,亚洲其他国家如朝鲜、越南、菲律宾、印度、伊朗、阿富汗等国都发生了反对殖民统治争取民族独立的民族解放运动。孙中山认为中国的民族革命与亚洲各国的民族解放运动应该是互相联系和互相支持的。"亚洲民族亦感此世界潮流,将必起而抵抗欧洲强权也。"② 因此,他很早就开始与亚洲各国革命志士联系交流,尤其在辛亥革命后,更积极支持和援助朝鲜、越南等国的民族解放运动。

其三是社会主义的世界潮流。孙中山很早就关注欧洲的社会主义思想和社会主义运动。他在欧美亲眼看见工业发达后,社会贫富不均造成的社会矛盾尖锐。"于是乎社会主义之潮流,得应时顺势,而趋向于我人之脑海。"③ "其影响于人类世界者,既重且大。"④ 因此,他深入考察研究欧美社会主义的各种派别、学说及社会革命、社会党等问题,赞扬马克思的学说,甚至曾要求加入第二国际。孙中山结合中国国情,把社会主义理论融入其民生主义思想之中,甚至宣称"民生主义就是社会主义"⑤,还鼓吹

---

① 孙中山. 孙中山全集:第9卷 [M]. 北京:中华书局,1986:267.
② 孙中山. 孙中山全集:第8卷 [M]. 北京:中华书局,1986:402.
③ 孙中山. 孙中山全集:第2卷 [M]. 北京:中华书局,1982:506.
④ 孙中山. 孙中山全集:第2卷 [M]. 北京:中华书局,1982:507.
⑤ 孙中山. 孙中山全集:第9卷 [M]. 北京:中华书局,1986:355.

"欲使外国之资本主义以造成中国之社会主义，而调和此人类进化之两种经济能力，使之互相为用，以促进将来世界之文明也"①。特别是到其晚年，更是赞扬苏联的社会主义成就，提倡联苏、联共、扶助农工的三大政策。因此，尽管孙中山的思想总体上仍属于民主主义思潮范畴，对社会主义的认同还带有主观空想色彩，但是他已经对民主主义有所突破和超越，反映了他能够与时俱进，站在世界潮流前列的远见卓识。

三、吸收世界智慧

孙中山世界眼光最高明之处是他善于吸收世界智慧，主动借鉴和运用各种人类优秀的文明成果。他在谈到自己思想的来源时说："余之谋中国革命，其所持主义，有因袭吾国固有之思想者，有规抚欧洲之学说事迹者，有吾所独见而创获者。"②孙中山提倡"发扬吾固有之文化，且吸收世界之文化而光大之，以期与诸民族并驱于世界"③。他既主张对中国的传统文化要珍惜、继承、扬弃和超越，又主张对外来文化要吸收、借鉴、选择和融合，故而形成了一种对中外精神文明成果交融贯通创新的文化取向。

孙中山博览群书，学贯中西。他从小受过传统文化的启蒙，少年时代又受到西方文化的熏陶。"忆吾幼年，从学村塾，仅识之无。不数年得至檀香山，就傅西校，见其教法之善，远胜吾乡。故每课暇，辄与同国同学诸人，相谈衷曲，而改良祖国，拯救同群之愿，于是乎生。"④青年时代，他在香港西医书院，除学医之外，还广泛阅读有关法国大革命、英国议会的历史，以及达尔文进化论等书籍，同时对传统经世之学、二十四史等也感兴趣。后来赴英国，在伦敦蒙难脱险之后，经常去大英博物馆博览群书。即使在日本流亡期间，也大量阅读各种政治、经济、历史等书籍，至

---

① 孙中山. 孙中山全集：第6卷 [M]. 北京：中华书局，1985：398.
② 孙中山. 孙中山全集：第7卷 [M]. 北京：中华书局，1985：60.
③ 孙中山. 孙中山全集：第7卷 [M]. 北京：中华书局，1985：60.
④ 孙中山. 孙中山全集：第2卷 [M]. 北京：中华书局，1982：359.

今日本还保存他在1914年至1915年多次向东京丸善书店购书的清单。根据学者对上海孙中山故居藏书的统计和研究，孙中山生前购置和收藏的西文书籍当在1800种以上，其中包括政治学、哲学、经济学、社会学、历史学、军事学、宗教学和自然科学等众多领域的代表性、前沿性著作。可以说"在20世纪初的中国人中，就阅读西文书籍数量之多、方面之广、层次之高而言，恐怕找不出第二个人可以超越孙中山"①。

孙中山曾经说过："余所治者乃革命之学问也。凡一切学术，有可以助余革命之知识及能力者，余皆用以为研究之原料，而组成余之'革命学'也。"② 所以他如饥似渴地从世界历史书籍中吸取各国革命的历史经验和教训，并从中探索革命的方法和道路，把握世界历史发展变化的趋势和大局，作为其发动和领导中国民主革命的借鉴。他还从世界各国的哲学、政治学、经济学、社会学著作及各种思想学说中寻找救国救民和建设中国的方案、措施。孙中山的三民主义革命纲领和建国方略建设蓝图吸收了东西方文明的精华，以一切对中国革命和振兴中华有用的中外思想文化为其思想学说的原料素材，博取兼收，益以创新。同时，他又反对盲从欧美和全盘西化，指出"我们拿欧美以往的历史来做材料，不是要学欧美，步他们的后尘"，而是要把中国改造成一个真正实现民主克服欧美流弊的创新的民国，"要驾乎欧美之上"。③ 故而他的眼光能够超越其前辈和同时代的政治家。

四、胸怀世界民众

孙中山的世界眼光最可贵之处，是他胸怀世界民众，以民为本，关心民众疾苦，同情世界上一切被压迫民族和劳苦大众，立志为世界民众"打不平""谋幸福"。

---

① 姜义华. 天下为公，孙中山思想剪影[M]. 南京：江苏人民出版社，2011：4.
② 孙中山. 孙中山全集：第5卷[M]. 北京：中华书局，1985：55.
③ 孙中山. 孙中山全集：第9卷[M]. 北京：中华书局，1986：314.

孙中山不同于那些洋务派官僚和改良派士绅,他们往往眼睛朝上,只关注中外帝王将相、英雄豪杰的事迹,如李鸿章崇拜的是拿破仑、俾斯麦,康有为鼓励光绪皇帝仿效彼得大帝和明治天皇。而孙中山是农民家庭出身,最了解和同情平民大众的疾苦和要求,他认为"今日革命则立于民众之地位,而为之向导,所关切者民众之利害,所发抒者民众之情感","故革命事业由民众发之,亦由民众成之"。① 他指出革命党人的宗旨,就是要使"人人平等自由,世界幸福,人人共享,将野蛮变为文明,不平等变为平等"②。

因此,孙中山在《建国方略》中说:"以我五千年文明优秀之民族,应世界之潮流,而建设一政治最修明,人民最安乐之国家,为民所有,为民所治,为民所享者也。"③ 他提倡民生史观,把人民大众的生活、国民的生计、群众的生命作为社会历史发展的中心问题和社会进化的原动力。"要把历史上的政治、社会、经济种种中心都归之于民生问题,以民生为社会历史的中心。"④

中华民国政府建立后,孙中山明确宣布"政府之官吏,乃人民之公仆"⑤。他常对来访的民众讲,总统在职一天,就是国民的公仆,是为全国国民服务的,而且他始终以身作则,廉洁奉公,不谋私利。他还十分关心在世界各地的华侨华人尤其是华工的生活和疾苦。

孙中山环顾世界,看到欧美资本主义国家存在社会贫富不均,资本家剥削压迫工人的现象后,尖锐地指出:"文明有善果,也有恶果。须要取那善果,避那恶果。欧美各国,善果被富人享尽,贫民反食恶果,总由少数人把持文明幸福,故成此不平等的世界。我们这回革命,不但要做国民

---

① 孙中山. 孙中山全集:第7卷[M]. 北京:中华书局,1985:2.
② 孙中山. 孙中山全集:第5卷[M]. 北京:中华书局,1985:629.
③ 孙中山. 孙中山全集:第6卷[M]. 北京:中华书局,1985:159.
④ 孙中山. 孙中山全集:第9卷[M]. 北京:中华书局,1986:377.
⑤ 孙中山. 孙中山全集:第2卷[M]. 北京:中华书局,1982:349.

的国家，而且要做社会的国家，这决是欧美所不能及的。"①

孙中山不仅关心中国民众的疾苦，而且关心和同情世界上一切被压迫民族和被压迫被剥削的劳苦大众。他在三民主义演讲中表示："中国如果强盛起来，我们不但是要恢复民族的地位，还要对于世界负一个大责任。""要济弱扶倾，才是尽我们民族的天职。我们对于弱小民族要扶持他，对于世界的列强要抵抗他。如果全国人民都立定这个志愿，中国民族才可以发达。若是不立定这个志愿，中国民族便没有希望。我们今日在没有发达之先，立定扶倾济弱的志愿，将来到了强盛的时候，想到今日身受过了列强政治经济压迫的痛苦，将来弱小民族如果也受这种痛苦，我们便要把那些帝国主义来消灭，那才算是治国平天下。"② 孙中山把中国人民和世界被压迫被剥削民众的命运连在一起，显示出他高尚博大的胸怀。

五、追求世界大同

孙中山世界眼光最伟大之处还在于他有远大崇高的理想抱负，追求"天下为公""世界大同"的人类社会理想境界，作为他向往的社会建设目标和未来世界新秩序。而且他自己身体力行，大公无私，为争取中国与世界各民族的公平正义，维护中国统一与世界和平而奋斗终生，鞠躬尽瘁，死而后已。

"天下为公""大同世界"的理想原是中国儒家文化的精粹，在儒学经典《礼记·礼运·大同篇》中曾有阐述。孙中山继承发扬中华传统文化的精华，引进西方思想新理念，结合近代中国国情和世界变化，融入其三民主义思想学说之中。孙中山指出："在吾国数千年前，孔子有言曰'大道之行也，天下为公'。如此，则人人不独亲其亲，人人不独子其子，是为大同世界。大同世界即所谓天下为公。要使老者有所养，壮者有所营，幼

---

① 孙中山. 孙中山全集：第1卷 [M]. 北京：中华书局，1981：327，328.
② 孙中山. 孙中山全集：第9卷 [M]. 北京：中华书局，1986：253.

者有所教。孔子之理想世界，真能实现，然后不见可欲，则民不争，甲兵亦可以不用矣。"① 他不仅在各种演说谈话中多次阐发，而且在其给人书写的题词中有一百多件都是写的"天下为公"或者"大同""博爱"等内容。

虽然古代儒家表达了对大同社会的憧憬，近代思想家康有为甚至专门写了《大同书》，详细描绘大同世界的理想图景，但是他们找不到通向大同世界的道路。而孙中山的三民主义学说既是对这种天下为公的大同理想的近代诠释，也是对实现大同世界理想的现实途径的认真探索。孙中山说，"我们三民主义的意思，就是民有、民治、民享"，"就是国家是人民所共有，政治是人民所共管，利益是人民所共享"，"就是孔子所希望的大同世界"。② 为了克服贫富不均，他还主张"平均地权"和"节制资本"。孙中山特别强调大同理想必须通过革命途径来实现，他指出："我们革命的目的是为众生谋幸福，因不愿少数满洲人专利，故要民族革命；不愿君主一人专利，故要政治革命；不愿少数富人专利，故要社会革命。"③ 他还进一步解释，"民族主义是对外打不平的"，"民权主义是对内打不平的"，民生主义"是对资本家打不平的"，"革命军的责任，要把不平等的世界打成平等的"。④ 只有通过革命消除不平等，才能为实现天下为公大同世界的理想创造前提。

孙中山"天下为公""大同世界"理想的内涵，包含了追求人类社会的公平、正义、和平、幸福，以及人类精神的无私、博爱、和谐、诚信。他试图用这种理想去改造中国、改造世界，抨击各种不平等、不合理的现象并与之做斗争。如对内揭露批判清王朝的君主专制、袁世凯的独裁复辟、北洋军阀的腐败卖国，以及贵族、官僚、地主、资本家对人民的压迫剥削。对外揭露批判帝国主义、殖民主义的侵略扩张，以及对殖民地半殖

---

① 孙中山. 孙中山全集：第6卷 [M]. 北京：中华书局，1985：36.
② 孙中山. 孙中山全集：第9卷 [M]. 北京：中华书局，1986：394.
③ 孙中山. 孙中山全集：第1卷 [M]. 北京：中华书局，1981：329.
④ 孙中山. 孙中山全集：第9卷 [M]. 北京：中华书局，1986：503.

民地国家的掠夺、奴役。孙中山还提倡用仁义道德的东方"王道文化",去对抗功利强权的西方"霸道文化"。1924年11月,他在日本神户的演讲中,曾经尖锐地责问日本:"从今以后对于世界文化的前途,究竟是做西方霸道的鹰犬,或是做东方王道的干城?"①

孙中山向往的大同社会不仅是中国的大同,也是世界的大同。他指出:"国家是人人的国家,世界是人人的世界。"②"我们今日要把中国失去了的民族主义恢复起来,用此四万万人的力量为世界上的人打不平,这才算是我们四万万人的天职。"③因此,他相信中华民族的复兴必将为世界带来和平、开放、光明的前景。早在1904年,孙中山在《中国问题的真解决:向美国人民的呼吁》一文中,就曾向美国人民和世界各国庄严宣告:"一旦我们革新中国的伟大目标得以完成,不但在我们的美丽的国家将会出现新纪元的曙光,整个人类也将得以共享更为光明的前景。普遍和平必将随中国的新生接踵而至,一个从来也梦想不到的宏伟场所,将要向文明世界的社会经济活动而敞开。"④可见,他早已把中华民族的复兴与世界大同理想的实现紧密联系起来了。

综上所述,孙中山的世界眼光包含了他放眼世界全局,顺应世界潮流,吸收世界智慧,胸怀世界民众,追求世界大同等丰富内涵,表现了他超越前人和同时代人的高瞻远瞩和雄才大略,对今天尚有宝贵的现实意义和当代价值。在当今建设中国特色社会主义现代化的新时代,我们继承发扬孙中山的思想遗产,应该树立科学的世界眼光和世界意识,认清当今新的百年大变局的世界形势与世界格局,顺应和平、发展、合作、共赢的世界潮流,反对帝国主义和霸权主义,坚持以人民为中心,促进世界文化的交流互鉴,为实现中华民族的伟大复兴,为构建人类命运共同体、共谋全

---

① 孙中山. 孙中山全集: 第11卷 [M]. 北京: 中华书局, 1986: 409.
② 孙中山. 孙中山全集: 第9卷 [M]. 北京: 中华书局, 1986: 63.
③ 孙中山. 孙中山全集: 第9卷 [M]. 北京: 中华书局, 1986: 226.
④ 孙中山. 孙中山全集: 第1卷 [M]. 北京: 中华书局, 1981: 255.

世界人民的和平幸福而努力奋斗。

（初稿原载于《团结报》2021年12月23日）

第二节　辛亥前孙中山在日本和南洋的革命活动

从1895年策划广州起义失败到1911年辛亥革命爆发，这十五年间孙中山先生的绝大部分时间都是在海外度过的。其中时间最长的是日本，辛亥前进出日本十余次，居住五年多。其次是南洋（包括今东南亚的越南、新加坡、马来西亚、泰国等国），也进出多次，居住四年左右。① 日本和南洋成为孙中山和中国革命党人进行革命活动最重要的两个海外基地，对辛亥革命的发动起了重大的作用。本节试图以世界眼光和亚洲视角，从历史事实出发，用比较研究的方法，对孙中山辛亥前在日本和南洋的革命活动做一番初步的比较。

一

孙中山先生赴日本和南洋，虽然都是因其革命活动遭到挫折而被迫流亡海外，但他不畏艰难，百折不挠，以其顽强的革命毅力，在日本和南洋开展了大量革命组织和宣传活动，最终使日本和南洋成为中国革命党人海外活动的两个重要基地。

1895年10月，孙中山策划兴中会广州起义，因消息泄露而失败。他遭到清政府通缉，从广州逃到香港，清政府又要求香港英国殖民政府引渡，11月被迫离港赴日，这是他第一次流亡日本。

1896年10月，孙中山在英国伦敦遭清政府驻英公使馆绑架囚禁，经英国友人救援脱险，于1897年8月再赴日本开展革命活动。

---

① 据《孙中山年谱长编》《孙中山日本史事编年》等资料统计。

<<< 第一章 孙中山研究：20世纪初最有世界眼光和国际影响的中国人

1900年6月，孙中山第一次下南洋，先到越南西贡（今胡志明市），再到新加坡，营救其日本友人宫崎寅藏与清藤幸七郎出狱，但不久即被英国殖民当局勒令离境。同年10月在台湾策划惠州起义，又因饷械不继而失败，只得又一次流亡日本。

1905年7月，孙中山由欧洲赴日本，筹建中国同盟会。10月，日本政府在清政府要求下决定驱赶孙中山出境。于是，孙中山再度流亡南洋，在越南、新加坡发展革命组织，筹集革命经费。1906年10月返回日本，不久即再次遭到日本政府驱逐。

1907年3月，孙中山又赴南洋，在越南策划指挥中国西南边境的多次反清武装起义。1908年1月，被越南法国殖民当局驱逐出境，但他仍坚持到新加坡、马来西亚、暹罗（今泰国）进行活动。

1910年6月，孙中山由美国赴日，又遭日本政府下驱逐令，被迫再下南洋，先到新加坡，再到马来西亚，在槟城策划广州黄花岗起义，1910年11月，再遭英国殖民当局驱逐。

从以上简要回顾孙中山辛亥前的海外流亡经历可以看到他处于何等艰难境地，屡遭革命失败挫折和清政府的通缉、追杀以及日本政府与英法殖民当局的驱逐、迫害。但孙中山先生不仅没有气馁，还顽强奋斗，以大无畏的坚强革命意志和毅力，终于把流亡地日本和南洋变成中国革命党人海外革命活动的两个重要基地。主要表现在以下三个方面：

首先是孙中山在日本和南洋建立、发展革命团体，使其成为中国革命党人的海外组织基地。

1895年11月，孙中山首次赴日不久，就在日本横滨建立了兴中会横滨分会，成为中国革命党人在日本的第一个革命团体。

1902年12月到越南后，又组织了兴中会河内分会，建立了南洋华侨中的第一个革命团体。

1905年8月，孙中山在日本创建中国同盟会，成为辛亥革命的领导核心，也是中国第一个革命政党。孙中山担任同盟会总理，制定了三民主义革命纲领，总部下设3部6科，以及国内外5大支部，包括南洋支部。

1905年10月，孙中山亲自到南洋，在越南建立同盟会西贡堤岸分会。1906年4月到新加坡，组织同盟会新加坡分会。8月又赴马来西亚建立同盟会吉隆坡分会，之后在马来西亚槟榔屿（槟城）、芙蓉、怡保、瓜拉庇劳、麻坡和关丹等地也先后成立了同盟会分会，甚至还派人到印度尼西亚爪哇成立了荷属东印度的同盟会分会。①

1908年秋，同盟会新加坡分会升格为同盟会南洋支部，成为南洋的革命活动中心。孙中山亲自为此发了《设立中国同盟会南洋支部通告》。②1910年10月，南洋支部迁到马来西亚槟城。

其次，孙中山在日本和南洋大力开展革命宣传活动，使其成为中国革命党人的海外宣传基地及与保皇派论战的主要战场。

孙中山在日本通过发表演讲、谈话、文章，创办报刊、学校，发行书籍等各种方式进行革命宣传，传播革命思想，扩大革命影响。

1895年孙中山刚到日本，就把带来的《扬州十日记》《原君》《君臣》等反清革命宣传品让横滨华侨、经文印刷店主冯镜如广为印刷散发。1899年，他还亲自绘制了《支那现势地图》，鼓动中国有志之士"感慨风云，悲愤时局"，"奋发为雄，乘时报国"。③他还指示刘成禺撰写《太平天国战史》，并亲自为之写序，宣传反清革命。④影响最大的则是孙中山1905年8月13日在东京中国留学生欢迎大会上的演说和1906年12月2日在《民报》创刊周年庆祝大会上的演说，系统阐述了孙中山的三民主义革命纲领，⑤使其深入人心，成为发动辛亥革命的指导思想和理论基础。孙中山还在同盟会机关报《民报》上发表《发刊词》等重要文章，制定了

---

① 颜清湟. 东南亚华人之研究［M］. 香港：香港社会科学出版社有限公司，2008：109，126.
② 孙中山. 孙中山全集：第1卷［M］. 北京：中华书局，1981：394.
③ 孙中山. 孙中山全集：第1卷［M］. 北京：中华书局，1981：187.
④ 孙中山. 孙中山全集：第1卷［M］. 北京：中华书局，1981：258-259.
⑤ 孙中山. 孙中山全集：第1卷［M］. 北京：中华书局，1981：323-331.

《中国同盟会革命方略》等重要文件。面对保皇派对革命的攻击，在日本，孙中山与革命派以《民报》等报刊为阵地，与保皇派的《新民丛报》等报刊展开了一场激烈的论战，最后取得了论战的胜利，促进了革命形势的发展。

孙中山在南洋也用各种方式开展革命宣传。如孙中山亲自给南洋华侨和同盟会成员写信，仅《孙中山全集》第一卷中就收有他给新加坡华侨领袖陈楚楠、张永福和马来西亚华侨领袖邓泽如等的50多封书信。还有一些演讲、谈话，如仅在马来西亚槟城就曾发表4次公开演讲，宣传民族主义和革命思想。①

在南洋，孙中山和革命党人还采取创办报纸、书报社和剧团的形式进行革命宣传。如孙中山的支持者在新加坡创办的《图南日报》《中兴日报》《星洲晨报》《南侨日报》和在槟城创办的《光华日报》，大力制造革命舆论，传播革命信息。各地还创办了许多书报社，免费提供《革命军》等革命书刊，广泛传播革命思想。当时在新马两地至少设立了58个宣传革命的书报社，著名的如新加坡的星洲书报社、同德书报社、开明演说阅报社和槟城的槟城书报社（又称槟城好学会）等。② 在越南西贡，一些粤剧团还上演了《梁红玉》《岳飞》《戚继光》等历史剧，以激发华侨的民族观念和爱国心。

新加坡还成为革命派与保皇派论战的第二个重要战场，以革命派的《中兴日报》与保皇派喉舌《南洋总汇新报》为主要阵地，双方亦发表了数百篇文章，围绕革命与改良展开激烈论战。孙中山还化名"南洋小学生"，亲自撰写了三篇文章刊登在《中兴日报》上参与论战，即《论惧革命已瓜分者乃不识时务者也》《平实尚不肯认账》和《平实开口就会错》。③

---

① 孙中山. 孙中山全集：第1卷 [M]. 北京：中华书局，1981：493.
② 颜清湟. 东南亚华人之研究 [M]. 香港：香港社会科学出版社有限公司，2008：111.
③ 孙中山. 孙中山全集：第1卷 [M]. 北京：中华书局，1981：380-383，383-385，386-389.

前者对保皇派攻击革命会招致瓜分的论调进行有力反击,后两篇则批判了改良派的时势观。

最后,孙中山还在日本和南洋策划、组织、指挥兴中会和同盟会的多次武装起义,使其成为中国革命党人辛亥前发动反清武装起义的海外基地。

1900年,孙中山先在日本后到台湾地区,策划和指挥兴中会发动会党举行的惠州起义。他还准备以菲律宾独立军在日本购买的军火供惠州起义军使用,并有一些日本志士参与了这次起义。1905年孙中山在日本创立中国同盟会后,也立刻开始策划发动华南武装起义,同盟会本部还在横滨设立了制造弹药的机关。

孙中山制定了在华南粤、桂、滇三省特别是边境地区发动武装起义的战略,加上日本政府对其革命活动的限制,因此1905年10月以后,孙中山把在海外策划、指挥武装起义的主要基地迁到了南洋,着重在南洋华侨中筹饷、筹款和动员组织起义队伍,并就近指挥起义行动。他在越南河内甘必达街61号设立指挥机关,先后策划组织了1907年5月的潮州黄冈起义、6月的惠州七女湖起义、9月的防城起义、12月的镇南关起义,以及1908年3月的钦州起义、5月的河口起义等一系列武装起义。这些起义的经费大半出自南洋各地华侨之捐款。1908年3月的钦州起义,主力就是由200余名越南华侨组成的中华国民军南军。河口起义也是由越南河内同盟会成员黄明堂、王和顺等发动的。[1] 南洋华侨在历次起义中或筹措经费,或输送武器、接济粮草,或参加起义、冲锋陷阵,发挥了重要作用。1910年11月,孙中山亲自到马来西亚槟城召开会议,具体策划辛亥年的广州起义,会议决定以广州为起义地点,向南洋华人募集10万元经费,以新军为起义骨干,并选出500名革命志士为先锋。[2] 据统计,1911年4月27日广

---

[1] 冯自由. 华侨革命开国史[M]. 上海:商务印书馆,1947:40.
[2] 颜清湟. 东南亚华人之研究[M]. 香港:香港社会科学出版社,2008:135.

州黄花岗起义中，牺牲的革命党人共86人，其中南洋华侨就有27人。①此外，南洋也成为历次武装起义失败后革命逃亡者的避难所。1907年12月镇南关起义失败后，就有数百名革命志士逃亡到南洋栖身。

二

孙中山先生辛亥前在日本和南洋的革命活动也有一些不同的特点，主要表现在其革命活动发动依靠的对象和革命工作重点的差异，这是由两地不同的国情、形势、社会环境和孙中山革命战略和策略造成的。

首先是孙中山在日本和南洋进行革命活动主要发动和依靠对象的不同。孙中山刚到日本时，最初接触的也是旅日华侨。1905年11月组织兴中会横滨分会时，主要成员基本上都是旅日华侨商人，如印刷业侨商冯镜如、冯紫珊，洋服业侨商谭发，杂货业侨商赵明乐等人。②但1898年戊戌变法失败后，康有为、梁启超等改良派领袖流亡日本，华侨界却多数倾向于改良派，连孙、康两派合办的横滨大同学校也被康派把持。直到留日热潮的出现，形势才发生了变化。

20世纪初出现了一个大批中国学生涌向日本留学的热潮，其人数从1900年的百人左右增加到1903—1904年的一两千人，再到1905—1906年形成高潮达七八千人，以后每年仍有三五千人。大约辛亥前十年至少有两三万中国学生先后赴日本留学。之所以出现这样一个声势浩大的留日热潮，主要是民族危机严重，爱国救亡思想的高涨，同时也与清政府实行清末新政，废除科举，鼓励留学以及日本明治政府吸引留学生政策有关。这些青年学子到日本接触到新思想、新文化，又因祖国贫弱而遭日本人歧视侮辱而受刺激，更痛恨清政府的腐败卖国，通过1903年拒俄运动和1905年反对日本《取缔规则》风潮等爱国运动，思想日益革命化。正如鲁迅先生描写的留日学生们"一到日本，急于寻求的大抵是新知识，除学习日

---

① 邹鲁.广州二月二十九日革命史［M］.上海：商务印书馆，1944.
② 冯自由.革命逸史：第四集［M］.北京：中华书局，1981：15.

文，准备进专门的学校之外，就赴会馆，跑书店，往集会，听讲演"①。孙中山也指出"赴东求学之士类，多头脑新洁，志气不凡，对于革命理想，感受极速，转瞬成为风气"②。这个群体成为孙中山在日本宣传革命、组织革命团体最理想的发动、依靠对象。1905年孙中山创建的中国同盟会，其领导骨干和最初成员，除孙中山外绝大多数是留日学生，如黄兴、宋教仁、胡汉民等，同盟会机关报《民报》的编辑、撰稿人，同盟会总部派往各省和海外各地的主盟人，也几乎是留日学生。所以孙中山后来说，当年在日本组织同盟会主要依靠一万多名留日学生"发起救国，提倡革命的风潮"③。

孙中山先生在南洋主要发动、依靠的对象则始终是南洋各地的华侨，他在南洋的革命活动几乎完全以华侨社会为中心。中国人移居南洋，历史悠久，尤其是17世纪中叶以后，广大华侨在南洋各国历尽艰辛，勤劳创业，为南洋各国的开发做出了重大贡献。但自从西方列强势力东渐，南洋越南、新马、爪哇均沦为法国、英国、荷兰的殖民地，华侨受到殖民当局各种歧视和压迫，而且受到清政府的刁难和迫害。清政府把华侨视为甘愿"自弃王化"的天朝莠民，使华侨成为有国难归、有苦难诉的海外孤儿。因此，广大南洋华侨具有浓厚的民族意识和强烈的爱国思想，他们既痛恨殖民主义侵略压迫和清政府腐败卖国，又急切期望祖国独立富强，他们比较容易理解和接受孙中山的革命思想，从而积极支持和参与孙中山的革命活动。

当然，具体到南洋各地和各阶层华侨对孙中山革命活动的态度也不完全一样。如越南华侨有一部分是明末清初辗转流落到越南的明清遗民后裔，还有一部分是太平天国农民起义失败后逃亡到越南的起义军，以及曾在越南抗法的刘永福黑旗军将士及其后裔，他们的反清革命意识比较强

---

① 鲁迅.鲁迅全集：第6卷[M].北京：人民文学出版社，1981：558.
② 孙中山.孙中山全集：第6卷[M].北京：中华书局，1985：235-236.
③ 孙中山.孙中山全集：第8卷[M].北京：中华书局，1986：322.

第一章 孙中山研究：20世纪初最有世界眼光和国际影响的中国人

烈。在南洋华侨的富商和上层人士中，受保守和传统观念影响较深，并受到康、梁改良派的影响较大，还担心清政府对他们在国内的亲属实行报复，因此对孙中山的革命思想和行动尚有疑虑。但也有一部分较激进的分子成为孙中山的坚定支持者和南洋革命团体的骨干。而华侨下层如店员、小商贩、种植园工人、码头工人则很多成为孙中山革命活动的积极支持者和参与者。

其次，孙中山在日本和南洋进行革命活动的工作重点也有所不同。孙中山在日本除了发动组织留日学生参加革命外，另一个工作重点就是争取日本政府和日本各界人士支持和援助中国革命，他为此投入了大量的精力和时间。这是与孙中山的中日联合抵御西方的"兴亚"思想及与日本大陆浪人的结交分不开的。孙中山早在甲午战争前就肯定日本明治维新的成效，他在1894年《上李鸿章书》中指出"试观日本一国，与西人通商后于我，仿效西方亦后于我，其维新之政为日几何，而今日成效已大有可观"①。他后来甚至说："日本明治维新是中国革命的第一步，中国革命是日本明治维新的第二步。"② 孙中山倡导中日两国联合起来，共同抵御西方侵略以复兴亚洲的思想，因此对日本政府和各界人士支持中国革命寄予厚望。他在日本流亡期间广泛结交日本各界人士，包括政治家、财界、军界、外务省官员、大陆浪人、文人学者以至妇女界领袖（如下田歌子）等，积极对他们做争取工作。而这些人对孙中山和中国革命则抱着形形色色的动机和态度，对孙中山革命活动的支持度也大不相同。其中确有一批日本人真诚希望中日友好合作，并始终坚定支持孙中山的革命事业，如宫崎寅藏、梅屋庄吉、南方熊楠、菅野长知等人，他们为孙中山革命事业奔走出力，捐钱筹款，甚至献出生命，如惠州起义中牺牲的山田良政。但也有一些人则主张以日本为盟主，日中提携，实现兴亚，如黑龙会的头山满、内田良平等。至于日本政府及其政界、军界、外交界要员们更多是从

---

① 孙中山. 孙中山全集：第1卷 [M]. 北京：中华书局，1981：15.
② 孙中山. 孙中山全集：第11卷 [M]. 北京：中华书局，1986：365.

日本国家利益和大陆扩张政策出发，有时利用孙中山和革命党势力牵制清政府，实现其南进侵略意图。而当清政府对日妥协让步时，便接受清政府的要求，将孙中山驱逐出境，如1906年清政府庆亲王奕劻奉西太后之命致函日本驻韩国总监伊藤博文要求驱逐孙中山。1907年2月伊藤便通过内田良平，劝告孙中山"自动出境"。1910年10月孙中山从美国前往日本，又遭到日本桂太郎政府的驱逐，使孙中山寻求日本政府援助的工作遭到重挫。

孙中山在南洋虽也曾求助过越南法国殖民当局，但很快放弃了幻想。1900年，孙中山从日本赴南洋前曾在东京会见过法国驻日公使哈马德，请求法国政府援助起义军火被拒绝。到越南后，法国殖民总督韬美只派一名助手会面，毫无结果。1902年，孙中山应邀参观越南河内工业博览会，法国总督仅派其私人秘书接待他，并按法国政府的指示，拒绝支持孙中山的革命活动。因此，孙中山在南洋革命活动的工作重点，除了进行革命宣传和组织革命团体外，主要放在向南洋华侨筹款，特别是为发动武装起义集资筹饷之上。他认为经费是武装起义取得成功的关键，有了经费才可以购买武器弹药，发给队伍军饷，收买清军官兵，以及一旦起义失败时转移安顿革命志士。南洋华侨人数众多，财力雄厚，所以他号召南洋华侨对革命最有效的贡献莫过于捐款。实际上孙中山在南洋策划发动的粤、桂、滇六次武装起义的经费大部分出自南洋华侨的捐助。据他自己估计，历次起义共用经费约二十万元，其中越南、暹罗（泰国）华侨捐款五六万元，新马、爪哇等地华侨捐款至少也有四万多元。[①] 孙中山这项工作取得了相当的成功。

孙中山在南洋还做了一些支援亚洲殖民地国家民族解放运动的工作。他曾总结南洋各国受西方殖民主义侵略亡国的历史教训，并把中国革命与亚洲各国争取民族解放的斗争联系起来。1905年，孙中山在日本东京曾与

---

① 孙中山. 孙中山全集：第1卷 [M]. 北京：中华书局，1981：421-422.

越南民族解放运动领袖潘佩珠进行过两次长时间笔谈。他的民主革命思想对潘佩珠的影响很大。1907年，孙中山在越南活动期间，曾与越南爱国人士取得密切联系。孙中山与越南东京义塾的教员做过几次笔谈，并向他们表示：一旦中国革命的大事告成，不论越南兄弟需要什么样的帮助，都将乐意给予。①

孙中山先生曾指出："世界潮流，浩浩荡荡，顺之则昌，逆之则亡。"② 一百多年前，孙中山先生正是顺应世界民主革命和民族解放的历史潮流，以大无畏的革命精神，通过艰苦卓绝的革命活动，使日本和南洋成为辛亥前中国革命党人宣传革命思想，组织革命团体，发动武装起义两个最重要的海外基地，对辛亥革命的发动起了重大作用。孙中山在日本和南洋的主要发动和依靠对象——留日学生和南洋华侨也为辛亥革命做出了巨大贡献。这些革命事迹和历史经验教训都是值得我们认真深入研究和总结的。

（原载于《北京大学学报》2011年第5期）

第三节 孙中山的崇高威望和国际影响

孙中山先生是中国民主革命伟大的先驱者，中华民族杰出的民族英雄。他是一位走在时代前列的伟人，一位在近代中国与世界上具有标志性意义和影响的历史人物。他在全中国包括海峡两岸的中国人、全球华侨华人乃至全世界各国各界人士中，享有崇高威望和深远影响。

然而，现在有些人却在千方百计地歪曲历史事实，贬低孙中山的历史

---

① 杨万秀，周成华. 孙中山与越南 [M] // 林家有，李明. 孙中山与世界. 长春：吉林人民出版社，2004：549.
② 陈旭麓，郝盛潮. 孙中山集外集 [M]. 上海：上海人民出版社，1990：660.

功绩，否定其历史地位，抹黑其人格形象，抹杀其国际影响。更有甚者，"台独"势力还企图通过鼓吹"去孙中山化"，作为其推行"去中国化"实现"台独"阴谋的一种手段。

本节试图通过列举孙中山生前与逝世后，国内外人士与舆论对孙中山评价和怀念的几则具体史料与史实，来说明孙中山在国人心目中的崇高威望和在国际上的深远影响。

一、北大的民意调查

有人说孙中山的影响，生前主要是在南方和海外华侨之中，而在北方和青年中，其实威望并不高。这绝非事实！笔者在研究北京大学校史资料时，曾发现一条饶有趣味的史料，足以驳斥这种说法，证明孙中山生前就已经深受包括北京大学学生在内的北方青年与民众的敬仰和爱戴。

在1924年3月5日的《北京大学日刊》上公布了一条有趣的民意调查结果。这是北京大学平民教育讲习会在北大25周年校庆纪念日对北大学生进行的一次民意测验。该调查问卷的第六道题是："你心目中国内或世界的大人物是哪几位？"尽管关于国内大人物的答案涉及古今、五花八门，获得提名的人数不少，但是最后统计票数结果显示，孙中山先生是众望所归，他以473票的绝对优势遥遥领先。其次才是新文化运动领袖、曾任北大文科学长的陈独秀获173票，北大老校长蔡元培获153票。而其他人物都不满50票，如曾经不可一世的独裁者袁世凯只有5票，前大总统黎元洪仅得1票。[①] 从这份民意调查结果统计中，可以看出孙中山在当时北京大学学生心目中的崇高威望和受到敬仰和爱戴的程度，以及与当时其他人物的比较。

---

① 朱务善.本校二十五周年纪念日之民意测量（续）[N].北京大学日刊，1924-03-05.

<<< 第一章　孙中山研究：20世纪初最有世界眼光和国际影响的中国人

二、台湾的追悼会

有人说孙中山当时的影响仅限于中国大陆地区，而台湾地区在1945年之前尚受日本殖民统治，因此孙中山1925年去世时，台湾民众并没有多少反应，甚至认为孙中山与台湾其实没有什么关系。这也完全不符合事实。

最近查阅孙中山去世之年1925年，由孙中山先生国葬纪念委员会编集的《哀思录》一书。该书收录了孙中山去世后，国内外各界团体、人士的唁函、唁电、祭文、悼念活动纪事等。其中就有台湾民众追悼孙中山的纪事报道。"孙先生讣音传来，台湾岛人无不暗暗洒泪。台湾有志社因起而召集同志于3月24日在同市文化讲座（台湾文化协会）开追悼会。是夜大雨淋漓，街道泥泞不能行，到会者仍有五千人之多。但因会场太窄，最多只容得三千人，于是不得入会场在场外敬礼叹嗟而去者，实有二千人之多。入会场者尽佩一黑布条，态度严肃，自七时（开会前半小时已满员）起到十时止，无私行退场者，可见台湾人对于先生之热诚。"①

值得注意的是，纪事还揭露了当时统治台湾的日本殖民当局对台湾民众悼念孙中山活动的破坏和打压。开会前一天，殖民当局就传唤追悼会主办单位干事到警察署去，勒令"将已做好之吊歌作废，不得在会场唱。又将做好的吊辞削去一百多字，又命当日会场不准演说"②。

好在纪事仍报道了被日本殖民当局禁止在追悼会上念诵的由台湾有志社张我军所作的孙中山悼词全文。摘要如下："唉！大星一坠，东亚的天地忽然黯淡无光了……消息传来，我岛人五内俱崩，如失了魂魄一样，西望中原，禁不住泪浪滔滔了……你年少弱冠便委身于救国运动和革命事业。你在40年的中间，始终用了你的不挠不屈的毅力，你的表现始终一贯的精神，来实行你千移不易的主义。那专制蛮横的清廷的迫害，那无恶不作的军阀的压迫，那野心勃勃的外国帝国主义的嫉视，终不能奈何先生。

---

① 孙中山先生国葬纪念委员会编印. 哀思录 [M]. 1925：398-399.
② 孙中山先生国葬纪念委员会编印. 哀思录 [M]. 1925：398-399.

你的精神、你的理想，虽未十分实现，但是你的毅力勇气，已推倒清廷，建造了民国，吓坏了无耻的军阀和残酷的帝国主义，唤醒了四万万沉睡着的人们……先生的肉体虽和我们告别了，然而先生的精神、先生的主义，是必永远留在人类的心目中。活现先生的事业，是必永远留在世界上灿烂。"① 这篇充满感情的悼词，表达了台湾民众对孙中山先生及其精神、思想、事业的拥护和敬仰，也证明了孙中山先生在当时台湾民众中的崇高威望。

在《哀思录》一书中，还收录了北京大学台湾学生会为悼念孙中山先生而写的挽联："三百万台湾刚醒同胞，微先生何人领导？四十年祖国未竟事业，舍我辈其谁分担！"② 也体现了当时的台湾同胞尤其是青年学生对孙中山先生的拥戴，以及对台湾光复、祖国统一大业的期待和责任感、使命感。

三、外国报刊的评价

1925年孙中山逝世后，孙中山先生葬事筹备处收到吊唁孙中山先生的大量唁电、祭文、挽联，曾编为《哀思录》一书。而次年，又有伍达光选录部分中外报刊对孙中山的评论，编为《孙中山评论集》，1926年5月由国民书局出版。1927年又由三民公司编辑再版。通过这本史料，可以看出当时外国报刊舆论对孙中山的高度评价，证明了孙中山的巨大国际影响。

《孙中山评论集》首页就选录了美国报纸对孙中山的评价，把他列为现代五杰之一。"中山先生为现代五杰之先知先觉者。五杰者，印度之甘地、土耳其之凯美尔、俄之列宁、英之威尔逊与中国之孙中山也。"③ 第2页上英国报纸的评论强调孙中山在民族解放运动史上的地位。"世界留心时事之人，几已无不认孙逸仙博士为近代民族自决运动史上独一无二之突

---

① 孙中山先生国葬纪念委员会编印. 哀思录 [M]. 1925: 399.
② 孙中山先生国葬纪念委员会编印. 哀思录 [M]. 1925: 509.
③ 伍光达. 孙中山评论集 [M]. 上海：国民书局，1926: 1.

第一章 孙中山研究：20世纪初最有世界眼光和国际影响的中国人

出人物。"①

菲律宾的《自由日报》刊文赞扬孙中山的高尚人格，指出"一般人士之于孙博士，无论为敌为友，皆必有同情之观感，即孙博士之'忠诚淡泊'是也。中国之所谓一般领袖人物者，无不剥削备至，故皆肠肥囊满，惟孙博士则依然故我，为一'清贫之平民'……不愧为中国人之真正伟大人物矣"②。

俄国莫斯科《真理报》发表文章颂扬孙中山。"孙氏生命之伟大，在其不断前进，百折不摇，好学不倦……孙氏事业必可成功，所以孙氏在伟大人物历史中占一尊荣地位，而一切被压迫民族心中永不遗忘者也。"③

日本《东京朝日新闻》也高度评价孙中山，称赞他的"革命精神，感化力甚强，氏一生全为革命牺牲。氏不仅一思想家，亦一学者，同时又为一实行家"④。

朝鲜《东亚日报》刊文纪念孙中山。"先生出自寒微孤弱人家，天赋英迈之气质，受革命之大使命，为解放四万万中国民众，献其八尺之短躯，推倒三百年之帝政，树立万人平等之新政体。"⑤

英文《京津泰晤士报》称颂"中山先生手造民国，创中国数千年未有之局，功业动天地，声名溢华夷，是非所谓虽死犹生者耶"⑥。

英文天津《华北明星报》也认为"中国人之名震全球者，亦惟孙中山一人。在今日之中国人心中，为国民所竭诚拥戴者，除孙中山外殆无他人"⑦。

仅从以上《孙中山评论集》选录的几则外国与外文报刊评论中，已经

---

① 伍光达. 孙中山评论集 [M]. 上海：国民书局，1926：2.
② 伍光达. 孙中山评论集 [M]. 上海：国民书局，1926：1.
③ 伍光达. 孙中山评论集 [M]. 上海：国民书局，1926：3.
④ 伍光达. 孙中山评论集 [M]. 上海：国民书局，1926：4.
⑤ 伍光达. 孙中山评论集 [M]. 上海：国民书局，1926：6.
⑥ 伍光达. 孙中山评论集 [M]. 上海：国民书局，1926：8.
⑦ 伍光达. 孙中山评论集 [M]. 上海：国民书局，1926：9.

可以看出无论东西方、欧美或亚洲国家的报刊舆论，均承认和赞扬孙中山的历史功绩、历史地位，反映了孙中山巨大的国际影响和崇高的国际威望。

四、印度尼西亚总统的回忆

孙中山的活动和思想，曾对20世纪亚洲民族解放运动产生过巨大的影响。如他推翻清王朝的革命活动，捍卫民主共和的艰苦斗争，及其倡导的三民主义、振兴亚洲、天下为公、世界大同等思想，曾对亚洲各国如朝鲜、越南、菲律宾、泰国、印度尼西亚、印度等国的革命者、民族解放运动和独立运动的领导人产生过重大深远的影响。笔者曾收集和研究过不少有关史料，这里仅举菲律宾和印度尼西亚民族解放运动的领袖人物彭西和苏加诺的几段回忆来加以证明。

孙中山早在辛亥革命前流亡日本进行革命活动时，就受到亚洲各国为争取民族独立解放而斗争的革命青年的敬仰和推崇。当时曾与孙中山有过交往和友谊的菲律宾民族解放运动领导人彭西于1912年在菲律宾马尼拉出版了《孙逸仙——中华民国的缔造者》一书，热情赞扬孙中山是一位冷静而有理想的思想家、演说家。他回忆当年在日本流亡期间，"孙中山善于把远东各国的共同问题综合起来加以研究。因此，他成为一群来自朝鲜、中国、日本、印度、暹罗（泰国）和菲律宾的青年学生的热情鼓动者之一。"[①]。

印度尼西亚民族解放运动著名领袖、印度尼西亚共和国的缔造者和首任总统苏加诺，更是多次谈到他如何深受孙中山及其三民主义思想的影响。1956年8月15日，苏加诺总统在印度尼西亚雅加达为欢迎宋庆龄而举行的国宴上，曾深情地回忆道："我曾经把三民主义读过多少遍，它鼓舞我去斗争和热爱我的国家和人民。"他还说，自己是阅读了孙中山的著

[①] 周南京. 菲律宾与菲华社会 [M]. 香港：香港社会科学出版社有限公司，2007：179.

作以后才第一次知道"亚洲是一家"这个概念的。因此，他认为"孙中山不但是中国的领袖，也是整个亚洲的领袖"[①]。1956年10月4日，苏加诺总统在访问中国期间到清华大学讲演，又回忆道："在青年时代，我阅读过三民主义，我不是一次，而是两次、三次、四次，从头到尾地详细阅读三民主义。作为一个青年，我受到孙逸仙博士所提出的三民主义的鼓舞。三民主义即民族、民权、民生，鼓舞了我的灵魂。"[②] 后来，他把孙中山的三民主义思想与印度尼西亚的国情相结合，在1945年提出了五民主义"潘查希拉"，即印度尼西亚建国五原则，缔造了独立的印度尼西亚共和国。

综上所述，这些历史事实可以证明孙中山先生在国内和国际上的崇高威望和巨大影响是任何人也否定不了的。

（初稿原载于《团结报》2017年3月16日第7版）

[①] 周南京，孔远志. 苏加诺·中国·印度尼西亚华人 [M]. 香港：香港社会科学出版社有限公司，2003：119.
[②] 苏加诺总统在清华大学的演说 [J]. 新华半月刊，1956 (21)：15-18.

第二章

康有为研究：洋为中用倡导变法的维新派领袖

第一节 论康有为的仿洋改制

一、"托古改制"与"仿洋改制"

戊戌维新时期，维新派的代表人物康有为宣传变法思想，发动维新运动，常常运用两种手法：一曰"托古改制"，二曰"仿洋改制"。这两者的含义和目的究竟是什么呢？故宫新发现的内府抄本《杰士上书汇录》所收康有为的《恭谢天恩并陈编纂群书，请速筹全局折》指出："改者变也；制者法也。"可见，改制即变法也。又说："凡臣所著书，或旁采外国，或上述圣贤。"即有的仿洋，有的托古。"虽名义不同"，目的却是一个，"务在变法，期于发明新义，转风气推行新法，至于自强"[1]。用我们今天的语言来说，康有为的"托古改制"和"仿洋改制"，一则是"古为今用"，一则是"洋为中用"，就是运用古今中外历史来为维新变法现实斗争服务。而"仿洋改制"更反映了康有为向西方学习、走资本主义道路的政治主张。

---

[1] 康有为. 康有为全集：第四集 [M]. 姜义华, 张荣华, 编校. 北京：中国人民大学出版社, 2007：385.

<<< 第二章　康有为研究：洋为中用倡导变法的维新派领袖

关于康有为的"托古改制"，过去不少史学、哲学论文已有涉及。康有为在《新学伪经考》《孔子改制考》等著作中，把儒家的圣人孔子打扮成变法改制的祖师爷，为其变法维新提供历史根据和护身符。不过以往不太为人所知的是，康有为在前面提到的那份奏折中，还请示光绪皇帝，要不要把《孔子改制考》的书名干脆改为《孔子变法考》。另外，他又报告自己正在编纂的《皇朝列圣改制考》一书，"详述列圣因时制宜变通宜民之制"。其用意"亦以使守旧之徒无所借口，以挠我皇上新法"①。

至于康有为的"仿洋改制"，以前的研究却较少论及。笔者分析其原因主要有两条。一则可能是对康有为这方面的工作所起的作用估计不足，通常只把它看成缺乏理论色彩和实践意义的救亡宣传。其实，康有为提出的"仿洋改制"所起的作用很大，它不但为这次戊戌变法树立了活生生的学习榜样，而且总结了各国变法的历史经验教训，从各个方面论述了中国维新变法的必要性、可能性以及具体的步骤和措施。他所著述的外国变政考，不仅集中反映了康有为在戊戌维新期间向西方学习的思想和主张，而且简直就是光绪皇帝实行"百日维新"的具体蓝图。甚至可以说，康有为在"百日维新"期间所花精力最多的工作就是编纂这批各国变政考，向光绪提出仿效外国变法的建议。据《康南海自编年谱》记载，1898年6月，光绪在召见康有为后，即命其将所著各国变政考"立即抄写进呈"。当时，他已被任命为总理衙门章京上行走。康有为"乃片陈谨当昼夜编书，不能赴总署当差"。百日维新开始后，"时上频命枢臣催所著各国变政书，乃昼夜将日本变政考加案语于其上"。"一卷甫成，即进上，上复催，又进一卷。"直至8月底，他仍忙于"修英德变政记，日无暇晷"。在进呈了《日本变政考》以后，他又先后于阴历"六月进波兰分灭记、列国比较表，七

---

① 康有为. 康有为全集：第四集 [M]. 姜义华，张荣华，编校. 北京：中国人民大学出版社，2007：386.

29

月进法国变政考,其德英二国变政考至八月上,而政变生矣"①。而光绪皇帝得到这些书,也如获至宝,"阅之甚喜","日置左右,次第择而行之"。② 以至连光绪的上谕也常常采自他书中的内容或按语。因而,康有为在《康南海自编年谱》中自鸣得意地写道:"新政之旨有自上特出者,每一旨下,多出奏折之外,枢臣及朝士皆茫然不知所自来,于是疑上谕皆我所议拟,然本朝安有是事?惟间日进书,上采按语,以为谕旨。""自召见后,无数日不进书者,朝士不知进书,辄疑折函中,累累盈帙,故生疑议也。"③ 这当然有些自吹自擂,夸大了自己的作用,不过也说明了这批书对光绪影响之大。

另一个原因可能是以往这方面资料的缺乏。过去考察康有为仿效外国变法的思想,只能通过他给光绪几次上书以及《戊戌奏稿》所收康有为的奏折与几篇进呈外国变政考的序言,缺乏完整的大部头著作。对于康有为在百日维新期间给光绪进呈的几部未曾刊印的外国变政考,大多以为经过戊戌政变早已被抄没或销毁,难以再睹其真面目了。连康有为的弟子张伯桢的《万木草堂丛书目录》与陆乃翔等的《南海先生所著书目》中,也均称这些书已于戊戌八月政变时被抄没。然而,值得庆幸的是,康有为当时进呈给光绪的13卷《日本变政考》、7卷《波兰分灭记》以及《列国政要比较表》等书和当时内府抄录的康有为条陈《杰士上书汇录》,至今仍然原璧收藏于故宫。近几年来,笔者在故宫博物院同志们的热情帮助下,陆续看到了这批珍本。尽管尚有英、法、德等国变政考仍无下落,但这几部重要著作已为进一步研究康有为的外国变政考及其"仿洋改制"提供了极为宝贵、丰富的资料,而且可以纠正《戊戌奏稿》上的大量伪造、改篡之误,进而澄清康有为在百日维新期间的真实思想和主张。笔者曾在《历史

---

① 康有为. 康有为全集:第五集 [M]. 姜义华,张荣华,编校. 北京:中国人民大学出版社,2007:96.
② 陆乃翔. 康南海先生传:上编 [M]. 广州:万木草堂,1929:14.
③ 康有为. 康有为全集:第五集 [M]. 姜义华,张荣华,编校. 北京:中国人民大学出版社,2007:96.

研究》（1980年第3期上）中，对康有为"仿洋改制"的代表作《日本变政考》做了初步的评介和探讨，并质疑康有为的戊戌议会观。本节则试图进一步对康有为的三部外国变政考加以比较研究，并对其"仿洋改制"进行一番比较全面的剖析。

二、顺应时代的潮流

在具体考察康有为如何"仿洋改制"之前，有必要先分析一下康有为为什么要"仿洋改制"。

当时的中国面临着被帝国主义宰割、灭亡，沦为殖民地的危险，瓜分大祸迫在眉睫。怎样救亡图存，是摆在每一个有爱国心的中国人面前最迫切的问题，也是时代赋予进步的中国人的中心任务。康有为的"仿洋改制"就是在这种历史背景下产生的。

甲午战争失败以后，康有为几乎天天奔走呼号，陈述时势之险恶，救亡之紧急。1898年，他在京师保国会集会上慷慨陈词："吾中国四万万人，无贵无贱，当今日在覆屋之下、漏舟之中、薪火之上，如笼中之鸟、釜底之鱼、牢中之囚，为奴隶，为牛马，为犬羊，听人驱使，听人宰割，此四千年中二十朝未有之奇变。加以圣教式微，种族沦亡，奇惨大痛，真有不能言者也！"[1] 康有为放眼世界，环顾亚非，看到很多国家被西方列强宰割，而这些国家都是"守旧不变，君自尊，与民隔绝之国也"[2]，因而指出此种教训"中外同揆，覆车之辙，可为殷鉴"[3]，用来说明守旧就会亡国，要救亡就必须变法。

那么，那些欧美强国与日本又是怎么走上资本主义道路富强起来的

---

[1] 康有为. 康有为全集：第四集[M]. 姜义华，张荣华，编校. 北京：中国人民大学出版社，2007：57.

[2] 康有为. 康有为全集：第四集[M]. 姜义华，张荣华，编校. 北京：中国人民大学出版社，2007：103.

[3] 康有为. 康有为全集：第四集[M]. 姜义华，张荣华，编校. 北京：中国人民大学出版社，2007：4.

呢？它们进行资产阶级革命和改革的历史又提供了什么样的经验和榜样？康有为在1898年1月《上清帝第五书》中，举俄国与日本为例："昔彼得为欧洲所摈，易装游法，变政而遂霸大地。日本为俄美所迫，步武泰西，改弦而雄视东方。"① 他在《列国政要比较表》中对比了欧美列强不断扩张土地，亚非国家日益丧失领土之后指出，"其辟也，变法维新之故。其蹙也，守旧不变，或少变而不全变，缓变而不骤变之故"②。通过分析对比世界各国历史，康有为得出结论："夫今日在列大竞争之中，图保自存之策，舍变法外，别无他图。"③ 这就是他发动戊戌维新运动的重要理论根据，而且也是对变法维新必要性最有说服力的宣传。

康有为不但论证了中国变法的必要性，还指出了中国仿效外国变法成功的可能性与有利条件。除了中国土地辽阔、人口众多、物产丰富、文化悠久外，还有世界各国变法的经验教训可供借鉴，能够少走弯路，事半功倍，必能后来居上。欧美发展资本主义花了一二百年，日本学习西方明治维新，只用了二三十年就成功了。展望前景，康有为认为，如果中国能够效法西方、日本，进行资产阶级变法维新，"则三月而规模成，一年而条理具，三年而效略见，十年而化大成"④。

在瓜分危机的刺激下，经以康有为为首的维新派的大力宣传鼓动，进步的中国人已普遍认识到了："要救中国，只有维新，要维新，只有学外国。"⑤ 但是，究竟怎么样学外国呢？外国到底有哪些变法经验教训？这又是一个中国的官僚士大夫所不甚了了的新问题。康有为抨击那些权贵大

---

① 康有为. 康有为全集：第四集 [M]. 姜义华，张荣华，编校. 北京：中国人民大学出版社，2007：6.
② 康有为. 康有为全集：第四集 [M]. 姜义华，张荣华，编校. 北京：中国人民大学出版社，2007：352.
③ 康有为. 康有为全集：第四集 [M]. 姜义华，张荣华，编校. 北京：中国人民大学出版社，2007：6.
④ 康有为. 康有为全集：第四集 [M]. 姜义华，张荣华，编校. 北京：中国人民大学出版社，2007：89.
⑤ 毛泽东. 毛泽东选集：第四卷 [M]. 北京：人民出版社，1991：1470.

臣,"皆循资格而致,既已裹足未出外国游历,又以贵倨未近通人讲求","或竟不知万国情状,其蔽于耳目,狃于旧说,以同自证,以习自安"。①而中国多数的知识分子也只是埋头苦读四书五经,作八股诗文,应付科举考试,很少了解世界大势与各国地理历史。在这种情况下来学外国、讲变法,不啻"夜行无烛""瞎马临池",怎么能吸收外国经验,"究其本原,穷其利弊"呢?康有为不禁惊呼:"今日大患,莫大于昧。"② 因此,他决心下功夫编纂一批各国变政考,介绍各国变法经过,总结历史经验教训,以供中国的变法维新运动借鉴、采用,并解决向外国学什么和怎样学的问题。

由于康有为搞变法主要依靠光绪皇帝来进行,所以,他为阐发"仿洋改制"主张而编纂的各国变政考,主要也是进呈给光绪皇帝看的。康有为期望这批书进呈宫内之后,能够出现这样的局面:"皇上劳精垂意讲之于上,枢译诸大臣各授一册讲之于下。权衡在握,施行自异,起衰振靡,警聩发聋,其举动非常,更有迥出意计外者。风声所播,海内慑耸。"③ 他在《日本变政考》的跋中甚至对光绪声称:"切于中国之变法自强,尽在此书。臣愚所考万国书,无及此书之备者。虽使管葛复生,为今日计,无以易此。我皇上阅之,采鉴而自强在此。若弃之而不采,亦更无自强之法矣。"④ 俨然有欲以一部书救中国的气概。

总之,康有为的"仿洋改制"是顺应历史潮流而提出的,它不只是一个笼统的口号,而且包含了从促进中国维新变法的目的和需要出发,对各国历史经验教训做深入细致的具体分析。他曾自述:"臣二十年讲求万国

---

① 康有为. 康有为全集:第四集 [M]. 姜义华,张荣华,编校. 北京:中国人民大学出版社,2007:4.
② 康有为. 康有为全集:第四集 [M]. 姜义华,张荣华,编校. 北京:中国人民大学出版社,2007:4.
③ 康有为. 康有为全集:第四集 [M]. 姜义华,张荣华,编校. 北京:中国人民大学出版社,2007:14.
④ 康有为. 康有为全集:第四集 [M]. 姜义华,张荣华,编校. 北京:中国人民大学出版社,2007:274.

政俗之故，三年来译集日本变政之宜，日夜念此至熟也。"① 由此可见，康有为对"仿洋改制"可谓煞费苦心。下面，我们分别就现在所能见到的康有为"仿洋改制"的三部重要著作，做些具体的剖析和比较。

三、以俄国彼得改革为"心法"

《俄彼得变政记》是康有为所著各国变政考中唯一公开刊行的一部。此书一册，不分卷，约7000字，有序，无按语。《俄彼得变政记》于1898年3月进呈光绪，并收入同年4月上海大同译书局出版的石印本《南海先生七上书记》之中。

康有为为什么要编写《俄彼得变政记》，并期望光绪"以俄彼得之心为心法"呢？

最重要的原因是俄国当时也是个君主制国家，沙皇彼得一世的改革是"以君权变法"。而康有为所设计的中国维新变法道路也是由光绪皇帝"乾纲独断"，"以君权雷厉风行"，自上而下来实现变法。这是与英、美、法等西方国家都不同的。他在《上清帝第七书》中有一段话讲得很清楚："臣窃考之地球，富乐莫如美，而民主之制与中国不同；强盛莫如英、德，而君民共主之制，仍与中国少异。惟俄国其君权最尊，体制崇严，与中国同；其始为瑞典削弱，为泰西摈鄙，亦与中国同。然其以君权变法，转弱为强，化衰为盛之速者，莫如俄前主大彼得。故中国变法，莫如法俄，以君权变法，莫如采法彼得。"②

康有为希望光绪"以俄彼得之心为心法"。结合中国当时的具体情况，他究竟要光绪学习彼得大帝哪些方面呢？

首先，要求光绪学习彼得树立变法的决心，也就是顺应历史潮流，

---

① 康有为. 康有为全集：第四集［M］. 姜义华，张荣华，编校. 北京：中国人民大学出版社，2007：48.

② 康有为. 康有为全集：第四集［M］. 姜义华，张荣华，编校. 北京：中国人民大学出版社，2007：26.

第二章 康有为研究：洋为中用倡导变法的维新派领袖

"知时从变，应天而作"。康有为在书中特地描写彼得一世在听了法国人雷富卜德讲述西方文学、兵制后，深受刺激，流着眼泪说道："外国政治工艺皆胜我，何我国之不思仿效也？""于是有变政之心矣。"① 而且，彼得看到当时俄国"大臣之蒙昧也，政事之荒芜也，民俗之陋拙也"，无学校，无练兵，无通商，无制造良工，甚至还要向瑞典割地赔款，"乃慨然叹曰：非大改弊政，将为欧洲大国夷隶，为天下之大辱"。② 这种状况与19世纪末的中国何等相似。因此，康有为希望光绪也与彼得大帝一样痛下变法维新的决心。

其次，康有为要求光绪学习彼得"破弃千年自尊自愚之习"，"纡尊降贵，游历师学"，仿行"万国之美法"。③ 彼得一世曾微服简从，亲自游学瑞典、荷兰、英国、德国、法国等国，学习吸收各国的先进技术和政治、法律制度。康有为对此特别赞赏。对比中国的状况，他指出"考中国败弱之由，百弊丛积，皆由体制尊隔之故"，以致"咨谋无人，自塞耳目，自障聪明，故有利病而不知，有贤才而不识，惟有引体尊高，望若霄汉，虽比之外国君主，尊隔过之"。④ 他认为"皇上虽天亶聪明，而深居法宫，一切壅塞，既未尝遍阅万国以比较政俗之得失，并未遍见中国而熟知小民之困穷"，"故欲坐一室而知四海，较中外而求自强，其道无由"。⑤

最后，针对中国守旧顽固势力千方百计阻挠破坏变法维新，康有为还

---

① 康有为. 康有为全集：第四集［M］. 姜义华，张荣华，编校. 北京：中国人民大学出版社，2007：36.
② 康有为. 康有为全集：第四集［M］. 姜义华，张荣华，编校. 北京：中国人民大学出版社，2007：36.
③ 康有为. 康有为全集：第四集［M］. 姜义华，张荣华，编校. 北京：中国人民大学出版社，2007：26、27.
④ 康有为. 康有为全集：第四集［M］. 姜义华，张荣华，编校. 北京：中国人民大学出版社，2007：27.
⑤ 康有为. 康有为全集：第四集［M］. 姜义华，张荣华，编校. 北京：中国人民大学出版社，2007：28.

要求光绪学习彼得一世"乾纲独断","排却群臣阻挠大计之说"。① 他在《俄彼得变政记》中故意强调彼得如何打击反对变法的旧势力。当时彼得要出国游学,守旧大臣纷纷阻挠,"有谓国王宜端居国内,缓为化导,风俗自丕变者;有谓用外国法,须考外国书,与本国恐难适用者;有谓以国王之尊而出外游学,甚为可耻者"。而对于这些言论,"彼得不听"。俄国守旧的贵族大臣们还"恐彼得之取法大邦,力革秕政,不便其平日欺君殃民、保位营私之术也,煽亲兵作乱"。彼得知道后坚决果断地"悉聚而歼之"。② 康有为写的是俄国的守旧派,实际上揭露鞭挞的是中国的顽固派。他说:"盖变政之初,其世家贵族皆久豢富贵,骄倨积久,不与士类相见,又不读书,夜郎自大,皆以己国为极美善,故皆阻挠大计。动曰国体有碍,或曰于民不便。或出于愚昧,不知外国情形;或实惧君上之明,无所售其奸。虽知国势溃乱,漠不动心。以为一旦变法,而失吾富贵,毋宁使其不行焉。苟得负宠据位,以终吾之身,祸将不吾及。此患得患失之心,以亡人家国者。"他盛赞彼得"雷动霆震","已诛乱党,分别褫黜,遂立志改国政,大臣无一敢阻之者"。③ 彼得变法,制定新律,"屡诏群臣议士共议之。下三十六诏,议未就,继又下二十七诏敦迫",但是"大臣沮新议者,仍不绝",甚至"以大权倡谣诼,以惑国人"。彼得就使用高压手段,"诛其首恶,废其职"。此外,彼得改革时,贵族世爵子弟"多愚蠢骄蹇,每事沮挠"。彼得一世也采取断然措施,下令"今后勋贵有后嗣,无绩可记者,削其职,衹守禄"。④ 康有为在这方面写了这么多,体现出其"仿洋改制"的苦心,即希望光绪看了后能按彼得大帝那样行动,不听守

---

① 康有为. 康有为全集:第四集[M]. 姜义华,张荣华,编校. 北京:中国人民大学出版社,2007:37.
② 康有为. 康有为全集:第四集[M]. 姜义华,张荣华,编校. 北京:中国人民大学出版社,2007:36.
③ 康有为. 康有为全集:第四集[M]. 姜义华,张荣华,编校. 北京:中国人民大学出版社,2007:36.
④ 康有为. 康有为全集:第四集[M]. 姜义华,张荣华,编校. 北京:中国人民大学出版社,2007:39.

旧大臣的阻挠，镇压顽固派的破坏，以便雷厉风行变法，使新政通行无阻。

康有为在书末还罗列了所谓彼得遗嘱十四条。虽然据历史学家考证，"彼得遗嘱"可能是后人伪造，但是康有为觉得这十四条充分反映了彼得一世和俄国"欲翦灭各国，混一地球"，"为大地霸国"的扩张野心。而俄国历代沙皇"皆奉彼得遗嘱为大诰宝谟，日以开边灭国为事焉"。其中也包括侵占中国大片领土，"取吾黑龙江乌苏里江六千里地"。[①] 因此，把它公布出来，有助于提高中国人对沙俄侵略的认识和警惕性。

康有为在《上清帝第七书》中，盼望光绪皇帝"伏愿几暇垂鉴此书，日置左右，彼得举动，日存圣意，摩积激动，震越于中，必有赫然发愤不能自已者。非必全摹彼得，而神武举动，绝出寻常，雷霆震声，皎日照耀，一鸣惊人，万物昭苏，必能令天下回首面内，强邻改视易听。其治效之速，奏功之奇，有非臣下所能窥测者"[②]。可见，他对这部书的作用寄予了厚望。

四、以日本明治维新为"政法"

《日本变政考》是康有为在百日维新开始后，奉光绪旨意，于1898年7、8月间分卷陆续进呈的。此书正文共12卷，故宫所藏进呈正本为2函12册，约15万字。后来故宫又发现附录一卷，即第13卷《日本变政表》。这是康有为在戊戌年间最重要的一部著作，也堪称"仿洋改制"的一部代表作。

《日本变政考》是一部编年体史书，从明治元年（1868）起，至明治二十三年（1890）止。按时间顺序，分条记载了日本明治维新以后发生的

---

① 康有为. 康有为全集：第四集［M］. 姜义华，张荣华，编校. 北京：中国人民大学出版社，2007：40.
② 康有为. 康有为全集：第四集［M］. 姜义华，张荣华，编校. 北京：中国人民大学出版社，2007：28.

大事，重点是日本明治政府所实行的各项维新变法措施，有时甚至大段摘译其法令、条例、章程或演说的原文。书前有序，书末有跋，还在很多条正文之后，以"臣有为谨案"的形式加上长短不等的按语。这些按语一方面分析日本政府采取此项改革措施的原因、方法、意义，论述其成效、利弊；另一方面则结合中国实际情况，提出中国变法维新的具体建议，集中体现了他的变法主张。

康有为在这部书的跋语中断然宣称："我朝变法，但采鉴于日本，一切已足。"① 他为什么要选择日本明治维新作为中国变法最理想的样板呢？

首先，他认为日本变法的成效足以证明变法的必要和可能。日本明治维新经过30年变法改革，向西方学习，已见显著成效，初步达到了富国强兵发展资本主义的目标。这正是中国资产阶级改良派所梦寐以求的理想。日本在甲午战争中，竟一举打败了腐朽的清帝国。康有为和中国广大爱国知识分子痛感奇耻大辱，忧虑祖国的危亡，同时也更体会到日本变法的成效。因此他在《日本变政考》序中明确提出"不妨以强敌为师资"②，认为只有仿效日本，变法改制，才能挽救中国。而且日本明治维新的具体步骤、措施，也为中国变法指明了改革的途径和方法。日本变法的利弊、曲折，则提供了借鉴的经验和教训，可以"但收日人已变之成功，而舍其错戾之过节"③。

其次，日本明治维新采取的是以明治天皇为首的政府自上而下地实行资产阶级改革，这也恰恰是软弱的中国资产阶级改良派所希望走的道路。康有为幻想依靠光绪皇帝像明治天皇一样亲掌大权，发号施令，"以君权雷厉风行"，在中国实现自上而下的变法，"是在我皇上一反掌间，而措天

---

① 康有为. 康有为全集：第四集 [M]. 姜义华，张荣华，编校. 北京：中国人民大学出版社，2007：274.

② 康有为. 康有为全集：第四集 [M]. 姜义华，张荣华，编校. 北京：中国人民大学出版社，2007：104.

③ 康有为. 康有为全集：第四集 [M]. 姜义华，张荣华，编校. 北京：中国人民大学出版社，2007：104.

下于泰山之安矣"。① 光绪就是他心目中的明治天皇,他在书中也处处用明治天皇的榜样来劝谕光绪。

再次,康有为指出中国学习日本还有很多有利条件。"其效最速,其文最备,与我最近者,莫如日本。"② 因此,中国效法日本改制有很多方便条件和接近的心理因素。"其守旧政俗与吾同,故更新之法,不能舍日本而有异道。"③

《日本变政考》所要阐述的中心思想,即到底如何效法日本改制,也就是中国的变法究竟应该如何进行的问题。康有为在书中指出:"变法之道,必有总纲,有次第。"④ 他在该书跋里归纳了日本明治维新改革的要点,认为"其条理虽多,其大端则不外于:大誓群臣以定国是,立制度局以议宪法,超擢草茅以备顾问,纡尊降贵以通下情,多派游学以通新学,改朔易服以易人心数者,其余自令行若流水矣"⑤。这就是康有为在《日本变政考》中叙述日本变法措施的重点,也是他建议光绪实行的中国变法的总纲。

康有为指出日本明治维新之所以成功,"皆由日皇能采维新诸臣之言,排守旧诸臣之议故也"⑥。因此,中国实现变法的关键是要依靠光绪皇帝"乾纲独断,以君权雷厉风行"⑦。他以明治维新的史实为例,告诉光绪,

---

① 康有为. 康有为全集:第四集 [M]. 姜义华,张荣华,编校. 北京:中国人民大学出版社,2007:104.
② 康有为. 康有为全集:第四集 [M]. 姜义华,张荣华,编校. 北京:中国人民大学出版社,2007:103.
③ 康有为. 康有为全集:第四集 [M]. 姜义华,张荣华,编校. 北京:中国人民大学出版社,2007:274.
④ 康有为. 康有为全集:第四集 [M]. 姜义华,张荣华,编校. 北京:中国人民大学出版社,2007:223.
⑤ 康有为. 康有为全集:第四集 [M]. 姜义华,张荣华,编校. 北京:中国人民大学出版社,2007:274.
⑥ 康有为. 康有为全集:第四集 [M]. 姜义华,张荣华,编校. 北京:中国人民大学出版社,2007:135.
⑦ 康有为. 康有为全集:第四集 [M]. 姜义华,张荣华,编校. 北京:中国人民大学出版社,2007:117.

日本变法改制，连废藩这样的难事，"卒能毅然行"。可见，"天下无难事，全在持之以定力耳。若瞻前顾后，委曲迁就，则无一事可办矣"①。他还主张"维新之始，宜频有大举动，以震耸之"②。为了证明这一点，他故意把日本明治天皇于庆应四年三月十四日发布《五条誓文》一事，说成明治元年元月元日之事，写在第一卷开头，而且改动了誓文的内容和顺序，把原来第四条"破除旧习"放在第一条，以示突出，还加上了一句原文中没有的"咸与维新，与天下更始"的话。又把第五条原文"求知识于世界"，也改为"采万国之良法"，以符合其写各国变政考的宗旨。

康有为从维新派的立场出发，呼吁光绪广集公议，任用新人，特别是应破格提拔重用像他那样的"草茅之士"掌握新政大权。他在书中多次叙述明治天皇破除常格，重用维新志士，"公卿宰执，皆拔自下僚，起自处士"的做法；在附录《日本变政表》序中，又强调日本明治天皇"用人之始，即得三条实美、大久保、伊藤、大隈数人，数十年专信倚任之，其用人不杂也如此"③，其本意也是要光绪皇帝始终信任和重用自己。

在《日本变政考》中，康有为叙述最详细的是关于日本官制的改革，并具体介绍了日本从开对策所到立宪法、设议院逐步演变的过程。他认为变官制是变法之本，设立制度局是日本变法之一大关键："日本所以能骤强之故，或以为由于练兵也，由于开矿也，由于讲商务也，由于兴工艺也，由于广学校也，由于联外交也，固也，然皆非其本也。其本维何？曰：开制度局，重修会典，大改律例而已。盖执旧例以行新政，任旧人以行新法，此必不可得当者也。故唯此一事，为存亡强弱第一关键矣。"④ 这

---

① 康有为. 康有为全集：第四集 [M]. 姜义华，张荣华，编校. 北京：中国人民大学出版社，2007：136.
② 康有为. 康有为全集：第四集 [M]. 姜义华，张荣华，编校. 北京：中国人民大学出版社，2007：126.
③ 康有为. 康有为全集：第四集 [M]. 姜义华，张荣华，编校. 北京：中国人民大学出版社，2007：275.
④ 康有为. 康有为全集：第四集 [M]. 姜义华，张荣华，编校. 北京：中国人民大学出版社，2007：137.

也是为其在"百日维新"期间，反复向光绪帝争取让维新派人士参政，"开制度局于宫中，将一切政事重新商定"的政治纲领服务。

最后，作为中国民族资产阶级上层的政治代表，康有为还大声疾呼，为民族资产阶级争权利、谋利益。他极力推崇日本明治政府以国家力量鼓励发展资本主义工商业的"殖产兴业"政策，同时还注意提倡文化教育方面的改革。他在书中指出："日本之骤强，由兴学之极盛。其道有学制，有书器，有译书，有游学，有学会，五者皆以智其民者也，五者缺一不可。"[①]

总之，《日本变政考》描述了日本明治维新变法改革的整个过程，也涉及中国戊戌维新所需变革的各个方面。康有为把效法日本改制的主张、建议，有时寓意于记载日本变政的史实之间，有时则直接阐发于自己所写的按语之中。他把此书进呈于光绪御前，希望成为光绪皇帝变法的教科书和"戊戌维新"的蓝图。因此，他在该书最后的跋语中，踌躇满志地宣称："上日本变政，备于此矣。其变法之次第，条理之详明，皆在此书。其由弱而强者，即在此矣。"并声称"我朝变法，但采鉴于日本，一切已足。其凡百章程，臣亦采择具备，待措正而施行之。其他英、德、法、俄变政之书，聊博采览。然切于中国之变法自强，尽在此书"。"我皇上阅之，采鉴而自强在此。若弃之而不采，亦更无自强之法矣。"[②]

五、以波兰被瓜分灭国为"殷鉴"

康有为在百日维新期间进呈给光绪的另一部重要著作是《波兰分灭记》。此书未曾刊印，其进呈本现存北京故宫博物院。全书共有7卷，各卷均以叙述波兰历史为主，而以"臣有为谨案"的形式，联系中国实际，

---

① 康有为. 康有为全集：第四集 [M]. 姜义华，张荣华，编校. 北京：中国人民大学出版社，2007：169.
② 康有为. 康有为全集：第四集 [M]. 姜义华，张荣华，编校. 北京：中国人民大学出版社，2007：274.

发表评论和建议。

由于康有为进呈该书已值百日维新后期，即1898年8月中旬，因此，康有为编写和进呈《波兰分灭记》的目的和重点已经不是为什么要学外国与怎样学外国变法，而是如何扫除变法的阻力，把变法进行到底的问题。所以，他用《波兰分灭记》为光绪皇帝提供一个由于变法不及时、不果断，遭到守旧派破坏和外国干涉，以致变法失败，被瓜分灭国的惨痛教训，以此作为"前车之鉴"。他在书中讲的是波兰历史，影射的却是中国当时的政治现实，表达的是他对前途和国家危亡的忧虑，并以此激励光绪皇帝把变法进行到底的勇气和决心。

康有为在书中淋漓尽致地揭露波兰的守旧派如何反对、阻挠、破坏变法，实际上也是指桑骂槐，痛斥中国的顽固派，抨击顽固派对变法的猖狂反扑，警告他们不要使中国落得波兰的下场。

康有为在《波兰分灭记》一开始就谈到波兰原是个欧洲大国，面积超过了英、法、意、奥等国，但由于政治腐败，"蠢蠢吏员，每涎中饱之利，衮衮诸公，好为守旧之术"，以致"割地赔款，日不暇给；蒙垢忍辱，几不自持"。[①] 即使有少数有识之士，"洞悉时局，痛陈利弊者"，"而当道豪族皆守旧之人，无不压抑之，诬陷之"。"而每举一事，彼则援旧例以驳之。每进一官，彼则执资格以挠之。"[②] 这不正是当时中国顽固派反对变法的写照吗！接着他追溯波兰国王沙皮贤司几曾一度要改革，但守旧贵族竟敢"素持豪强，多抗王命"，阻挠改革的历史。指出："盖以王之变法图治，革弊维新，将有利于民，必不便于己也。又以王名誉过人而妒之，辄将排击之，以鼓煽民心，使其不服其治。故欲兴一利，则贵族阻挠之，欲除一弊，则贵族攻讦之。"即使国王是个愿意改革的贤主，"得一中材之佐

[①] 康有为. 康有为全集：第五集 [M]. 姜义华，张荣华，编校. 北京：中国人民大学出版社，2007：399.

[②] 康有为. 康有为全集：第四集 [M]. 姜义华，张荣华，编校. 北京：中国人民大学出版社，2007：399.

可以自强，乃竟为权臣所阻，奸佞盈廷，病国病民，法不克变"。① 国王变法不成，最后郁郁而终。

在卷三中，康有为刻画波兰守旧派的一段话简直就是在替中国顽固派画像："有言新学者，则斥之曰异端；有言工艺者，则骂之曰淫巧；有言开矿者，则阻之曰泄地气；有言游历者，则诋之曰通敌人；有言养民者，则谤之曰倡民权；有立国会者，则禁之曰谋叛逆，凡言新法新政者无不为守旧者所诋排攻击，甚至倡造谣言，颠倒是非，使言变法者为之噤口结舌。"② 这里说的是波兰，批判的分明是中国顽固派。卷六中还有一大段对顽固派入木三分的描写。书中写到，当时波兰的爱国志士"欲发愤变法图自立"，而守旧的大臣们竟说波兰是"贵族之国，万不可使百姓明白，只可使其慕富贵，即不敢悖君上，如是君位乃可保全"。若遇外国侵略，只需依靠俄国，"不必变法以从人"。有的大臣甚至认为"今波国之法，固甚善矣，立国已久，何必听莠言乱政，多事更张"。③ 康有为尖锐地揭穿波兰的贵族大臣们反对变法，其实是有的"不知变法为何物"，有的则"因虑变法多流弊，且无把握"。这些人当中，其有声望者，"一言变法，若不共戴天之仇"。其庸庸碌碌者，则"深虑变法之后失其禄位而已"。而其狡黠者，表面上附和，实际上"不过撷拾一二新法，亦乐得大众糊涂，一切权利可为彼播弄"。其贵族更仇恨变法，"盖变法之后，非有才则不用，彼自知无才，虑波王变法，即见弃也"。于是，这伙守旧势力一起攻击新法，"以为不可行之事"。对于忠心热血或通外国情势，晓解新法的维新志士，"大臣皆压抑之，诬以异端乱民，或更诬以欲为民主不道之语传播于国，

---

① 康有为. 康有为全集：第四集［M］. 姜义华，张荣华，编校. 北京：中国人民大学出版社，2007：401.
② 康有为. 康有为全集：第四集［M］. 姜义华，张荣华，编校. 北京：中国人民大学出版社，2007：406.
③ 康有为. 康有为全集：第四集［M］. 姜义华，张荣华，编校. 北京：中国人民大学出版社，2007：416.

务陷之罪以箝众口"。① 这一大段，借托写波兰史事，实际上把中国顽固派反对变法，攻击维新派的各种心理、动机、言行解剖得淋漓尽致，批判得体无完肤。他还指出有些波兰大臣甚至说："虽受制于俄，亦不失为国，若变法论才则我辈之国先亡矣。"② 这不是与中国顽固派军机大臣刚毅之流叫嚷"宁可亡国，不可变法"的论调如出一辙吗！康有为痛斥这伙顽固派"皆不以国之存亡为事，惟以一己之利禄为事。故不思外患，惟日事内讧而已"。③ 针对百日维新中光绪下的新政上谕遭到地方大员敷衍抵制，变法不能实施的情况，康有为也借波兰守旧派之口说出，反对变法最好的办法就是对变法新政"略为粉饰，外似准之，其实驳之，令将来亦不能行"，而且"王必不察"。波兰地方官僚皆用此议，"于是择新法而行其一二，而以具文视之，实未行也。忧国者于是知波之亡矣"④。这恰恰就是康有为对中国变法前途的忧虑。

　　康有为编纂《波兰分灭记》的另一个重点是揭露沙俄的扩张野心。针对三国还辽以后，中国官员普遍对俄有好感，尤其当权的慈禧太后、李鸿章之流有亲俄倾向。康有为指出决不能轻信与依赖俄国，他在书中大声疾呼："俄为虎狼之国，日以吞并为事，大地所共闻也！"⑤ 同时指出波兰君臣"以俄大之足恃也"，结果却被俄国蹂躏、蚕食以至吞并。波兰"贵族大臣之阻挠变法，实先助俄自灭自亡"。⑥ 因此，康有为告诫"欲变法自强

---

① 康有为. 康有为全集：第四集［M］. 姜义华，张荣华，编校. 北京：中国人民大学出版社，2007：416.
② 康有为. 康有为全集：第四集［M］. 姜义华，张荣华，编校. 北京：中国人民大学出版社，2007：416.
③ 康有为. 康有为全集：第四集［M］. 姜义华，张荣华，编校. 北京：中国人民大学出版社，2007：416.
④ 康有为. 康有为全集：第四集［M］. 姜义华，张荣华，编校. 北京：中国人民大学出版社，2007：417.
⑤ 康有为. 康有为全集：第四集［M］. 姜义华，张荣华，编校. 北京：中国人民大学出版社，2007：397.
⑥ 康有为. 康有为全集：第四集［M］. 姜义华，张荣华，编校. 北京：中国人民大学出版社，2007：397.

第二章　康有为研究：洋为中用倡导变法的维新派领袖

者，宜早为计。欲保国自立者，宜勿依人"①。他在书中以大量篇幅描写俄国如何欺凌、干涉波兰。俄国公使竟然操纵波兰政治，下令"一切不可违俄国全权大使之命"，否则便要革去官职，没收财产，处以死刑。俄国动用军队、大炮，包围波兰国会，搜捕、屠杀波兰爱国者，还把大批波兰爱国志士流放西伯利亚。还使用卑鄙的收买贿赂的手段，"出金帛以贿波人，于是波廷诸臣向之。守旧不振者，初而畏俄，终而亲俄，皆有从俄之心"②。以此暗指被沙俄用大量卢布收买贿赂的李鸿章之流。最后，俄公开出兵干涉波王废立，禁止波兰变法，以致一举与普、奥瓜分灭亡波兰。波兰亡国后，"波王母不堪苦辱，仰药死"，"波王亦忧愤死"③。亡国之君下场何等悲惨，这怎么不叫光绪看了触目惊心呢！

与这两方面相联系，康有为在书中还反复强调"变法之勇"，必须当机立断，排除干扰，把变法进行到底。"当变而不变者，过时则追悔无及矣！"④ 他在《恭谢天恩并陈编纂群书以助变法请及时发愤速筹全局折》中指出，自己"纂波兰分灭之记，考其亡国惨酷之由，因变法延迟之故"。本来波兰也曾有过变法的机会，头两次经俄普分割，"国主才臣并欲变法"，但是被"守旧之贵族大臣阻之"。"及经第三次分割后，举国君臣上下咸欲变法，抑可谓不可得之机会，非常之人心矣。"可是已经太晚了，"俄人恐其变法即可自强，俄使挟兵围其议院，勒令废新法而守旧章，不四年而波亡矣！"⑤ 康有为联系中国现状不禁感慨万分，"臣编书至此，未

---

① 康有为. 康有为全集：第四集 [M]. 姜义华，张荣华，编校. 北京：中国人民大学出版社，2007：397.
② 康有为. 康有为全集：第四集 [M]. 姜义华，张荣华，编校. 北京：中国人民大学出版社，2007：407.
③ 康有为. 康有为全集：第四集 [M]. 姜义华，张荣华，编校. 北京：中国人民大学出版社，2007：422.
④ 康有为. 康有为全集：第四集 [M]. 姜义华，张荣华，编校. 北京：中国人民大学出版社，2007：422.
⑤ 康有为. 康有为全集：第四集 [M]. 姜义华，张荣华，编校. 北京：中国人民大学出版社，2007：386.

尝不废书而流涕也！"①他认为中国实际上也有过几次变法机会。中法战后，人心激愤，此为"变法第一机会"。甲午战后，举国震怒，又是"变法第二机会也"。可惜都未及时变法以致又失胶州湾、旅顺口。这种情况与波兰两次被瓜分之时相似。现在光绪皇帝赫然发愤，决定国是，实行维新，"不得谓非第三次机会"。必须"君臣同心发愤大变"。如果再"失此第三机会，则一旦强敌藉端要挟，无可言者。恐至是吾君臣上下同心欲变，而各国逞其兵力，抑令守旧，将为波兰之续，虽欲变而不能矣"②。他对于"奥普忌俄而先据波兰，与今德英忌俄而先据山东正同"的形势，不禁哀叹："吁！我真为波兰矣！"③康有为还在该书序中分析沙俄侵略中国的形势，指出："我辽东之归地，实藉俄力，而以铁路输之，今岁则以旅、大与之，动辄阻挠，我之不为波兰者几希！今吾贵族大臣，未肯开制度局以变法也。夫及今为之，犹或可望；稍迟数年，东北俄路既成，长驱南下，于是而我乃欲草定宪法，恐有勒令守旧法而不许者矣。然则吾其为波兰乎，而凡守旧阻挠变法者，非助俄自分之乎？"④

光绪皇帝看到《波兰分灭记》以后，很受刺激与启发。康有为在《康南海自编年谱》中记载："上览之，为之唏嘘感动，赏给编书银二千两。"⑤光绪有了变法的勇气和紧迫感，不久就采取了一系列打击顽固派，提拔维新派的重大行动。如9月1日，将守旧派礼部尚书怀塔布等六个大臣，以阻挠主事王照条陈之罪，统统给予革职处分。9月5日，又赏维新派谭嗣

---

① 康有为．康有为全集：第四集[M]．姜义华，张荣华，编校．北京：中国人民大学出版社，2007：386.
② 康有为．康有为全集：第四集[M]．姜义华，张荣华，编校．北京：中国人民大学出版社，2007：388.
③ 康有为．康有为全集：第四集[M]．姜义华，张荣华，编校．北京：中国人民大学出版社，2007：412.
④ 康有为．康有为全集：第四集[M]．姜义华，张荣华，编校．北京：中国人民大学出版社，2007：397.
⑤ 康有为．康有为全集：第四集[M]．姜义华，张荣华，编校．北京：中国人民大学出版社，2007：99.

同等四人以四品卿衔在军机章京上行走，参与新政事宜。光绪的这些措施虽然挽救不了戊戌变法必然失败的命运，但是多少也反映了康有为的"仿洋改制"尤其是进呈《波兰分灭记》的效果，推动了变法运动的进展。

六、作用与局限

我们再来对康有为"仿洋改制"的历史作用与局限性进行几点小结。从其历史作用来看，首先，可以说康有为的"仿洋改制"在当时起到了振聋发聩的启示作用。长期处于闭塞守旧状态的中国士大夫很少了解外国情况，思想狭隘保守，往往坐井观天、夜郎自大，以为祖宗传下来的一切都是好的，不可变更。康有为主张"仿洋改制"，介绍了大量外国的历史和现状，揭示了世界各国形形色色生动具体的或由弱变强，或由强变弱，或因变法而兴，或因守旧而亡的实例，打开了中国上自皇帝、大臣，下至一般士大夫、知识分子的眼界。对于年轻的光绪皇帝及其周围帝党亲信来说，更不啻击一猛掌，如大梦初醒。当他们谈到俄国彼得大帝、日本明治天皇如何变法振兴，转弱为强时，从中获得极大的鼓舞、信心和勇气。而当他们看到波兰被瓜分，国王太后当亡国奴的悲惨处境，以及法国国王路易十六被送上断头台的下场时，更是触目惊心，不寒而栗，受到极大的震动和刺激。

其次，康有为的"仿洋改制"又具有探索变法道路的意义。康有为放眼世界，纵观各国历史，目的是寻找中国救亡图存、富国强兵的道路。他具体地考察分析了俄国、日本、德国的改革与英国、法国、美国的革命，以及波兰、土耳其、印度等国衰亡的经验教训，企图从中探索适合中国国情的自强道路。当然，作为资产阶级改良派的代表人物，由于其阶级与历史的局限，他不可能接受资产阶级暴力革命的道路，只能选择日本、俄国那样以君权自上而下进行资产阶级改革的模式。而且，由于中国资产阶级上层的软弱性、妥协性和中国当时新旧力量的对比，他们比起当年彼得一世与明治天皇改革的勇气和变法的深度、广度也是不如的，因而难以避免最后失败的命运。尽管如此,这毕竟是中国资产阶级登上政治舞台的第一次表演,不愧为当时中国先进人物在黑暗中摸索救国道路的一次努力。

最后,康有为的"仿洋改制"有力地推进了这次戊戌维新运动。在"百日维新"前,由于康有为以《俄彼得变政论》以及日本明治维新等各国历史为例,奔走呼号,说明中国维新变法的必要性和可能性,促使光绪和一批爱国官吏、士大夫倾向支持变法。而当光绪下诏定国是开始维新之后,康有为进呈的《日本变政考》等书,又为光绪提供了如何变法的具体建议、步骤和措施,甚至还提供了发布上谕的素材与措辞。当"百日维新"遭到顽固守旧势力的阻挠、破坏,遭到重重困难时,康有为又以《波兰分灭记》等书激励光绪,敦促光绪采取断然措施打击顽固派,坚持把变法进行到底,从而推动了变法运动的发展。

可是,康有为的"仿洋改制"也暴露了他的阶级和历史的局限性。

第一,康有为的"仿洋改制"反映了他对帝国主义的本质还缺乏认识,并抱有幻想。他在历次上书和各国变政考中,揭露和抨击了帝国主义对亚非拉殖民地、半殖民地国家的吞并和侵略,尤其着重揭穿了沙俄帝国主义到处侵略扩张,瓜分波兰并要侵华亡华的狼子野心。但是,如何才能抵制沙俄的侵略呢?康有为在《杰士上书汇录》中有一件过去没有发表过的奏折,即《为胁割旅大,乞密联英、日,坚拒勿许折》。他在这个奏折上提出了拒俄的上、中、下三策,即"密联英、日,赫怒而战,上策也;不允画押,听其来攻,徐待英日之解难,中策也;布告万国,遍地通商,下策也"。他幻想英、日必合而"仗义责俄,或陈兵拒俄"。[①] 说来说去就是依靠英、日帝国主义去对付沙俄帝国主义,其结果只能是前门拒虎,后门进狼。在《波兰分灭记》中,他曾托波兰改革派之口提出中国变法的措施。其中一条就是"任客卿以办新政"。为此,他曾向光绪建议聘请英帝国主义分子李提摩泰和日本军国主义头子、前首相伊藤博文等人来当中国

---

① 康有为. 康有为全集:第四集 [M]. 姜义华,张荣华,编校. 北京:中国人民大学出版社,2007:42-43.

新政的顾问、客卿。这也充分暴露出软弱的中国资产阶级改良派对帝国主义的依赖和幻想。

第二，康有为的"仿洋改制"还表现出他害怕、仇视和反对革命的心理。康有为在介绍、总结世界各国历史经验教训时，不可避免要涉及对欧美资产阶级革命和各国人民革命的看法。他强烈地表现出对革命的恐惧和仇视。在《进呈法国革命记序》中谈道："臣读各国史，至法国革命之际，君民争祸之剧，未尝不掩卷而流涕也。""流血遍全国，巴黎百日而伏尸百二十九万。""十万之贵族，百万之富家，千万之中人，暴骨如莽，奔走流离，散逃异国，城市为墟。而革变频仍，迄无安息，旋入洄渊，不知所极。至夫路易十六，君后同囚，并上断头之台。"他还感叹："自是万国惊心，君民交战，革命之祸，遍于全欧，波及大地矣。""而君主杀逐，王族逃死，流血盈野，死人如麻。"他竟然认为"普大地杀戮变乱之惨，未有若近世革命之祸酷者"。① 因此，他对革命深恶痛绝，并不断以此敦促光绪赶快"立行乾断"，自上而下实行变法，避免革命，避免像法王路易十六那样在革命中上断头台的危险。他在《进呈突厥削弱记序》中，借托描述土耳其苏丹"以其黑暗守旧之治法，晏然处诸欧列强狡窟之中，偃然卧国民愤怒革命之上"的历史，② 阐发变法势在必行的道理。否则即使不被列强亡国，国内也会爆发革命。正由于坚持这样的立场，康有为在戊戌维新失败后，逐步堕落为反对革命的保皇派。

第三，康有为的"仿洋改制"还反映了他的英雄史观。他把中国变法的全部希望寄托于光绪皇帝一人身上，一再强调"自古非常之事，必待大有为之君"③。因此，中国的变法维新就要靠光绪皇帝的"乾纲独断"，"以君权雷厉风行"来实现。故而，他为光绪树立的榜样就是"以君权变

---

① 康有为. 康有为全集：第四集 [M]. 姜义华，张荣华，编校. 北京：中国人民大学出版社，2007：371.
② 康有为. 康有为全集：第四集 [M]. 姜义华，张荣华，编校. 北京：中国人民大学出版社，2007：312.
③ 康有为全集：第二集 [M]. 北京：中国人民大学出版社，2007：80.

法"的俄国彼得大帝和日本的明治天皇,他的"仿洋改制"的核心就是"以俄彼得之心为心法,以日本明治之政为政法"。①

对于开国会这个资产阶级的根本性政治要求,康有为在《日本变政考》中虽然也认为这是日本变法的"大纲领""维新之始基",但是又认为"吾今于开国会,尚非其时也","唯中国风气未开,内外大小,多未通达中外之故"。因此主张"唯有乾纲独断,以君权雷厉风行,自无不变者。但当妙选通才,以备顾问。若各省贡士,聊广见闻而通下情,其用人议政,仍操之自上,则两得之矣"。②康有为在《波兰分灭记》中还以波兰国会为反面教训,认为议会内"尊卑之分极严",办事"游移推诿",只要"有一人阻之,虽最良之策不得行"。③若开国会反而成为变法的阻碍,还不如像俄国、日本那样以君权变法更有把握。而且,康有为也希望通过尊君权和进入制度局之类机构,充当光绪变法的主要顾问,掌握新政实权。所以康有为在"百日维新"过程中,反复强调的要求是"开制度局于宫中以筹全局"。④过去不少研究戊戌变法史的学者常引用所谓康有为代阔普通武起草的《请定立宪开国会折》,认为"立行宪法,大开国会","人主尊为神圣,不受责任"⑤是康有为的主张,这是不符合康有为当时思想的。此折与《戊戌奏稿》中的某些奏折、变政考序,都是后来伪造或改纂的。如在《戊戌奏稿》中,还把《恭谢天恩并陈编纂群书以助变法请及时发愤速筹全局折》改为《谢赏编书银两,乞预定开国会期折》,又把《进呈波

---

① 康有为. 康有为全集:第四集 [M]. 姜义华,张荣华,编校. 北京:中国人民大学出版社,2007:6.
② 康有为. 康有为全集:第四集 [M]. 姜义华,张荣华,编校. 北京:中国人民大学出版社,2007:117.
③ 康有为. 康有为全集:第四集 [M]. 姜义华,张荣华,编校. 北京:中国人民大学出版社,2007:400.
④ 康有为. 康有为全集:第四集 [M]. 姜义华,张荣华,编校. 北京:中国人民大学出版社,2007:388.
⑤ 康有为. 康有为全集:第四集 [M]. 姜义华,张荣华,编校. 北京:中国人民大学出版社,2007:424.

兰分灭记序》原文所强调的"开制度局以变法"改篡为"付权于民""开国会而听之民献"。① 这些都是《戊戌奏稿》编者在辛亥革命前后，企图掩饰康有为戊戌年间的尊崇君权思想而加上去的，不足为研究康有为真实主张的凭据。

第四，康有为宣传"仿洋改制"时，还常常为了自己的政治需要，篡改或捏造外国的历史事实，曲解外国历史经验。我们认为"洋为中用"，即利用外国历史经验教训为本国现实服务，首先应该尊重历史事实，按照客观历史本来面目，科学地总结历史经验教训，阐明历史发展规律。而康有为在利用各国历史为中国变法服务时，却常常篡改历史，甚至把完全是中国的东西硬塞在外国历史之中。如把他的变法主张套在波兰《五·三宪法》之中。有时则夸大史实、曲解史料为自己的观点辩护。如夸大法国革命死亡人数，美化路易十六为"恭俭之君"，称三条实美为"草茅之士"等，这都是不可能正确总结历史经验的。

尽管存在以上种种局限性，我们还是应该承认康有为的"仿洋改制"基本上是符合时代潮流和民族利益的，也是摸索救国道路和推动变法运动的一种方式，在当时起了积极作用。这正说明康有为不愧是中国近代向西方寻找真理的代表人物之一。

（初稿原载于《论戊戌维新运动及康有为、梁启超》论文集，
广东人民出版社1985年版。本节原文注释已全部改为新版
《康有为全集》的注释。）

---

① 康有为. 康有为全集：第四集［M］. 姜义华，张荣华，编校. 北京：中国人民大学出版社，2007：398.

第二节 康有为《光绪二十三年列国政要比较表》新探

康有为在戊戌维新期间，常常运用中外比较的方法，向光绪皇帝和国人宣传变法维新和仿洋改制。以往论者一般皆以他向光绪皇帝进呈的《日本变政考》等几部外国变政考为例，来进行论证和阐述。① 然而，对于在百日维新高潮之际，康有为向光绪帝进呈的另一部中外比较的代表作《光绪二十三年列国政要比较表》，似乎至今尚未引起学术界的充分重视和深入研究。② 本节试图对该书的资料来源、成书过程及进呈时间等进行较细致的梳理考证，并对康有为撰写的序言及各表按语的文本进行较深入的解读分析，从而进一步说明康有为是如何运用中外比较作为其鼓吹救亡图存、仿洋改制、变法维新的锐利武器和理论根据的。同时，对我们今天运用历史比较研究方法和理解近代中国人寻求国家出路和民族复兴所做的探索，可能也有一定的借鉴和启示。

一、《光绪二十三年列国政要比较表》的资料来源、成书过程和进呈时间考证

康有为的这部书常被人称为《列国政要比较表》，连新版《康有为全集》也是用此书名。在康有为的自编年谱（《我史》）、条陈及其他人的奏折、书信里还有各种名字，如称为《列国岁计政要》《列国比较表》

---

① 如王晓秋. 康有为的一部未刊印的重要著作：《日本变政考》评介 [J]. 历史研究，1980（3）；王晓秋. 试论康有为的仿洋改制 [M] //论戊戌维新运动及康有为梁启超. 广州：广东人民出版社，1985：213-237.
② 有关的专题论文，如孔祥吉. 康有为经济思想浅析—读戊戌进呈本《列国政要比较表》[M] //孔祥吉. 戊戌维新运动新探. 长沙：湖南人民出版社，1988：205-218.

《列国政要表》《丁酉列国岁计政要》等。实际上该书准确的全名应是《光绪二十三年列国政要比较表》，如今故宫博物院仍保存有当年的进呈本，书中的序和目录都清楚写明"光绪二十三年列国政要比较表序"和"光绪二十三年列国政要比较表目录"。而其他的书名则可能与下面要考证的资料来源、成书过程与进呈经过有关系。

那么，它究竟是一部什么样的书？它的资料来源于何处？为什么书名一定要加上光绪二十三年呢？康有为进呈给光绪皇帝的《光绪二十三年列国政要比较表》一书，实际上是他利用和改编了澳门《知新报》译载的《丁酉列国岁计政要》的部分内容，加上自己撰写的序和各统计表的按语而成。因此，我们先要考察其资料的原始出处《列国岁计政要》英文版、中文版和《知新报》译载《丁酉列国岁计政要》中译文的来龙去脉。

《列国岁计政要》英文原名 Thestatesman's Yearbook，是英国出版的一种年鉴式手册，最初由英国人麦丁富得力（Frederick Martin）主编。1883年后由苏格兰著名记者咳咖路地（John Scott Keltic）接手主编，成为当时国际知名的一种年鉴类工具书。该书第1版于1864年（同治三年）出版，以后基本上每年修订一次出新版。该书的1874年（同治十三年）版，曾经由英国驻华公使提供，由美国传教士林乐知（Allen Young John）翻译，浙江海盐人郑昌棪笔述，江南制造局翻译馆1878年（光绪四年）出版，包括书首一卷正文十二卷，共6册。《列国岁计政要》首卷介绍世界各国人口、土地、交通等概况，然后各卷分列英、法、美、俄等各国大事及统计表。这部书被当时中国人认为是一部了解世界和学习西学的重要参考书，还出现多种翻刻本，如有富强丛书本、军政全书本、西学大成本、慎记书庄本等。① 梁启超对此书也评价甚高，指出"列国岁计政要，西土岁有著录，欲觇国势察内政者，靡不宗此书"②。

---

① 熊月之. 西学东渐与晚清社会［M］. 上海：上海人民出版社，1994：517.
② 梁启超. 续译列国岁计政要叙·饮冰室合集·文集之二［M］. 北京：中华书局，1989：59.

可是世界形势变化很快，到了戊戌年间（1898年），1878年出版的《列国岁计政要》只是反映20多年前的各国资料，已经远远不能满足中国人对最新世界形势变化和外国现状了解的要求。尤其是甲午以后要求改革的中国人产生学习外国变法维新以救亡图存的强烈愿望。因此，维新派人士在澳门创办的报刊《知新报》译载了最新版即丁酉年（光绪二十三年，1897年）出版的《列国岁计政要》，题为《丁酉列国岁计政要》。《知新报》创刊于1897年2月（光绪二十三年正月），初为五日刊，20期以后为十日一册。经理是康有为弟弟康广仁，编撰人有康有为弟子梁启超、韩文举、徐勤等人，在澳门出版，大力鼓吹变法维新，并以报道国内外时事新闻和宣传西学为己任。曾连载刊登了不少翻译东西方新著的长文，《己酉列国岁计政要》就是其中连载近20期的重点译著。该报自光绪二十三年六月十一日（1897年7月10日）第24册开始刊登此书，译者是广东新会人周逢原（字灵生）。书前有徐勤写的序，指出："列国岁计政要之书，表学也，通今最要之书也，西人每岁辑为成书。"而中国人过去译此书乃是癸酉年（1873年）版，至今已23年，世界各国政治、经济、军事等早就发生巨大变化，如果尚据此谈西学，必为外人所吐弃。好比症变而仍用古方，不仅可笑，而且可悲。所以要重译新版此书，"使知中外之故，强弱之由，互相比例而优劣自见"①。这一册还刊登该译著的例言，说明"自癸酉岁林君乐知郑君昌棪翻译是书，中缺23年未有继者，外国政事偶见报张，不全不备，今为续翻，以继斯志。"例言还声明原书无总表，译著的卷首总表皆是从书中摘译的，而且特别加了学校、商务及邮政等表，"以见翻此书之大旨，非徒为较量土地兵械已也"②。这期上还刊登《丁酉列国岁计政要》的目录，卷首之表包括各国比较民数表等13个表，最后一个表是各国君民主表，把世界各国按政体分为民主国（共和国）、君民共主国（君主立宪国）和君主国三类。然后分九卷分别介绍各国，其中1—3

---

① 徐勤. 丁酉列国岁计政要序 [N]. 知新报，光绪二十三年六月十一日.
② 丁酉列国岁计政要例言 [N]. 知新报，光绪二十三年六月十一日.

卷是美国、瑞士、法国等25个民主国，4—6卷是英国、日本等16个君民共主国，7—9卷为中国（大清国）、俄国等19个君主国。总计60国，凡是已被列强吞并为殖民地的国家如越南、缅甸等不再计入。《知新报》从第25册（光绪二十三年六月二十一日）到第29册（光绪二十三年八月初一）连载完卷首的13个统计表。从第30册（光绪二十三年八月十一日）开始刊登国别卷一民主国的美国，连载到42册（光绪二十三年十二月十一日）瑞士国后，不知为什么突然就停止了。从第43册（光绪二十四年正月二十一日）起，就不再继续连载《丁酉列国岁计政要》一书，而开始刊登和连载也是周灵生翻译的《俄皇大彼得传》了。

康有为编写《光绪二十三年列国政要比较表》的资料来源就是《知新报》刊登的《丁酉列国岁计政要》一书卷首总表的中译文，除了加上自己写的序和给每个统计表写的按语外，对原书卷首的统计表名字、内容和排序也做了一些修改和变动。最大的改动是把原书卷首第十三表各国君民主表，移到第一个表改称各洲诸国名号表。其分类法从原书按政体分为民主国、君民共主国、君主国，改为按地域五大洲分为亚洲、欧洲、美洲、非洲、太平洋（大洋洲）。其他统计表次序也有变动，如原书第三表各国比较地数表被移到第二，原书第一表各国比较民数表被移到第三。另外，原书第八表各国比较轮船夹板船装载吨数表被拆分为第九、第十轮船与夹板船两个表。因此，康有为的《光绪二十三年列国政要比较表》目录上写13个表，实际上一共有14个表，而且与《知新报》的《丁酉列国岁计政要》的列表次序内容略有差别，并不再收入以后分国别各卷的内容。这些往往是我们有些论者所不太注意的。

那么康有为的《光绪二十三年列国政要表》究竟是什么时候进呈给光绪皇帝的呢？在康有为自编年谱（《我史》）、条陈和别人的奏折、书信及报刊记载中也有不同说法，需要加以考证。康有为在自编年谱中最早提到有关书名是在光绪二十四年四月二十八日觐见光绪皇帝之后，于五月初一具折谢恩并进呈《孔子改制考》，提到"附陈《列国岁计政要》"①。但查康有为五月初一的两折中并未提及《列国岁计政要》，军机处《上谕档》中也只记录了康有为进呈了《孔子改制考》书一函。又据《我史》手稿本，"附陈《列国岁计政要》"一句是补写在页眉上的，可能是后来添加的。② 但是另外两条史料却证明此书已经进呈，一条是《国闻报》在五月二十四日刊出消息"闻近来康主政陆续进呈览之书，有《孔子改制考》《泰西新史揽要》《列国岁计政要》《文学兴国策》《西国学校》。"③ 另一条是六月十八日张元济复沈曾植函称"更可喜者，长素呈进《泰西新史》《列国岁计》后，即时有索书之诏。"④ 又证明《列国岁计政要》也有可能已进呈。但是肯定不是康有为后来自己编的《光绪二十三年列国政要比较表》，有可能还是光绪四年上海机器制造局出版的那本林乐知译的《列国岁计政要》。

康有为自己编的《光绪二十三年列国政要比较表》，有的记载称为《列国政要表》或《列国比较表》。如康有为弟子张伯桢所编《万木草堂丛书目录》中记"列国政要表，每表一序，另进呈有折，戊戌七月奉旨令进呈，八月抄没。"⑤ 管理大学堂大臣孙家鼐在七月初三日上奏称："查康有为编成《俄彼得堡变政考》《日本变政考》《列国比较表》《日本书目志》，业已进呈御览。"⑥ 更肯定是在七月初三之前进呈的。而康有为自己在《我史》中则说"六月，进《波兰分灭记》《列国比较表》。"可见此书是与《波兰分灭记》差不多同时或前后进呈的。而他又说"当万寿后，进

---

① 康有为. 康有为全集：第五集［M］. 姜义华，张荣华，编校. 北京：中国人民大学出版社，2007：94.
② 茅海建. 从甲午到戊戌：康有为《我史》鉴注［M］. 北京：生活·读书·新知三联书店，2009：453.
③ 国闻报. 光绪二十四年五月二十四日.
④ 张元济. 张元济书札，增订本：中册［M］. 北京：商务印书馆，1981：675.
⑤ 张伯桢. 万木草堂丛书目录［M］//中国史学会. 戊戌变法：第4册. 上海：神州国光社，1953：40.
⑥ 国家档案馆明清档案部. 戊戌变法档案史料［M］. 北京：中华书局，1958：455.

《波兰分灭记》。"① 万寿是慈禧太后生日六月二十六日。为此，七月初四，光绪皇帝还派人向康有为赏编书银两千两。考证以上史料，大致可确定康有为进呈《光绪二十三年列国政要比较表》是在光绪二十四年六月二十六日（1898年8月14日）至七月初三（8月19日）之间，可能就是在戊戌年六月底或七月初即1898年8月中旬。

康有为当年进呈给光绪皇帝的进呈原本现在还保存在北京故宫博物院里，最近笔者在故宫工作人员帮助下，重新考察了进呈原本。该书一函一册，系白纸墨笔抄写，是康有为请人代为誊抄后进呈的抄本，全书字体工整，但前后字迹不完全相同，可能不是一人所抄。在进呈本序下注明"工部主事康有为撰"，在进呈本目录下有"工部主事康有为恭纂"。在每个表后所加按语开头都有"臣有为谨案"。作为呈送皇帝御览的进呈本，封面已由宫内造办处装订成黄色纸面，用黄丝线装订，黄绫包角，外加黄绫云纹的函套匣。封面和函套匣上写的是该书简称《列国政要比较表》，而书端序与目录上都明确写着康有为进呈时的书名《光绪二十三年列国政要比较表》。

二、《光绪二十三年列国政要比较表》序与各表按语剖析

通过上述考证可知，康有为《光绪二十三年列国政要比较表》是在光绪二十四年六月底至七月初（1898年8月中旬），也就是百日维新高潮时期进呈给光绪皇帝的，那么它的编写和进呈的动机和中心思想究竟是什么呢？由于该书统计表基本上是利用《知新报》所载《丁酉列国岁计政要》的资料作成，因此分析康有为思想主要应当根据康有为自己为该书写的序言和在各个统计表后加的按语来加以文本解读和剖析。看看它究竟是一部什么样的书？《康有为全集》编者按认为这是"康有为在戊戌变法期间撰

---

① 康有为. 我史［M］//康有为. 康有为全集：第五集［M］. 北京：中国人民大学出版社，2007：96，99.

写进呈的一部比较各国政治经济的著作"①。孔祥吉则认为该书是"百日维新进入高潮之际，康有为赶写出来的一部重要的经济著作"。②笔者觉得它更是一部康有为运用中外比较方法鼓吹救亡图存、仿洋改制，推动光绪皇帝变法维新的代表作，集中体现了他的世界意识、比较意识、危机意识和变革意识，同时也暴露了他认识中的一些局限性。

　　我们先来解读和分析其序言。康有为在序中首先强调比较意识，用简明的语言说明了比较的重要性，"凡物进退、赢缩之故，率视其比较而已。"然后指出比较对人生、事业以至国运产生的影响，"有比较，则长短、高下、大小立见，而耻心生，惧心生，竞心生；无比较，则长短、高下、大小俱不见，独尊自大，不耻，不惧，不竞，无复有求进之心，则退将至矣。"用我们今天的话来说，即有比较才有鉴别，才能找出差距，产生竞争上进之心。他又用世界眼光进行中外对比，指出西方各国"千年并立，以争雄竞长，稍一颓败，削亡立致。""以此故不甘颓废，精益求精也。"而反观中国由于长期大一统与华夷思想，故独尊自大，"安息傲而不求进。"这就是不讲比较，不奋发自强的恶果。而当今世界"大地既通，泰西相逼。""我中国既不能出大地之外，又不能为闭关之谋"，不得不与列国"互为比较"。那么用统计表上的数字最能说明问题，康有为在该书中罗列了14张统计表，看完就可以明白，"乃知吾中国土地、财赋、商货、学校、生徒、兵卒、船舰、铁路、电线事事远逊人"。康有为指出当今已是列国竞争时代，世界形势发生巨大变化，如果仍泥守旧法，结果"岂惟无益，适以促其亡也！"因此，他劝告光绪皇帝和朝廷大臣们，"人莫患于闭塞聪明，莫患乎不知彼己"。只有通过中外比较，才能知己知彼，发愤图强。通过比较，看到差距，才会产生危机意识、变革意识。"如此则知吾之败削也。有由而不能不黜心无傲，幡然变计矣。""而知我之远逊

---

①　康有为. 康有为全集：第四集[M]. 姜义华，张荣华，编校. 北京：中国人民大学出版社，2007：346.
②　孔祥吉. 戊戌维新运动新探[M]. 长沙：湖南人民出版社，1988：205.

第二章 康有为研究：洋为中用倡导变法的维新派领袖

人也，无可峙也，亡无日也！庶几乎耸能戒惧，庶几乎耸然变法也。"① 可见，康有为编这部书的目的就是要使光绪皇帝和国人们通过中外数量统计比较看到中外差距，产生强烈忧患意识、危机意识和变革要求，认清实行仿洋改制、维新变法的必要性和紧迫性。

下面再分别解读和剖析康有为在 14 个统计表后所加的按语。第一张表是各洲诸国名号表。这是该书第一张表，但它却不是《知新报》刊载的《丁酉列国岁计政要》原译著的第一张表，而是把其第十三张表各国君民主表加以改造，去掉其用民主国、君民共主国、君主国三种政体分类排列国名的政治色彩，而仅以地域即用五大洲分区来排列国名。之所以这样做，康有为可能是担心用民主国、君民共主国、君主国的分类法会刺激甚至得罪光绪皇帝和慈禧太后，加上他当时仍主张依靠光绪皇帝的君权去推行变法。因此，在此表按语中他强调的还是救亡图存的危机意识和变革意识。他指出在世界五大洲中，虽然亚洲历史最悠久，文化最深厚，但到 19 世纪末，亚洲多数国家已被欧美列强"吞食"，成了殖民地，这些国家的名字已经不能列入这张表了。剩下还算独立国的只有中国、日本、暹罗（泰国）、波斯、阿富汗、高丽（朝鲜）等国，而在这几个国家中，"唯日本变法骤强，暹罗亦将兴焉，余皆耗矣"②。除了日本通过明治维新，泰国通过朱拉隆功改革有兴盛趋势，其余守旧的亚洲国家前途都很危险。他希望光绪皇帝看到亚洲国家因守旧而亡、因变法而兴的比较，能有所震惊和启发。

第二张表是各国比较地数表。这原是《丁酉列国岁计政要》的第三张表，康有为把它提到前面还是为了通过领土比较，突出危机意识和变革意识。表上列出 60 个国家的领土面积，其中有 12 个国家还加上了包括殖民

---

① 康有为. 光绪二十三年列国政要比较表序［M］//康有为. 康有为全集：第四集. 姜义华，张荣华，编校. 北京：中国人民大学出版社，2007：347.
② 康有为. 康有为全集：第四集［M］. 姜义华，张荣华，编校. 北京：中国人民大学出版社，2007：349.

59

地后的总面积。康有为的按语着重通过比较各国领土面积的变化来说明形势之严峻。他指出中国原来自以为"地大物博"、大一统。"今亦仅为60国之一国，以地论仅居第三。"既然与列国并立，"则有比较，以验其消息进退，而生其震动之心"。他举英国为例，同治十三年（1874年）时面积仅为467万平方公里，而过了24年，到光绪二十三年（1897年）已经扩张到1133万平方公里，几乎扩大了2倍，相当每年增加中国十省之地。"岂非从古所无而大生惊骇者哉！"然后他还列举了法国、德国、俄国等帝国主义国家的领土扩张数字。反之，他又指出守旧之国或失土或亡国，像土耳其、墨西哥等国丧失大片领土，而安南（越南）、缅甸、马达加斯加、突尼斯及非洲各国都在这24年中灭亡了。康有为又说这24年正是光绪皇帝在位之时，谁能料到英、法、德、俄等列强拓地如此之多，而土、越、缅及非洲各国削亡之速如此之快。看到这里，怎不叫人"心骨悚然，毛骨发竖也！"探究其根本原因，"其辟也，变法维新之故，其蹙也，守旧不变，或少变而不全变，缓变而不骤变之故"。这几句话是全书的核心警句，也可以说是体现了全书的中心思想。最后，他还警告如果还是让守旧者操不变之论，或谓应少变徐变，国家即使"不采其说，而犹用其人"，仍是"虑亡之稍迟而速之也！"只要看看这张表，"亦可耸矣！"① 康有为以此激励敦促光绪皇帝赶快变法维新。但是他不懂得这20多年正是资本主义向帝国主义过渡的时代，列强争夺和扩张殖民地达到了高潮，才出现这种局面。他甚至还错误地羡慕列强的对外领土扩张。

第三是各国比较民数表。康有为在按语中继续从人口与民生角度阐发其变革思想。他在罗列了62项各国人口比较数字后指出，中国是世界各国中人口最多的，但这并不说明政治进步。要看到就在光绪帝即位20多年中，英国包括英属殖民地增添人口三万万，俄、法也骤增人口3000余万，土耳其则少了700万。而像丹麦这样人口的小国却能击退俄英两大国之干

---

① 康有为. 各国比较地数表按语 [M] //康有为. 康有为全集：第四集. 姜义华, 张荣华, 编校. 北京：中国人民大学出版社, 2007：351-352.

<<< 第二章 康有为研究：洋为中用倡导变法的维新派领袖

涉。可见，国家不在于人口多而在于人才多。中国人口虽多，但80%是文盲，而士大夫也不了解外情，"无以通古今中外之故"。因此边疆一发生问题，"吾大臣、使臣皆不知之，尚何以为政？"康有为痛心中国社会问题严重，"乞丐遍地，群盗伏莽，民多菜色，工商俱败，十室九空，贫愚如此。"所以世界第一人口大国的中国会在甲午战争中败给日本那样的小国，其根本原因"盖由民政不修故也"。因此他大声疾呼要复兴"三代之于爱民、保民、养民、教民之道"，同时也要仿洋改制，学习西方的民政，"教养至无乞丐、无不识字知算之人，鳏寡、孤独、废疾皆有养，士农工商各有专门之学"，① 这就是欧美列强人口不多却能"横行大地"的原因。

第四是各国比较每英里方里人数表。此表主要反映各国人口密度。康有为在按语中指出中国虽然人口众多，但由于领土面积大，平均每平方英里也不过292人，与一些西方国家类似，人口密度尚不如比利时、荷兰、英国等国。以前总以为中国人多，只是没有比较之故耳。再从人口出生率看，与同治十三年即1874年相比，西方国家每平方英里人口数日增，而中国反而日绌，主要是"养生无度，治病无方"，将来必然是彼日进而吾日退的发展趋势。康有为痛陈这是"有民而不经营养民、保民之道故也"。②

第五是各国比较学校生徒人数表。康有为通过中外比较强调教育对国家强弱之重要。他举例美国只有养兵两万，西班牙则有兵数十万，世人都以为西强美弱，但西美大战的结果却是美国大胜。其原因何在？看了此表"乃知今万国之势，竞智而不竞力，竞生徒而不竞兵伍。"美国兵虽最少，而学生冠万国，本土人口仅3000万，而学生达1400万，著书每年2万余种，新技术发明每年3000事，"故举而用之于兵，无以御之。"这就是今天我们所说科教兴国的道理。他还举例德国之所以能"陆兵冠大地"，也

---

① 康有为. 各国比较民数表按语［M］//康有为. 康有为全集：第四集. 姜义华，张荣华，编校. 北京：中国人民大学出版社，2007：354.
② 康有为. 各国比较每英里方里人数表按语［M］//康有为. 康有为全集：第四集. 姜义华，张荣华，编校. 北京：中国人民大学出版社，2007：357.

61

是因"学校之精,生徒之众",仅次于美国,故能战胜法国,甚至商利亦夺英国。所以欧洲各国都竞争发展教育,凡学校学生少者,常为"弱且亡之国"也。因此,今天看国势强弱,"不于士伍而于学校焉"。①

第六是各国比较商务表。该表也是本书重点,康有为的按语较长,着重鼓吹仿洋改制,发展资本主义工商业。他指出:"一统之富不外泄,其利在农;列国之富在竞争,其富在商。国民之贫富,视其商务之多寡而可见矣。"所以西方各国"皆有商务大臣,有商会,有商学,有商律,有商书,有商务赛珍会(商品博览会)、比较厂(产品展),有领事以查万国之货,有兵船以护商旅之行。而其原则在农以出之,工以作之,故商务大盛"。他以表中大量统计数字为例,如法国、德国、美国人口仅当我十分之一,而进出口货乃十倍于我。荷兰人口仅480万,而进出口货五六倍于我,实际上就是富我五六百倍也。还如日本人口当我十分之一,进出口货与我稍近,意味着也富我七八倍也。他不禁哀叹"民数以吾为冠,而贫以吾为殿",即全世界人口以中国最多,但国家贫穷却以中国垫底。康有为还认为"民贫,则奸邪生,盗心起",②如果老百姓贫穷就会发生盗贼和反乱,甚至造成天下大乱。所以治国理政,只有得治民之道,人口虽多皆有以为养,才能长治久安。在这篇按语中,康有为强调学习西方发展资本主义,振兴商务和民生是对的,但同时鼓吹仿效西方列强对外扩张殖民之法以致富,则是错误的主张。

第七是各国比较铁路匀算方里表。这个表上罗列了36个国家所建铁路的长度和密度,并以密度大小排名。康有为在按语中指出铁路之多少可作一国富强之标志。如排名第一的欧洲比利时,平均每4英里就有1里铁路。面积仅抵中国一府,而铁路万余里,"其富示冠大地哉"。美国有56万里

---

① 康有为. 各国比较学校生徒人数表按语 [M] //康有为. 康有为全集:第四集. 姜义华,张荣华,编校. 北京:中国人民大学出版社,2007:358.

② 康有为. 各国比较商务表按语 [M] //康有为. 康有为全集:第四集. 姜义华,张荣华,编校. 北京:中国人民大学出版社,2007:359-360.

<<< 第二章 康有为研究：洋为中用倡导变法的维新派领袖

铁路，平均每16英里就有1里铁路，"故其民极智极富"。而中国又是排名最后，铁路只有124英里，要31100英里才有1里铁路。康有为痛斥由于守旧顽固势力的反对阻挠，中国"既在万国之末，又数年不能一举事，可异矣！"因此他认为"觇国者不觇其智愚、富贫、强弱，但觇其铁路之多寡而知之"。①

第八是各国比较电线匀算方里表。此表是比较各国铺设电线的长度和密度。康有为在按语中指出"凡治国之强弱，视其政之通与不通而已；通者强，不通者弱。"他把电线通信比喻为人的脑筋，"脑筋灵通者智强，脑筋不灵通者智不强。"② 例如，当时德国不仅是军队与学校第一，电线亦是第一，所以能成为世界强国。

第九是各国比较出洋轮船装载墩（吨）数表，第十是各国夹板船装载墩数表。这在《丁酉列国岁计比较表》中原是一张表，康有为把它拆分为两个表，分别写了两段按语，主要是讲航运。他认为"国力之能加于外者，惟轮舰。"英国由于轮船最盛，所以"以此横绝大地矣"。在光绪帝在位24年中，英、奥、荷、西等国轮船均增加一倍，法、俄、挪威、丹麦皆增五倍，土耳其、瑞典、德国甚至增加了十倍。亚洲的日本也从无一艘骤增到800余艘，位列世界第六。而中国这样有万里海岸线的大国，竟然"尚无一船出洋者"，轮船招商局开设了数十年，"而驾驶一切尚皆用洋人"。至于夹板船数，24年中，瑞典俄国皆增一千，德国丹麦增二千，法国美国各增万余，"唯我尚不列表也"。③ 他对中国航运落后的批评虽有些夸张，数字也不尽准确，但中外之差距确实是极其悬殊的。

第十一是各国比较邮政进款表。康有为也很重视邮政，认为民生需要

---

① 康有为.各国比较铁路匀算方里表按语［M］//康有为.康有为全集：第四集.姜义华，张荣华，编校.北京：中国人民大学出版社，2007：361.
② 康有为.各国比较电线匀算方里表按语［M］.康有为.康有为全集：第四集.姜义华，张荣华，编校.北京：中国人民大学出版社，2007：363.
③ 康有为.各国比较出洋轮船装载墩数表按语［M］//康有为.康有为全集：第四集.姜义华，张荣华，编校.北京：中国人民大学出版社，2007：363-364.

之事，政府不能忽视，"通邮寄书人生所不能一日废也"。如美国邮政进款银数竟达1600多万镑之多。其实类似邮政这样的"百政之疏而宜讲者，不知几何矣"，尤其现在"万国之通，轮舶萦驰，出游者日多，则邮政日要"。即使国家不设邮局，民间也要自设之。而国家设邮局，民间邮费可减十分之九，而政府尚可收其利，"岂非上下交便之图哉！"① 这样的好事，何乐而不为呢？

第十二是各国比较国债钱粮并以钱粮抵还国债表。康有为在这张表的按语中，用中外国债比较来说明国富与民富的关系，同时为中国民族资本呼吁。他指出中国虽是世界人口第一、面积第三，可是国家财政收入却少得可怜。他举例比利时人口600万仅中国的百分之一，国土面积仅中国的四百分之一，而国家年财政收入却超过中国百余万。至于英法本土人口、面积亦仅为中国五十分之一，而岁入超过50倍。这是什么原因呢？康有为说因为这些国家政府的财政用于民生乐业，"百姓足，君孰与不足也"，只要使民富国家也一定会富。英美等国虽然国债很重，而国民却乐于买国债，这是由于"上下相亲信，与其寄资他所，不若寄之国也"。国民信任政府，民间有富余的钱，都愿意去买国债。所以他劝告当政者，"务在爱民"、教民、养民、保民，大力发展农工商矿各业，如此下去国家不会不富。只要"上下相亲，天下为公"，② 就是国家想还债于民，老百姓也不要，那还有什么因贫患借贷而不可得者呢？

第十三是各国比较教民表。是关于宗教信仰与各国教徒人数的统计表。表上列有耶稣教、天主教、希腊教、犹太教、回教等宗教及各国教徒人数，如英国在光绪十七年（1891年）有耶稣教徒2910万人，天主教徒541万人。美国在光绪十六年（1890年）有耶稣教徒3020万人，天主教

---

① 康有为．各国比较邮政进款表按语［M］//康有为．康有为全集：第四集．姜义华，张荣华，编校．北京：中国人民大学出版社，2007：365．
② 康有为．各国比较国债钱粮并以钱粮抵还国债表按语［M］//康有为．康有为全集：第四集．姜义华，张荣华，编校．北京：中国人民大学出版社，2007：366，367．

徒625万多人。康有为加按语指出信教人数耶稣教增长最多，因为有很多传教士赴各地传教。他担忧中国儒教没有传教士，如果"教变，而国亦从之矣"①。康有为把西方传教士在中国传教也作为忧患意识中的一种亡国危险，因此他后来竭力提倡保教和成立孔教会。

第十四是各国比较铁甲快船表。这是该书最后一张表，罗列了乙酉年（1897年）最新统计的各国海军军舰数量，而且分列一、二、三等战舰和一等巡洋铁甲舰与二、三等巡船，以及各种鱼雷艇的数量。其中英国最强，中国最弱。康有为认为海军实力是重要战略威慑力量，他在按语中说："古有谓不战而屈人之兵者，陈兵舰相视，而强邻已不敢动。"如英国是岛国，故谋国增舰重视发展海军，列国不敢侵犯，其兵不待于战也。因此，只要看看学校、财赋、兵舰这三张比较表，国与国胜负已决矣。实力弱者只能落得割地赔款的下场。而中国军舰的实力在甲午战败后已落在智利、阿根廷之后，还远不如丹麦、希腊等小国，看了这张表，难道还不相信中国有亡国的危险吗？康有为最后总结道："然不开学，无以为士、农、工商之本；不注意士、农、工商，无以为富国之本；不富国，无以为用兵之本。又不能本末倒置焉。"② 说明他的仿洋改制变革思想，强调以教育改革培养人才为变法之本，以发展农工商业为富国之本，以振兴经济建设海军为强国之本。

通过以上对康有为《光绪二十三年列国政要比较表》一书，特别是他自己撰写的序言和各表按语的解读和剖析，可以理解为什么在1898年8月中旬即戊戌百日维新正处于高潮之时，康有为要向光绪皇帝进呈这么一部书，来鼓吹他的仿洋改制变法维新思想。因为中外比较最能看清世界形势、中外差距和亡国危机，而具体的数量统计对比又是最有说服力和震撼

---

① 康有为. 各国比较教民表按语［M］//康有为. 康有为全集：第四集. 姜义华，张荣华，编校. 北京：中国人民大学出版社，2007：368.

② 康有为. 各国比较铁甲快船表按语［M］//康有为. 康有为全集：第四集. 姜义华，张荣华，编校. 北京：中国人民大学出版社，2007：370.

力的。让光绪看到书中所列的14张中外比较表，"乃知吾中国土地、财赋、商货、学校、生徒、兵卒、船舰、铁路、电线事事远逊人。"① 而且差距之大，触目惊心，令人"心骨悚然，毛骨发竖也！""民数以吾为冠，而贫以为我殿"。② 比较之下，怎么能不产生羞耻之心、忧患之心、求变之心，而"耸然戒惧""翻然变计""耸然变法"呢？③ 康有为不仅以中外比较数量统计的方法向光绪皇帝强调救亡图存、变法维新的必要性、紧迫性，"其辟也，变法维新之故，其蹙也，守旧不变，或少变而不全变，缓变而不骤变之故也"。④ 而且通过中外比较和具体数量统计，进一步鼓吹他的仿洋改制变法主张，提倡学习西方国家爱民、教民、保民、养民，鼓励发展民间农工商矿业。要以改革教育培养人才为变法之本，以发展农工商业为富国之本，以振兴经济建设海军为强国之本。还要大力发展铁路、航运、邮政、电信等建设。因此《光绪二十三年列国政要比较表序》集中体现了他的世界意识、比较意识、危机意识、变革意识，可以说是康有为在百日维新期间运用中外比较方法，顺应时代潮流，探索民族复兴，宣传救亡图存、仿洋改制、维新变法，除了三部外国变政考之外的又一部重要代表作，值得我们继续深入研究。

（原载《北京社会科学》2020年第1期）

---

① 康有为. 光绪二十三年列国政要比较表序［M］//康有为. 康有为全集：第四集. 姜义华，张荣华，编校. 北京：中国人民大学出版社，2007：347.
② 康有为. 康有为全集：第四集［M］. 姜义华，张荣华，编校. 北京：中国人民大学出版社，2007：352.
③ 康有为. 光绪二十三年列国政要比较表序［M］//康有为. 康有为全集：第四集. 姜义华，张荣华，编校. 北京：中国人民大学出版社，2007：347.
④ 康有为. 康有为全集：第四集［M］. 姜义华，张荣华，编校. 北京：中国人民大学出版社，2007：352.

<<< 第二章 康有为研究：洋为中用倡导变法的维新派领袖

第三节 变法推手康有为

1898年的戊戌变法是晚清政府的一次政治改革，而康有为正是这场政治变革浪潮中的一位"弄潮儿"。他不仅是维新变法思潮的倡导者、鼓吹者，也是光绪帝百日维新变法实践的策划者、推动者。用今天网络流行语言来说，他就是一个"变法推手"。然而，一百多年来，人们对康有为在戊戌变法中的表现和作用，却是众说纷纭，功过毁誉评价不一。本节试图从晚清改革史的视角，看看康有为究竟是如何成为变法推手的，他有哪些改革思路和手法？又有哪些失误？

康有为，原名祖诒，字广厦，号长素，广东南海人，故人称"康南海"或"南海先生"。康有为1858年身于在书香门第的官僚地主家庭，从小受到严格的儒学教育。但是，他又是生活在清王朝内忧外患、社会激烈动荡的时代。社会危机、西学的冲击使他产生了对现实和儒学的反思，而清政府的政治腐败和日益严重的民族危机更使他产生了强烈的变革要求。1884年中法战争前后，他开始把个人前途、国家命运和世界风云联系起来思考，初步形成了改革现状、变法图强的维新变法思想。1888年，康有为以一介布衣身份勇敢地向光绪皇帝上书。在这份长达五六千字的《上清帝第一书》中，要求皇帝改良政治以挽救世变，并提出变成法、通下情、慎左右等三项改革建议，第一次公开提出了维新变法的政治改革主张。这份上书虽然未能呈达皇帝，却被士大夫们广为传抄，使其名噪京师。历史的潮流逐渐把康有为推上了晚清的政治舞台。

康有为之所以成为变法推手，主要通过两条途径：一是大造变法舆论。通过著书立说、开学堂、设学会、办报纸等方式，倡导和鼓吹变法思潮，宣传变法改革主张。二是劝说皇帝变法，通过屡次上书、代草奏折、进呈书籍以及当面陈词等方式，鼓动光绪帝下诏变法，并出谋划策，设计改革蓝图，策划和推动变法的实践进程。

1890年，康有为在广州讲学，陈千秋、梁启超等一批青年才俊闻风投入门下。1891年康有为开办长兴学舍，1893年改名"万木草堂"。他在讲课中畅谈古今，纵论中外，引援新学，提倡变法，培养了一批维新派骨干力量。学生们还协助他著书立说，一起探讨变法理论学说。

康有为制造变法舆论的一种手法是"托古改制"，其代表作是1891年写成的《新学伪经考》和1896年完稿的《孔子改制考》。前者抨击当时占学术主流地位的儒家古文经学，是刘歆为王莽篡汉而编造的"伪经"和"新学"。后者更论证孔子六经都是"托古改制"之作，并鼓吹今文经学是有进化论色彩的"三世说"。这两部书对传统理念和法制发起了挑战和冲击，并打着孔子旗号为维新变法提供理论依据，因此被梁启超称为思想界的"大飓风"和"火山大喷火"。这两部著作虽然遭到封建顽固派的群起而攻之，甚至要求清政府将其焚书、毁板，但同时也奠定了康有为成为维新变法思想领袖的地位。

1894年，爆发了中日甲午战争，清帝国竟被新兴的日本打败。1895年清政府被迫签订了丧权辱国的《马关条约》。甲午战争不仅大大加深了中国的半殖民地化，同时也大大刺激了中华民族的觉醒，时势又把康有为推向政治舞台的前沿。1895年5月，康有为正以举人身份在北京参加会试，闻讯《马关条约》签约的消息，便联合各省举人向皇帝上书，史称"公车上书"（因汉代用公车送举人赴京考试而得名）。他起草了洋洋万言的《上清帝第二书》，要求拒和、迁都、练兵、变法。他指出日本正因"变旧法"才战胜中国，要救亡图存必须"变法成天下之治"[1]，还提出了变法改革的具体建议即富国之法、养民之法、教民之法。该上书虽然未能上呈光绪帝，但广泛流传，风靡一时。当时爱国官员、知识分子纷纷上书，维新思潮已进一步发展成为维新变法的政治运动。不久会试与殿试发榜，康有为

---

[1] 康有为. 上清帝第二书 [M] //康有为. 康有为全集：第二集. 姜义华，张荣华，编校. 北京：中国人民大学出版社，2007：32-45.

考中进士,授工部主事。5月29日,他又写《上清帝第三书》,提出富国、养民、教士、练兵四策,甚至还提出了"设议郎"会议"内外兴革大政"的建议。① 这次上书由都察院转呈,光绪皇帝终于看到了他的上书,极为嘉许。6月30日,康有为又第四次上书,专谈变法之先后次第及下手之法,提出了"设议院以通下情"和下诏求言、开门集议、开府辟士等政治改革主张,② 要求光绪皇帝及早变法,以图自强。1897年,当他闻讯德国强占胶州湾后,又上第五书,明确指出,"夫今日在列大竞争之中,图保自存之策,舍变法外别无他图",并提出变法的上中下三策:上策是"采法俄、日,以定国是";中策是"大集群才,而谋变政";下策是"听任疆臣各自变法"。③ 但是这次上书被工部尚书扣压而未达。

面对日益严重的民族危机,年轻富有爱国心,想要有所作为但又无实权的光绪皇帝,受康有为和维新派的鼓动,希望通过变法维新实现救亡图强,并从以慈禧太后为首的后党手中夺取统治实权。光绪帝本欲直接召见康有为,但被恭亲王奕䜣以"本朝成例,非四品以上官不能召见"为由阻拦,只好命总理衙门大臣们先传康问话。1898年1月24日,康有为到总理衙门,顽固派大臣荣禄首先发难:"祖宗之法不可变。"康有为立即反驳:"祖宗之法,以治祖宗之地也。今祖宗之地不能守,何有于祖宗之法乎?"④ 大臣廖寿恒问他变法应该如何着手,康有为答应该从变革法律与官制开始,并谈了自己酝酿已久的变法具体方案。第二天,帝党大臣翁同龢

---

① 康有为. 上清帝第三书 [M] //康有为. 康有为全集:第二集. 姜义华,张荣华,编校. 北京:中国人民大学出版社,2007:68-80.
② 康有为. 上清帝第四书 [M] //康有为. 康有为全集:第二集. 姜义华,张荣华,编校. 北京:中国人民大学出版社,2007:81-88.
③ 康有为. 上清帝第五书 [M] //康有为. 康有为全集:第四集. 姜义华,张荣华,编校. 北京:中国人民大学出版社,2007:2-7.
④ 康有为. 我史 [M] //康有为. 康有为全集:第五集. 姜义华,张荣华,编校. 北京:中国人民大学出版社,2007:90.

把康有为的话详细报告光绪帝，并说"康有为之才过臣百倍，请皇上举国以听"①。光绪帝听了很振奋，又要亲自召见，再被奕䜣等阻挠，无奈只好传令康有为条陈所见并进呈所著书。这样康有为就获得了直接向皇帝上书的机会，增强了他策动皇帝变法和宣传变法主张的影响力。1898年1月29日，他又上了精心撰写的《上清帝第六书》，劝告皇帝"及时发愤，大誓臣工，开制度新政局，革旧图新"。他总结日本明治维新的经验，提出中国变法改革的基本思路：一是大誓群臣，宣布"维新更始，上下一心，尽革旧弊"。二是开制度局于宫中，"将一切政事制度重新商定"，并设十二个新政局，推行新政。三是设待诏所许天下人上书，为变法献计献策。②3月17日，康有为又第七次上书光绪帝，并进呈了《俄彼得变政记》一书，劝说光绪仿效俄国彼得大帝，"以君权变法，转弱为强"③ 实行变法。这些话都深深打动了光绪皇帝，使其下定了变法的决心。

以康有为为首的维新派还通过办报刊、开学会制造舆论与发动社会力量，推动维新变法运动的进展。康有为早在1895年就在北京创办了《万国公报》，后改名《中外纪闻》，向士大夫宣传变法维新思想。康有为还提倡设学会，以广联人才，创通风气。如1895年11月创办强学会，联合维新派与帝党官员。后又在上海创设强学会，出版《强学报》。遭到顽固派查禁后，又在1898年4月发起保国会，提倡保国、保种、保教，成为当时最有影响的政治团体。顽固派又攻击保国会"保中国不保大清"，要求查封，光绪帝则驳斥道："会为保国，岂不甚善！"④

1898年5月、6月，康有为还代御史、帝党官员们起草了一系列奏折，

---

① 梁启超. 戊戌政变记 [M]//梁启超. 梁启超全集：第一集. 北京：中国人民大学出版社，2018：487.
② 康有为. 上清帝第六书 [M]//康有为. 康有为全集：第四集. 姜义华，张荣华，编校. 北京：中国人民大学出版社，2007：11-16.
③ 康有为. 上清帝第七书 [M]//康有为. 康有为全集：第四集. 姜义华，张荣华，编校. 北京：中国人民大学出版社，2007：26-18.
④ 康有为. 我史 [M]//康有为. 康有为全集：第五集. 姜义华，张荣华，编校. 北京：中国人民大学出版社，2007：92.

第二章 康有为研究：洋为中用倡导变法的维新派领袖

鼓吹变法，并强烈要求皇帝"明定国是"，确立变法方针。在以康有为为首维新派的鼓动策划下，1898年6月11日，光绪皇帝终于颁布了"明定国是诏"，正式宣布以变法新政为基本国策。从此日起到9月21日慈禧太后发动戊戌政变止，共推行变法新政103天，史称"百日维新"。这时光绪帝急需听到康有为的建议，因此他不顾顽固派的阻挠，迫不及待地于6月16日特旨召见康有为。君臣相见恨晚，长谈了两个多小时。康有为向光绪慷慨陈词，说明中国已到生死存亡关头，必须尽变旧法，咸与维新。光绪也表示"今日诚非变法不可"①。光绪问他如何变法，康有为主张统筹全局，先设立制度局，另外还提出重用维新人士、废八股、翻译外国书籍、派遣留学生、派大臣出洋游历等许多建议，光绪连连点头表示赞同。召见后，光绪下旨命康有为在总理衙门章京上行走，并允许他专折奏事。康有为也确认了光绪帝变法的决心和勇气。因此，他以后的精力主要放在为光绪出谋划策，设计改革方案，然后通过皇帝的君权下命令来进行变法实践。光绪帝在百日维新期间下的许多道新政上谕都采纳或吸收了康有为的建议和主张，如改官制、明赏罚、废八股、设学堂、开商务局、禁缠足、办官报等。

有人可能要问，康有为究竟是如何为光绪帝出谋划策的？难道他能经常进宫见皇帝，或者直接为皇帝起草谕旨吗？当时就有这样的谣传。对此，康有为驳斥道："本朝安有是事？"② 他一共见了光绪一次，那么是通过什么渠道来影响皇帝的呢？实际上主要是靠上条陈和进呈书籍，尤其是后者，"惟间日进书，上采案语，以为谕旨"③。特别是其中《日本变政考》等一批外国变政考。百日维新期间，变法改革付诸实践，最重要的是

---

① 康有为. 我史[M]//康有为. 康有为全集：第五集. 姜义华，张荣华，编校. 北京：中国人民大学出版社，2007：93.
② 康有为. 我史[M]//康有为. 康有为全集：第五集. 姜义华，张荣华，编校. 北京：中国人民大学出版社，2007：96.
③ 康有为. 我史[M]//康有为. 康有为全集：第五集. 姜义华，张荣华，编校. 北京：中国人民大学出版社，2007：96.

明确改革什么？怎么改？"托古改制"已不能解决问题，只有借鉴外国的变法改革经验教训"仿洋改制"，才有指导意义。因此，康有为集中精力总结各国变法经验，"昼夜编书"，写出一批外国变政考，并加按语，提出中国改革的路径，供皇帝借鉴采纳。他认为中国变法最好的榜样就是日本的明治维新。明治维新的成效足以证明变法的必要和可能，而明治维新的具体步骤、措施，也为中国变法指明了改革的路径和方法。康有为幻想依靠光绪皇帝像明治天皇一样亲掌大权，发号施令，在中国实现自上而下的变法。因此，他在皇帝召见后并不去总理衙门上班，而是日夜编写《日本变政考》，分卷进呈。该书共13卷，描述了日本明治维新变法改革的整个过程，也涉及中国戊戌维新的各个方面。康有为把效法日本改制的主张、建议，有时寓意于记载日本变政的史实中间，有时则直接阐发于自己所写的按语之中。他把此书进呈于光绪御前，希望成为光绪皇帝变法的教科书、"百日维新"的蓝图。故而他在该书跋语中踌躇满志地宣称："虽使管葛（管仲、诸葛亮）复生，为今日计，无以易此。我皇上阅之，采鉴而自强在此。若弃之不采，亦更无自强之法矣。"[1] 光绪皇帝看到此书，果然如获至宝，"阅之甚喜"，"一卷刚进，又催下卷"。光绪将此书"日置左右，次第择而行之"，有些上谕、朱批甚至直接采用了该书内容或按语。从这里也可看出康有为对光绪的变法实践影响之大。

戊戌变法触动了以慈禧太后为首的顽固守旧势力的既得利益，他们掌握着清政府的政权、军权、财权，终于在1898年9月21日发动政变，慈禧太后恢复"训政"，光绪皇帝被软禁瀛台，谭嗣同等维新志士被杀，康有为也遭通缉，被迫流亡海外。

虽然戊戌变法失败的根本原因是新旧势力力量对比过于悬殊，然而康有为这位变法推手在这场政治改革中也有不少失误和教训。首先是康有为（也包括光绪帝）对政治改革的艰巨性、复杂性估计不足，过于盲目乐观，

---

[1] 康有为. 日本变政考跋［M］//康有为. 康有为全集：第四集. 姜义华, 张荣华, 编校. 北京：中国人民大学出版社, 2007：274.

急于求成，没有充分考虑改革的阻力和社会承受度。在召见时，康有为曾对光绪皇帝说，西方列强变法改革"讲求三百年而治"，日本明治维新"施行三十年而强"。我们中国"国土之大，人民之众，变法三年，可以自立，此后则蒸蒸日上，富强可驾万国"。"以皇上之圣，图自强，在一反掌间耳"。① 这番话当然有为光绪打气树立信心的成分，但把中国的改革说成三年就能成功，易如反掌，也实在太乐观了。缺乏政治斗争经验的康有为通过上书、条陈、呈书，向光绪提出了一大堆建议，而年轻急躁的光绪帝也急急忙忙在103天里下了180多道新政改革的上谕、命令，但在守旧官员的抵制、敷衍下，很多都成了一纸空文。康有为强调变法必须大变、全变，并且首先要从变官制开刀，其风险阻力很大。如康有为政治改革的核心措施是开制度局于宫中，重用维新人士为皇帝立法定制，然后成立十二个新政局实行各项新政。守旧势力认为这是要尽废军机、六部与督抚矣，结果他们施了阳奉阴违偷梁换柱之计，把康有为建议的"选天下通才二十人置左右议制度"，改为"选翰詹科道十二人，轮日召见备顾问"，仍由旧官僚充数。这样一来，便巧妙地扼杀了制度局之议，康有为只好哀叹："于是制度局一条了矣！"②

改革措施的操之过急，超过社会承受力，还表现在裁冗署、撤绿营、许旗人自谋生计、罢礼部六堂官等改革举措上。裁冗署是康有为提出改革官制的一部分，具体建议是岑春煊奏请光绪下令的，涉及面过大，一下子就要裁撤詹事府、通政司、光禄寺、鸿胪寺、太仆寺、大理寺等一大批衙门，以及督抚同城的三省巡抚、河道总督、地方粮道、盐道等官员。而且光绪严令"限一个月办竣复奏"。以致朝野震骇，人心惶惶，有的衙门如太仆寺"堂司等官一哄而散"，一片混乱。另外改革措施包括练新军撤绿

---

① 康有为. 我史［M］//康有为. 康有为全集：第五集. 姜义华，张荣华，编校：北京：中国人民大学出版社，2007：93.
② 康有为. 我史［M］//康有为. 康有为全集：第五集. 姜义华，张荣华，编校：北京：中国人民大学出版社，2007：98.

营，引起大批绿营官兵失业恐慌。"许旗人自谋生计"，使一向依靠国家供养又没有劳动技能的旗人们人人自危。这些过激措施超过了社会的承受程度。守旧官僚、绿营官兵、八旗旗人以及因废八股而失去升官仕途的八股士人都把康有为视为不共戴天之仇敌，不但坚决反对改革，而且要"杀康梁以谢天下"！至9月4日，光绪帝以阻挠礼部主事王照上书为由，一下子罢免了礼部尚书、侍郎六位堂官（部长），更是激化了本已很尖锐的新旧势力的矛盾冲突，加速了守旧势力发动政变扼杀改革的步伐。

其次，康有为不顾国情，照搬外国改革模式，幻想依靠外国支持。康有为多次强调要全面仿效日本明治维新全盘照搬日本模式，宣称"我朝变法，但采鉴于日本，一切已足"①。殊不知日本与中国不仅政治、经济、文化等国情有很多差异，新旧势力力量的对比也完全不同。中国的改革必须从中国国情出发，走自己的路。康有为还大力提倡联英联日，幻想依靠英国、日本支持中国变法，甚至建议聘请日本前首相伊藤博文和英国传教士李提摩泰来当中国新政顾问，指导中国改革。戊戌政变前正好伊藤博文来华访问，顽固派担心光绪及维新派与日本联合，也是发动政变的导因之一。其实伊藤并不看好康有为等维新派，政变前康有为企图争取英日公使支持的愿望也落了空。后来康有为流亡日本，也遭到日本政府的驱逐，只得前往美洲。

最后，康有为信奉英雄史观，迷信皇帝和自己的能力，不能团结同盟者，更不能发动广大群众，以致陷于孤立。他把变法改革成功的全部希望寄托于光绪皇帝一人之身，一再强调"自古非常之事，必待大有为之君"，因此，中国的变法维新就要靠光绪皇帝的"乾纲独断"，"以君权雷厉风行"来实现。另外，康有为不善于争取和团结同盟军。在维新运动兴起时，洋务派官僚曾表示同情和支持，李鸿章要捐三千元加入强学会，却被康有为拒绝，把他推到了对立面。曾支持过维新派的张之洞，也因与康有

---

① 康有为. 日本变政考 [M] //康有为. 康有为全集：第四集. 姜义华，张荣华，编校：北京：中国人民大学出版社，2007：274.

为有学术观点上的分歧而导致决裂。对人民群众他更以"民智未开"加以轻视,甚至用一旦发生人民起义皇帝将会"欲为长安布衣而不可得"来敦促光绪赶快变法。连康有为最得意的门生兼亲密战友梁启超也看到其老师的弱点,发出南海先生"谓之政治家,不如谓之教育家;谓之实行者,不如谓之理想者"的感慨。①

(初稿原载《中国政协》2013 年第 8 期)

---

① 梁启超. 南海康先生传 [M] //康有为. 康有为全集:第十二集. 姜义华,张荣华,编校:北京:中国人民大学出版社,2007:438.

第三章

黄遵宪研究：近代中外文化交流史上最杰出的代表人物

第一节 黄遵宪研究的回顾与展望

（一）黄遵宪研究的学术意义和现实意义

如果有人问我，谁是近代中外文化交流史上最杰出的代表人物？我会毫不犹豫地回答：黄遵宪，此人当之无愧！

黄遵宪（1848—1905），字公度，广东嘉应州（今梅州市）人。他是中国近代一位有着多方面建树并影响中国近代化进程的杰出历史人物。他是近代中国卓越的外交家、思想家、政治家、文学家、史学家，还是著名的爱国主义诗人和民俗学家、近代中外文化交流史上一位优秀代表人物。说黄遵宪是杰出的外交家，因为他历任驻日本、英国参赞，驻美国旧金山与新加坡的总领事，还被任命过驻德国、日本公使（均未赴任）。在19年的外交生涯中曾为维护中国主权，保护华侨、华工权益，促进中外友好与文化交流等方面做过许多贡献，并被外国人誉为"有清一代最有风度、最有教养的外交家"。说他是杰出的思想家、政治家，是由于他不仅大力宣传倡导资产阶级维新思想和启蒙思想，而且勇于实践，亲自在湖南推行新政，厉行改革，开全国风气之先。说他是杰出的文学家、史学家，则是因为其撰写了《日本国志》这样的史学巨著和《人境庐诗草》《日本杂事诗》等不朽诗篇，并提出了"详今略古""我手写我口"等史学、文学革新主张。他还倡导了晚清的"诗界革命"，创作了大量充满爱国主义感情、反映中国近代与日本近代许多重大历史题材的诗歌，被称为"一代诗史"。他还开中国近代中外民俗研究之先河，提出许多精辟的理论见解，并对中、日民俗进行了大量考察、描述和比较研究。

黄遵宪又是近代中日文化交流史上贡献卓著的杰出代表人物。1877年冬至1882年春他担任第一任驻日使馆参赞官，是首届中国驻日使团中的核心人物。在对日外交事务中，既主张中日两国平等相待，友好相处，各求富强，共御外侮，又对日本统治集团侵犯中国与邻国主权的行为坚持原则，据理力争。作为中日友好的使者，黄遵宪广泛结交日本各方面人士，进行各种中日文化交流活动。由于黄遵宪学识渊博、待人诚恳，因此博得日本各界人士极大的尊敬和赞誉，"仰之如泰山北斗"。以至到他住所拜访的日本人，"执经者、问字者、乞诗者，户外屦满，肩趾相接"，留下了不少与日本友人的唱和诗篇、笔谈记录、题字、序跋。黄遵宪对中日文化交流最大的贡献还是他的巨著《日本国志》和诗集《日本杂事诗》。这是他对日本进行深入调查研究和分析思考的结晶，也是近代中国人日本研究的集大成代表作。这些研究大大加深了中国人对日本的了解和认识，推动了近代中国人的日本研究，而且成为中国维新运动的重要启蒙读物，近现代中国人了解、研究日本的主要参考书。因此，说黄遵宪为中国日本学研究的先驱者、开拓者、奠基者，确实是当之无愧的。

综上所述，可以大体看到黄遵宪在中国近代史和中日文化交流史上的重要地位和影响。因而对黄遵宪的研究，无论对于中国近代政治史、外交史、思想史、文学史，或者中日关系史与中日文化交流史，都有重大的学术价值。尤其是对于近代中国对日本研究史（也可以称为中国的日本学史），更是一个关键性的重要课题。研究黄遵宪，对于加深中日两国人民的互相理解，促进中日友好，推动中日文化交流，也有重大现实意义。黄遵宪对日本进行深入调查研究，勤奋写作和广泛友好交流的精神，值得我们继承发扬。中国著名的文学艺术家、前中日友好协会会长夏衍先生在《从〈忠臣藏〉想起黄遵宪》这篇文章里有一段语重心长的话。他说，黄遵宪是一个值得我们外交工作者尊敬和学习的榜样。现在离黄遵宪出生的年代"时间已经跨过了100多年。今天，中华人民共和国已经和五大洲的100多个国家建立了外交关系，我们已经有数以千计的外交官驻节国外。我们希望我们的外交工作者能像黄遵宪写出《日本杂事诗》那样的诗篇，写出《日本国志》那样的史书，为促进中国和世界各国人民的相互了解，为共同反霸和保卫世界和平作出各自的贡献"①。我想这段话不仅对于外交工作者，而且对于学术工作者、文学艺术工作者，特别是从事日本学研究和中日文化交流工作的人来说，也是非常适用的。

（二）黄遵宪研究史的回顾

长期以来，黄遵宪的历史地位并没有得到足够的认识，最初的对黄遵宪的研究多数仅仅是把他作为一个诗人，从文学的角度加以评价，而从政治、外交、思想、学术等角度论述的却较少，综合研究的也不多。

黄遵宪生前曾在给梁启超的信中说："国中知君者无若我，知我者无若君。"黄遵宪去世后，梁启超为其写《墓志铭》，概述黄遵宪生平事迹，并感叹："悲其一身之进退死生，与一国之荣悴分相依。"② 梁启超还在《饮冰室诗话》中记载了许多黄遵宪的遗诗和逸事，并评价道："近世诗人，能熔铸新理想以入旧风格者，当推黄公度。"清末许多诗人的文集和诗话中都论及黄遵宪，如潘兰史《在山泉诗话》、狄葆贤《平等阁诗话》、袁祖光《绿天香雪籍诗话》、陈衍《古遗室诗话》、王遽常《国耻诗话》等。高旭《愿无尽庐诗话》甚至认为："黄公度诗独辟异境，不愧中国诗界之哥伦布矣，近世洵无第二人。"③

---

① 夏衍. 从《忠臣藏》想起黄遵宪 [J]. 世界知识，1979（4）：7-8.
② 梁启超. 嘉应黄先生墓志铭 [M] //陈铮. 黄遵宪全集：下册. 北京：中华书局，2005：1572.
③ 高旭. 愿无尽庐诗话 [M] //钱仲联. 人境庐诗草笺注. 上海：古典文学出版社，1957：419.

第三章 黄遵宪研究：近代中外文化交流史上最杰出的代表人物

年谱方面，较早的有尤炳圻编《黄公度先生年谱初稿》（收入《人境庐诗草》校点本附录三，民国二十二年北平文化学社印本），内容较疏略。较详细的有钱仲联编的《黄公度先生年谱》①，除尤编资料外，还引用了翁同龢、王韬、袁旭、薛福成等人著述，特别是引用了其从弟黄遵庚的口述资料以及黄遵宪与梁启超、严复等人来往信件及论学、论诗手稿等珍贵资料。钱仲联长期致力于黄遵宪《人境庐诗草》的研究笺注，所编《人境庐诗草笺注》（1936年初版，1957年重版，1981年修订版）一书旁征博引，颇见功力，是研究黄遵宪的必读之书。

1985年，香港学者吴天任出版《清黄公度先生遵宪年谱》②，吸收了新资料和研究成果，对钱谱又有所修订和补充。

传记方面，新中国成立前有《清史稿·黄遵宪传》、温延敬《黄遵宪传》、古直《黄公度先生小传》等。新中国成立后，1951年王瑶在《人民文学》上发表《晚清诗人黄遵宪》一文，1957年出版了麦若鹏的《黄遵宪传》③，1961年出版牛仰山的《黄遵宪》④，开始用新的观点评价黄遵宪，但是都比较简略。

1959年，新加坡华人学者郑子瑜出版了研究黄遵宪的论文集《人境庐杂考》⑤。他还在《南洋学报》上发表了一系列研究黄遵宪的论文。1960年，中华书局出版了北京大学中文系编的《人境庐集外诗辑》。1968年，日本早稻田大学出版了郑子瑜与实藤惠秀合编的《黄遵宪与日本友人笔谈遗稿》，这些都是研究黄遵宪的重要资料。

1972年，上海人民出版社出版了杨天石所著《黄遵宪》，对黄遵宪一生进行了比较深入的考察分析，注意了黄遵宪既是诗人又是政治活动家这

---

① 钱仲联.黄公度先生年谱［M］//钱仲联.人境庐诗草笺注.上海：古典文学出版社，1957.
② 吴天任.清黄公度先生遵宪年谱［M］.台北：台湾商务印书馆，1985.
③ 麦若鹏.黄遵宪传［M］.上海：上海古典文学出版社，1957.
④ 牛仰山.黄遵宪［M］.北京：中华书局，1961.
⑤ 郑子瑜.人境庐杂考［M］.新加坡：商务印书馆新加坡分馆，1959.

两个方面。书后还附录了作者所编的《黄遵宪文目初编》，共 103 篇目录。

20 世纪 80 年代对黄遵宪研究进一步深化，国内外发表了一批研究论著，涉及黄遵宪生平和文学、政治、外交及其史学成就等各个方面，并对《日本国志》《日本杂事诗》《人境庐诗草》等作品进行了专门深入的研究，由于篇幅关系在此不能一一列举。值得一提的是，国内开始有人以黄遵宪研究为博士论文题材，并撰写成专著。如 1987 年江苏古籍出版社出版的上海华东师大博士盛邦和的《黄遵宪史学研究》，着重剖析黄遵宪史学思想的发展演变，有一定深度。1988 年，北京生活·读书·新知三联书店出版了暨南大学博士郑海麟的《黄遵宪与近代中国》，全书共 11 章 454 页，这是国内青年学者撰写的一部有较高学术水平的黄遵宪研究专著。

资料方面出版了一系列黄遵宪诗歌的新选本，如 1985 年广东人民出版社出版了钟贤培等选注的《黄遵宪诗选》。1986 年，上海古籍出版社出版了刘世南选注的《黄遵宪诗选注》。另外，钱仲联修订了《人境庐诗草笺注》[1]，钟叔河辑注了《日本杂事诗广注》[2]，都是这两种诗集较好的注本。20 世纪 90 年代对黄遵宪研究又有了新的进展。郑海麟、张伟雄编校了《黄遵宪文集》，于 1991 年 10 月由日本京都中文出版社出版，该书收录黄遵宪笔谈、论著、序跋、书信、公牍共 121 篇，为黄遵宪研究提供了许多珍贵的原始资料。而李庆编注的《东瀛遗墨：近代中日文化交流稀见史料辑注》[3]，也收录了黄遵宪《朝鲜策略》、与宫岛诚一郎笔谈等原文。从各种角度研究黄遵宪的论文也有好几十篇，尤为可喜的是，又有一些中外大学的青年学生选择黄遵宪研究作为自己的博士、硕士研究生论文课题。据我所知，已完成的如复旦大学黄升任的博士论文《黄遵宪与晚清改革思潮》，就读北京大学的韩国留学生柳垠再的硕士论文《黄遵宪的〈朝鲜策

---

[1] 钱仲联. 人境庐诗草笺注（修订本）[M]. 上海：上海古籍出版社，1981.
[2] 钟叔河. 日本杂事诗广注 [M]. 长沙：湖南人民出版社，1981；岳麓书社，1985.
[3] 李庆. 东瀛遗墨：近代中日文化交流稀见史料辑注 [M]. 上海：上海人民出版社，1999.

略》对朝鲜政局的影响》，日本东京学艺大学广户真理子的硕士论文《黄遵宪在日本时期之友人关系》等。这些论文既有新意，又反映了黄遵宪的研究后继有人。

这里还要补充港台地区学者对黄遵宪研究的成果：香港学者除吴天任著《黄公度先生传稿》和《清黄公度先生遵宪年谱》外，还有王德昭的论文《黄遵宪与梁启超》；[1] 梁通也多年致力于黄遵宪研究和弘扬黄遵宪事迹；台湾学者张朋园的长篇论文《黄遵宪的政治思想及其对梁启超的影响》[2]，颇有见地；王玺写了《黄遵宪对日本的认识》[3] 并主编了《黄遵宪传记资料》[4]；1991年，台湾文史哲出版社出版了张堂锜著的《黄遵宪及其诗研究》。

海外黄遵宪研究最有成就的是日本学者，著名的有实藤惠秀、铃木虎雄、石原道博、蒲地典子、佐藤保、岛田久美子、伊原泽周等人。实藤惠秀以研究中日文化交流史和中国留日学生史著称，曾把黄遵宪的《日本杂事诗》译成日文[5]，还与郑子瑜一起编校了《黄遵宪与日本友人笔谈遗稿》[6]。铃木虎雄对黄遵宪的《人境庐诗草》有深入研究。石原道博则撰写了长篇论文《黄遵宪所著〈日本国志〉和〈日本杂事诗〉》（《茨城大学人文学部纪要》）。留美日本学者蒲地典子著有《中国的改革——黄遵宪与日本模式》[7]，是一部视角新颖、影响较大的黄遵宪评传。佐藤保1958年就写了关于黄遵宪新诗的论文，后来又发掘了不少新史料，撰写了

---

[1] 王德昭. 黄遵宪与梁启超 [J]. 新亚学术年刊，1969 (11).
[2] 张朋园. 黄遵宪的政治思想及其对梁启超的影响 [J]. 台北近代史研究所集刊，1969 (1).
[3] 王玺. 黄遵宪对日本的认识 [J]. 大陆杂志，第49卷.
[4] 王玺. 黄遵宪传记资料 [M]. 台北：台湾天一出版社，1979.
[5] 日本杂事诗 [M]. 实藤惠秀，丰田穰，译. 东京：日本生活社，1943年；平凡社东洋文库本，1968.
[6] 实藤惠秀，郑子瑜. 黄遵宪与日本友人笔谈遗稿 [M]. 东京：早稻田大学东洋文学研究会，1968.
[7] 蒲地典子. 中国的改革：黄遵宪与日本模式 [M]. 芝加哥：美国芝加哥大学出版社.

《黄遵宪与日本》《黄遵宪关系日本残存资料初探》《黄遵宪与宫岛诚一郎》等一系列论文。岛田久美子译注了中国诗人选集《黄遵宪》（岩波书店，1963年），又指导神户大学研究生注释全部《日本杂事诗》。伊原泽周也对黄遵宪加以研究，探讨《日本国志》的编写过程。

欧美和亚洲、大洋洲其他国家也有一些学者在进行黄遵宪研究。如加拿大学者林理彰研究黄遵宪与明治时代的日本，别具特色。澳大利亚学者梅卓琳研究黄遵宪《日本国志》的改革思想及其对百日维新的影响。瑞士学者巴门也对黄遵宪进行了研究。新加坡学者着重研究黄遵宪在新加坡任外交官时期的活动，而韩国的一些学者则偏重于研究黄遵宪的《朝鲜策略》对当时朝鲜外交内政的影响。

黄遵宪研究已经逐渐成为一种具有国际性的专门学问"黄学"（犹如研究《红楼梦》的学问称为"红学"）。"黄学"的提法最早是新加坡华人学者郑子瑜在20世纪60年代初访问日本时提出的，并且立即得到日本老一辈学者实藤惠秀、铃木虎雄等人的赞同。1982年3月，广东梅县黄遵宪故居人境庐重新修复开放，并举行了全国首次黄遵宪学术交流会，有王瑶、黄友谋等专家学者70多人参加。1990年4月21日，在人民大会堂举行的"纪念中国近代史开端150周年弘扬中华文化座谈会"上，各界人士和专家学者畅谈了黄遵宪在文学、史学、美学等方面的成就和贡献，我国实业家姚美良创办了"纪念黄遵宪先生当代书画艺术国际展览"，在北京、广州、中国香港、中国澳门、新加坡及世界各地巡回展览，反响强烈，盛况空前。1998年5月，由北京客家海外联谊会和北大中文系等单位共同组织的"纪念黄遵宪诞辰150周年学术讨论会"在北京举行。黄遵宪研究已引起海内外广大人士越来越浓厚的兴趣。

概括起来，大约20世纪40年代至70年代是黄遵宪研究的初始阶段，20世纪80年代至90年代则是发展阶段，据不完全统计，已出版有关其的研究著作、传记、资料20多部，发表论文200多篇。

进入21世纪，则是黄遵宪研究发展的一个新阶段。2001年8月，由

<<< 第三章 黄遵宪研究：近代中外文化交流史上最杰出的代表人物

北京市中日文化交流史研究会主办的黄遵宪与近代中日文化交流国际学术讨论会在北京大学举行，会后出版了同名论文集。2005年，"纪念黄遵宪逝世一百周年"国际学术讨论会分别在北京和黄遵宪的故乡梅州举行。这几次研讨会上，许多中外学者发表了学术论文，大大推动了黄遵宪的深入研究。21世纪以来还出版了许多有关黄遵宪的著作、资料集和论文集。关于黄遵宪本人著述的资料集最重要的是陈铮编的，于中华书局2005年出版的《黄遵宪全集》（上下两册），这是至今收集最完备的黄遵宪集。此外，还有吴振清等编校整理的《黄遵宪集》（天津人民出版社，2003年）。2006年出版了两部有分量的黄遵宪传记，一部是黄升任的《黄遵宪评传》（南京大学出版社），一部是郑海麟的《黄遵宪传》（中华书局），体现了新世纪黄遵宪研究的最新成果。

下面将对黄遵宪在近代中日文化交流的贡献及其研究分别加以论述。

（三）关于黄遵宪《日本国志》的研究

《日本国志》是黄遵宪对日本研究和中日文化交流的最主要贡献。可以说这是近代中国人研究日本的一部集大成代表作，同时也是集中体现黄遵宪提倡仿效日本变法维新的代表作。因此，对《日本国志》的研究在黄遵宪研究中占有十分重要的地位。

《日本国志》共40卷50万字，分为国统、邻交、天文、地理、职官、食货、兵、刑法、学术、礼俗、物产、工艺12种志，内容极其丰富。该书全面深入地研究了日本的历史和现状，特别是日本明治维新后所实行的各种制度，同时也从各个方面阐述了黄遵宪主张学习西方、效法日本，要求在中国变法维新，发展资本主义的改革思想。

对《日本国志》的研究，最初只是一些零星片断的介绍和分析。20世纪70年代，吴天任的传记和石原道博的论文做了比较全面的论述。笔者喜读《日本国志》，在反复研读基础上进行了比较深入的研究，在《近代史研究》1980年第3期上发表了《黄遵宪〈日本国志〉初探》①的长篇论文，此后在拙著《近代中日启示录》中也进行了专章论述。笔者认为黄遵宪写作《日本国志》的动机主要有三点：一是作为一个外交官的责任，为开展对日外交与加强中日友好的需要。二是不满以往中国对日研究状况，要提供日本真实详细情况，以改变中国人对日本的模糊认识与错误观点。三是他亲眼见到日本明治维新的成效以及国内外对明治维新的分歧看法，促使他下决心重点考察日本维新后的制度及其利弊得失，提供借鉴，以推动中国的维新变法。

关于《日本国志》的写作过程和版本，据笔者考证，黄遵宪于1878年开始收集材料，1879年正式动手编写，1882年调离日本时刚写出草稿，1887年才完成全书。1890年交广州富文斋出版，直到1895年才正式刊成问世，即光绪十六年羊城富文斋的初刻本。1896年至1897年黄遵宪又把书稿进行了修订，改动十几处，增补数千字，1898年出版了羊城富文斋的改刻本。其他版本都是根据黄遵宪自己手定的这两种版本重印的。如1898年浙江书局本是初刻本重印，而1898年上海图书集成印书局铅印本，汇文书局本及1901年上海书局石印本、1902年丽泽学会石印本等都是据改刻本翻印的。前些年，陈宗海、盛邦和、郑海麟、戴东阳等人的论文和著作中也考证了《日本国志》的版本，并对初刻本与改刻本进行了校勘、比较和分析。

关于《日本国志》的写作特色，笔者认为主要有四点。第一，黄遵宪摒弃了以往中国文人写史时那种以"天朝上国"自居的妄自尊大态度，而采取实事求是，尊重日本民族、两国平等相待的态度来写作。第二，《日本国志》既区别于以前那种摘引古书烦琐考据日本历史的著作，又不同于当时一些仅仅浮光掠影记录日本风俗、人情、景色的游记。黄遵宪采取史书中"志"的体裁，着重研究日本明治维新后的典章制度，体现了"厚今

---

① 王晓秋. 黄遵宪《日本国志》初探[J]. 近代史研究, 1980 (3): 177-206.

薄古",为中国改革提供借鉴的精神。第三,黄遵宪反对那种粗枝大叶、人云亦云的写作态度,重视实地调查研究和收集公报、法令、统计数字等第一手原始资料。第四,黄遵宪在书中不仅详细介绍了日本各方面历史现状和制度,而且联系中国实际进行分析评论,发表自己见解,总结日本明治维新的经验教训,给中国有识之士很大启迪。吴天任在《黄公度先生传稿》中也总结了《日本国志》写作上的四大特色:其一,记述则去取谨严,繁简适中。其二,附表则纵横尽括,纤悉靡遗。其三,前后论断,则引证古今中外,得失尽见。其四,附注则连类并及,考证详明。

关于《日本国志》的意义和影响。笔者认为首先是大大加深了中国人对日本的认识,在相当一段时期内成为中国人了解日本的必读参考书。张之洞曾把它称为出使日本必不可少之书。20世纪初涌向日本的大批中国留日学生更是从中获益匪浅。其次,《日本国志》的写作和出版也进一步推动了中国人对日本的研究。19世纪80年代至90年代一批驻日或旅日官员因形势需要和受到黄遵宪的影响,纷纷开始研究日本问题,写出一批著作。有的研究日本著作如王先谦的《日本源流考》中大量引用了《日本国志》原文。然而,《日本国志》最重要的意义和影响还在于宣传了资产阶级变法维新思想,推动了戊戌维新运动。《日本国志》使中国要求维新救国的知识分子大开眼界,大受鼓舞,增强了变法的决心和信心,明确了方向和方法,即以日本为榜样,走明治维新的道路,因此也可以说它是一部维新变法的启蒙读物。维新派领袖康有为上书皇帝和编写《日本变政考》曾参考《日本国志》。梁启超不但为《日本国志》写后序,而且把它定为学习西学的必读之书。1898年百日维新前夕,光绪皇帝为了借鉴日本经验,曾亲自命大臣立刻进呈《日本国志》两部,大臣没有及时送上,还遭到他的责备。1990年,新加坡林文庆博士在一篇关于中国维新运动的文章里,把《日本国志》称为"关于日本维新运动历史的经典性文献",并认为该书为中国的维新党人"开启了道路"。

郑海麟在《黄遵宪与近代中国》一书中专列一章"《日本国志》研

究"，着重分析了《日本国志》的明治维新观、政治思想、经济思想、军事与文教改革的观念，还重点剖析了邻交志、学术志和礼俗志。盛邦和的《黄遵宪史学研究》一书实际上也是以《日本国志》研究为中心的，尤其是深入论述了《日本国志》的史学特色和史学思想，认为该书反映了黄遵宪从地主阶级改革派的历史变易观向资产阶级改良派的历史进化论的转化。

2018年，由江西高校出版社出版的黄涛所著《黄遵宪〈日本国志〉"外史氏曰"与晚清近代化研究》则是对《日本国志》研究的最新成果。作者利用黄遵宪以"外史氏曰"形式发表的议论，深入考察研究了黄遵宪的政治、经济、外交、法治、军事、文化、科学、教育思想及其对晚清中国近代化的影响。

有的学者还深入考证了黄遵宪撰写《日本国志》的资料来源等问题，如戴东阳的《〈日本国志·邻交志·泰西篇〉与〈日本外交始末〉》等论文。

（四）关于黄遵宪《日本杂事诗》的研究

黄遵宪的诗历来是黄遵宪研究中的热点，为海内外中国文学研究者所注目，许多人以其主要诗集《人境庐诗草》与《日本杂事诗》为研究对象，发表了不少论文，出版了各种诗选。

关于《日本杂事诗》的写作过程和版本。黄遵宪到日本后，细微考察日本的历史地理，认真研究日本的制度改革，游览名山大川，熟悉民俗风尚，了解工艺物产，比较中日文化，陆续创作了100多首"杂事诗"。这些诗，每首都是七言绝句，或一事记一诗，或数事合一诗，短小生动，活泼有趣。每首诗的后面还附有长短不等的自注，以解释或补充诗意之不足，有的注较长，可自成一篇小文。他写这些诗也是为编写《日本国志》做酝酿准备，杂事诗自注的不少段落，后来稍修改或者原封不动地写进了《日本国志》一书。黄遵宪在《日本杂事诗定稿本自序》中曾追述道："余自丁丑（1877年）之冬，奉使随槎。既居东二年，稍与其士大夫游，读其书，习其事。拟草《日本国志》一书，网罗旧闻，参考新政。辄取其杂事，衍为小注，串之以诗，即今所行《杂事诗》是也。"①

1879年冬，黄遵宪将《日本杂事诗》稿本2卷共154首诗上呈总理各国事务衙门。总理衙门以同文馆聚珍版刊行，这就是《日本杂事诗》的初刻本，或称原本、官本。同年，王韬访日时也看到杂事诗的诗稿，"读未终篇，击节者再，此必传之作也！亟宜早付手民，俾斯世得以先睹为快"②。于是征得黄遵宪同意，将诗稿携到香港，于1880年出版了香港循环日报馆铅印本，之后此书又有日本凤文馆、东京和京都书店以及国内中华印务局的各种翻印本。1885年，黄遵宪由美国归来，正值其父在广西梧州为官，亲友同僚索要《日本杂事诗》者甚多，乃又有梧州自刻本。1890年，黄遵宪在伦敦中国驻英使馆任参赞期间，又把它增订为定本。1898年由长沙富文堂刊行。定本删去原本中9首，增加55首，共计200首。卷首有自序，卷末有后记，这是黄遵宪本人最后手定的本子。他在后记中声明："此乃定稿，有续刻者当依此为据，其他皆拉杂摧烧之可也。"③ 1897年西政丛书的石印本尚按原本重印，1911年上海作新社洋装本是按定本翻印。日文译本有实藤惠秀与丰田穣合释的日本生活社本（1943年）和平凡社东洋文库本（1968年）。近年来最完善的版本是1981年湖南人民出版社出版的《走向世界丛书》中由钟叔河辑校的《日本杂事诗广注》。该书正文完全按定本校点排印，同时用按语形式，把原本被删改之诗全部附录于各首之后，另外还从《日本国志》中集辑有关内容，作为原注的补充，使注文字数增加了近三倍，故谓"广注"，并辑入了《人境庐诗草》中有关的几首诗，卷首还有钟叔河写的题解。1985年该书又被收入岳麓书社出版的《走向世界丛书》合订本之中。

《日本杂事诗》内容丰富，黄遵宪在初刻本中把154首诗分为九大类，

---

① 陈铮编.黄遵宪全集：上册［M］.北京：中华书局，2005：6.
② 陈铮编.黄遵宪全集：上册［M］.北京：中华书局，2005：5.
③ 陈铮编.黄遵宪全集：上册［M］.北京：中华书局，2005：7.

即国势、天文、地理、政治、文学、风俗、服饰、技艺、物产。在定本中把200首诗分为上、下两卷，上卷主要涉及历史、地理、政治、文学等方面，下卷则偏重风俗、服饰、技艺、物产等，实际上是对日本社会从纵和横的不同角度进行了较全面的考察描述。在纵的历史方面，涉及日本的社会发展史、政治史、对外关系史和文化史、学术史。在横的现状方面，介绍了日本的政治、经济、文化、教育以及自然风貌、民情习俗等。正如周作人在《论黄公度的日本杂事诗》一文中所指出的，对于《日本杂事诗》，"当作诗看是第二著，我觉得最重要的还是看作者的思想，其次是日本事物的记录"①。日本学者实藤惠秀在《日本杂事诗》日译本的解说中也指出黄遵宪在诗中"不只是研究日本现状，而且从宣传着手，研究各方面的情况，将日本同中国做全面的比较，表现出想要把中国从危机中挽救出来的爱国热情"。因此，对《日本杂事诗》的研究不仅要从文学角度，还要从政治、思想、史学、社会学、民俗学等角度加以分析。例如，对于日本明治维新的认识，在《日本杂事诗》初刻本154首诗中涉及明治维新改革的就占40多首，然而他对明治维新也有个认识过程。正如黄遵宪1890年在定本自序中所述，他刚到日本"时值明治维新之始，百度草创，规模尚未大定"。对明治维新的议论纷纷，他接触的又不少是旧学家，"微言刺讥，咨嗟太息，充溢于吾耳"。因此他在《日本杂事诗》初刻本中还流露出对明治维新的怀疑，"新旧同异之见，时露于诗中"。以后黄遵宪"阅历日深，闻见日拓，颇悉穷变通久之理，乃信其改从西法，革故取新，卓然能自树立"。后来又到欧美，见"其政治学术，竟与日本无大异"。"时与彼国穷官硕学言及东事，辄敛手推服无异辞"。所以他"偶翻旧编，颇悔少作，点窜增损，时有改正"②，对《日本杂事诗》又做了较大修订增补，

---

① 嘉应学院黄遵宪研究所. 黄遵宪研究资料选编［M］. 香港：天马图书有限公司出版，2002：581.
② 黄遵宪. 日本杂事诗·自序［M］//陈铮. 黄遵宪全集：上册. 北京：中华书局，2005：6.

<<< 第三章 黄遵宪研究：近代中外文化交流史上最杰出的代表人物

出版定本。因此，如果把《日本杂事诗》的原本与定本加以比较研究，也可以反映出黄遵宪思想的变化。

《日本杂事诗》作为近代中国人介绍日本最出色的一部诗集，以其构思新颖、题材广泛、内容丰富和词彩绚丽博得中外文人学者的高度评价。为《日本杂事诗》作序的近代著名学者王韬称其"叙述风土，记载方言，错综事迹，感慨古今"。"其间寓劝惩，明美刺，存微旨，而采据浩博，搜辑详明"。"举凡胜迹之显湮，人事之变易，物类之美恶，岁时之送迎，亦并纤悉靡遗焉，洵足为巨观矣"！以至"每一篇出，群奉为金科玉律，此日本开国以来所未有也"。① 为《日本杂事诗》作跋的日本著名学者石川英更誉之为："上自神代，下及近世，其间时世沿革，政体殊异，山川风土服饰技艺之微，悉网罗无遗。而词彩绚烂，咀英嚼华，字字微实，无一假借。"他惊叹："公度来日本未及二年，而三千年之史，八大洲之事详确如此，自非读书十行俱下，能如此乎？"② 简直佩服到五体投地无以复加的程度。当代日本学者佐伯彰、芳贺彻主编的《外国人的日本论名著》③ 一书，也把《日本杂事诗》列为外国人描写论述日本的42种名著之一，并赞扬它是中国人对明治维新最初最细致的观察。

关于《日本杂事诗》的一件逸事值得一提，1879年9月，黄遵宪曾应日本友人源桂阁的请求，把《日本杂事诗》的一部分诗稿埋葬在他的家园之中，模仿古代刘蜕的文冢、怀素的笔冢的典故，立碑题名为"日本杂事诗最初稿冢"。此碑原在东京浅草源桂阁故居，后迁埼玉县源桂阁家族墓地平林寺内。笔者曾亲往平林寺考察。碑上刻有源桂阁撰的《葬诗冢碑阴志》，生动记录了葬诗经过。在葬诗仪式上饮酒吟诗时，黄遵宪咏诗道："一卷诗兮一抔土，诗与土兮共千古。乞神物兮护持之，葬诗魂兮墨江

---

① 王韬. 日本杂事诗·序 [M] //陈铮. 黄遵宪全集：上册. 北京：中华书局，2005：4，5.
② 石川英. 日本杂事诗·跋 [M] // "走向世界丛书"《日本杂事诗（广注）》. 长沙：岳麓书社，1985：793.
③ 佐伯彰，芳贺彻. 外国人的日本论名著 [M]. 东京：日本中央公论社，1987.

浒。"源桂阁也和诗云:"咏琐事兮着意新,记旧闻兮事事新。诗有灵兮土亦香,吾愿与丽句兮永为邻。"① 这真是中日文化交流史上一段动人的佳话。

研究《日本杂事诗》还应该与研究黄遵宪在驻日期间写作的其他有关日本的诗歌结合起来,这些诗主要收录在《人境庐诗草》卷三之中。诗的形式更加多样,有七律、七绝、七古、五绝、五古等,还有不少长诗,具有很高的思想性和艺术性。如歌颂日本人民爱国精神和维新志士的长诗《近世爱国志士歌》《赤穗四十七义士歌》《西乡星歌》等。描绘日本风土人情的长诗《都踊歌》《樱花歌》《不忍池晚游诗》等,都是非常出色的诗作。另外,还有不少表达中日友好和与日本友人情谊的诗篇,如《陆军官学校开校礼成赋呈有栖川炽仁亲王》,诗中写道:"同在亚细亚,自昔邻封辑。譬若辅车依,譬若犄角立。所恃各富强,乃能相辅弼。同类争奋兴,外侮日潜匿。解甲歌太平,传之千万亿。"② 诗作表达了诗人衷心希望中日友好,自强御侮。还有如《奉命为美国三富兰西士果总领事留别日本诸君子》的五首七律,也真挚感人,自述道:"海外偏留文字缘,新诗脱口每争传。草完明治维新史,吟到中华以外天。"③ 这些都是中日文化交流史上的不朽篇章。1960年,中华书局出版了北京大学中文系编的《人境庐集外诗辑》,收录了《人境庐诗草》刊本中未收的黄遵宪的260多首诗。有些是黄遵宪在《人境庐诗草》定稿时删除的诗稿,有些是《新民丛报》《新小说》等报刊上发表的作品,其中也有若干首与日本有关的诗及其他诗篇,值得深入研究,现在都已收入陈铮编的《黄遵宪全集》之中。

(五)关于黄遵宪与日本友人笔谈的研究

笔谈是中日文化交流的一种特殊形式,也是黄遵宪研究的重要资料。由于中日两国都属于汉字文化圈,日文中间含有不少汉字,而且许多日本

---

① 伊原泽周. 日本学人的黄遵宪研究 [J]. 近代史研究, 2003 (1): 272.
② 陈铮编. 黄遵宪全集: 上册: 第一编 [M]. 北京: 中华书局, 2005: 95.
③ 陈铮编. 黄遵宪全集: 上册: 第一编 [M]. 北京: 中华书局, 2005: 105.

第三章　黄遵宪研究：近代中外文化交流史上最杰出的代表人物

知识分子都会读写汉字，因此两国人士相遇时，尽管双方语言不通，却仍然可以用笔写汉文的方式来进行交流，通常称之为"笔谈"。像黄遵宪不会说日语，但仍然能与日本人士广泛交流、沟通思想，主要的方式就是依靠这种笔谈。因此保存下来的笔谈记录，是黄遵宪研究非常珍贵而且很有价值的原始资料。

现存黄遵宪与日本友人的笔谈资料最丰富的一批保存在《大河内文书》之中。《大河内文书》是日本明治时期旧贵族源辉声（号桂阁，祖居大河内，故又称源桂阁或大河内辉声）与访日中国、朝鲜文人的笔谈原稿，共有96卷，数百次笔谈。源桂阁每次去中国公使馆都准备好笔谈用纸，一问一答都写在上面，当天晚上就把这些纸裱好，精心保存起来。甚至连当日接到与笔谈有关人物的信笺、便条也都附贴在笔谈纸之后，然后按顺序编排装订成册，精心保存起来。日本著名学者实藤惠秀曾把其中一部分译成日文，编著为《大河内文书——明治日中文化人的交游》一书，1964年由东京平凡社出版。实藤惠秀还与新加坡学者郑子瑜合作，把其中与黄遵宪有关的笔谈编校成《黄遵宪与日本友人笔谈遗稿》，此书于1968年由早稻田大学出版。这部书为研究黄遵宪与日本友人的交往及近代中日文化交流提供了宝贵的原始资料。笔者在访日期间，也曾在早稻田大学特别图书阅览室阅读了《大河内文书》全部笔谈原稿，有幸观其全貌，并见到以上两书中没有收入的许多笔谈。杨天石在《光明日报》发表题为《海外偏留文字缘》的文章，也介绍了黄遵宪与源桂阁的笔谈资料。陈铮所编《黄遵宪全集》也收录了部分笔谈。2010年，刘雨珍编校的《清代首届驻日公使馆员笔谈资料汇编》由天津人民出版社出版。

收入《大河内文书》中的黄遵宪与日本友人的这些笔谈，内容涉及中日两国的政治、文化、艺术、学术以及日常生活等各个方面，几乎是无所不谈。而且由于是私下随便交谈，毫无拘束，畅所欲言，更能反映他们的真实思想和生活。黄遵宪曾在笔谈中畅谈两国文化渊源，评论古今各种作品。中日文人互相介绍本国的文学艺术及学术状况，发表对中日文化交流的见解。如黄遵宪向日本友人推荐："《红楼梦》乃开天辟地从古到今第一部好小说,当与日月争光,万古不磨者。恨贵邦人不通中语,不能尽得其妙也。"源桂阁也向黄遵宪介绍："敝邦呼《源氏物语》者,其作意能相似。他说荣国府、宁国府闺闱,我写九重禁庭之情,其作者亦系才女子紫式部者,于此一事而使曹氏惊悸。"① 中日文人还在一起讨论汉诗、汉文的写作问题,比较两国诗文的特色,交流各自的看法。在笔谈中常常可以看到日本人士向黄遵宪请教写诗、作文以及书法、读书。同时黄遵宪也经常向日本友人了解日本的历史、制度、典籍与风俗人情,有时还请他们帮助翻译日本史书和资料。笔谈中涉及对日本明治维新以及东西方文化比较等重大问题,尚待做更深入的研究。由于这些笔谈都是随手而写,有的字迹潦草、龙飞凤舞,不易辨认,而且往往没有署名,造成了研究笔谈原稿的困难。

黄遵宪在日本交往的各界人士甚多,仅诗文中提及的就有百余人。除了源桂阁的《大河内文书》之外,其他与黄遵宪来往较密切的日本人处也保存着与他的笔谈资料,需要深入调查挖掘。如宫岛诚一郎与黄遵宪是莫逆之交,他精通汉文汉诗,曾任明治政府修史馆官员,后任宫内省主事与贵族院议员。黄遵宪曾为他的汉诗集《养浩堂诗集》作序,并详加披阅,写了许多评语。在《宫岛诚一郎文书》中也保存了不少他与黄遵宪的笔谈、书信资料。因宫岛诚一郎与源桂阁的身份、思想、性格不同,笔谈内容也很不一样,值得做深入研究。日本学者佐藤保曾撰文《黄遵宪与宫岛诚一郎》,介绍两人的友谊和交往。黄新铭的《热诚的期望,真挚的友情》一文,则着重剖析了宫岛诚一郎赠黄遵宪的5首七律汉诗。刘雨珍对黄遵宪与宫岛诚一郎的笔谈进行了较深入研究。

(六)关于黄遵宪与日本民俗的研究

黄遵宪在民俗学研究方面也是一位伟大的先驱者。他在100多年前,

---

① 陈铮编.黄遵宪全集:上册:第一编[M].北京:中华书局,2005:648.

<<< 第三章　黄遵宪研究：近代中外文化交流史上最杰出的代表人物

也就是民俗学作为一门科学在世界上刚刚诞生，而中国和日本的民俗学学科尚未建立的时代，就已经对民俗学理论提出了一系列精辟的见解，并对中国和日本的民俗进行了大量考察、描述和比较研究的实践，开中国近代中外民俗研究之先河，为中日民俗研究做出了卓越的贡献。1985 年杨宏海曾发表《黄遵宪与民俗学》[①] 一文。笔者在 1991 年北京大学日本研究中心主办的中日民俗国际研讨会上发表了论文《黄遵宪对中日民俗研究的贡献》。

黄遵宪系统研究日本民俗并阐发民俗学理论的重要著作《日本国志·礼俗志》，对中日民俗学研究有着巨大的开拓意义和深远影响。他在这部著作中深入探讨了民俗的形成，阐述了民俗的民族性、地域性、变异性特点，以及研究民俗的目的态度等理论问题。他认为民俗主要是由不同地域的人民的生活习惯逐步发展而约定俗成的。民俗一旦形成，对人们有很大的约束力，能够成为群众生活的规范。因此，他认为研究民俗的主要目的在于移风易俗、治国化民。他指出每个国家的民俗都有好与不好两个方面，研究外国民俗，可以借鉴汲取别国的长处，认识改革自己的短处。他还在《皇朝金鉴序》一文中批评了当时某些日本人盲目追求全盘西化，鄙弃本民族习俗的错误倾向。正因为如此，他特别重视对外国民俗尤其是日本民俗的研究。

黄遵宪是近代中国对日本民俗进行深入系统调查研究的第一人。他对日本民俗研究的范围非常广泛，几乎涉及现代广义民俗学概念所包含的各个领域。在《日本杂事诗》中，黄遵宪分别描述了日本的宗教（如神道、佛教、天主教）、祭祀（如新尝祭、大尝祭）、婚娶（如皇族婚配、聘礼嫁妆）、丧葬（如丧事、葬礼、火葬）、游艺（如郊游、猎射、杂技）、饮食（如料理屋、茶道）、居室（如宫室、泥屋顶）、工艺（如陶器、七宝烧）等。在《日本国志·礼俗志》中，又把日本民俗分为四卷十四类加以介

---

① 杨宏海. 黄遵宪与民俗学 [J]. 中国文化研究丛刊（第二辑），1985.

绍。第一卷包括朝会、祭祀、婚娶、丧葬四类，第二卷包括服饰、饮食、居处、岁时四类，第三卷包括乐舞、游宴两类，第四卷包括神道、佛教、氏族、社会四类。从物质文化到精神文化、社会文化等各个角度全面系统地研究了日本的民俗文化。

黄遵宪调查研究日本民俗的方法，首先是广泛收集关于日本民俗文化的各种文献资料，仅《日本国志·礼俗志》中引用的中日文有关典籍就达数十种之多。同时，他又广泛结交日本各界人士，利用一切机会，虚心向他们请教，询问日本各种民俗。此外，他还时常亲自到街头巷尾进行实地考察采风，获得第一手材料。黄遵宪对日本民俗的研究经常从历史演变发展的角度引古证今，溯源明流，并把日本民俗与中国民俗加以比较研究，考察其异同和互相影响。

黄遵宪对日本民俗的研究，既有生动具体的文字介绍，又有翔实细致的史料考证，还有形象优美的诗歌描写。如他的《日本杂事诗》中就有相当多的作品是以日本民俗为题材的，描绘了一幅幅绚丽多彩的日本风俗画。此外，他还写了许多首描写日本民俗的长诗，如收入《人境庐诗草》的《樱花歌》惟妙惟肖地描绘了日本举国如痴如狂观樱赏花的习俗。《都踊歌》则栩栩如生地表现了日本京都节日歌舞的民间风俗，诗中对歌舞者的舞姿、服饰都做了细腻传神的刻画。黄遵宪与日本民俗已成为黄遵宪研究的课题之一，因此在郑海麟、盛邦和关于黄遵宪的著作中，都有一定篇幅论述这个问题。郑海麟认为《礼俗志》是《日本国志》中最用功的篇章之一，其内容之丰富，征引材料之广博，为其他篇章所不及。"从国际文化交流的角度来看，无疑具有世界意义。"① 盛邦和认为黄遵宪是用资产阶级文明史学的思想指导民俗研究，主张"民俗即史"，即通过民俗叙述民众的历史。还主张从民俗的演变发展前后异同中，以微见著，探寻历史前进的足迹，概观社会经济、政治的面貌，为论证历史发展的因果趋势寻找

---

① 郑海麟. 黄遵宪传 [M]. 北京：中华书局，2006：332.

<<< 第三章 黄遵宪研究：近代中外文化交流史上最杰出的代表人物

佐证。

综上所述，黄遵宪作为近代中外文化交流史上最杰出的代表人物，应该是当之无愧的。对他的生平、思想、活动和著作的研究，还有许多尚待深入的空间和潜力。

（初稿原载于《日本学》第 11 辑，北京大学出版社 2002 年）[①]

第二节　黄遵宪与中日笔谈

在中日文化交流史上，一种文化交流的原生态形式即中日人士之间的笔谈，很值得我们重视和深入研究。

笔谈，又称笔话、笔语，顾名思义就是用笔写文字，代替口说语言进行交谈。用毛笔写汉字交谈则是东亚汉字文化圈内中国、日本、朝鲜、越南等各国人士之间一种特殊的文化交流和人际沟通的方式。特别是在近代晚清时期，是中日文人笔谈的最盛期。虽然日本早已有了自己的假名文字和语言，但日本江户时代和明治时代，中国文化在日本的影响力还很大，许多日本官员和文人、武士都会写汉字、读汉文、作汉诗。因此，中日两国人士相遇时，有时尽管语言不通，却往往可以通过笔写汉字的方式来进行交谈。由于笔谈诉诸文字，用笔写在纸上，有了这个载体，往往可以保存、流传下来。故而至今在日本和中国的一些图书馆、档案馆以及民间私人文书中，还收藏有相当数量的中日笔谈记录原本。这些笔谈为研究中日文化交流史提供了大量既珍贵又有趣的原始材料。

那么中日笔谈有些什么特色呢？笔者认为最主要的是一种文化交流的原生态，也就是其原始性和真实性。它是中日人士本人当时当地亲手写下

[①] 由于本文初稿和成稿发表于 2002 年，时间较早，这次虽略加补充，但新世纪黄遵宪研究的一些新成果未及一一收入，顺致歉意！

的谈话原文，不是后人记述、编撰的。也是笔谈者当时真实思想、心理的表达流露，没有经过修饰、剪裁，保留了真实的异文化交流原生态。

二是其内容的多样性、广泛性。它是中日人士之间的谈话聊天，往往无拘无束，无话不谈，内容谈天说地，包罗万象。同时，由于中日笔谈者的身份、地位、职业、经历、学问、修养、性格等的差异，以及笔谈时代、环境、背景、政见等不同，使笔谈内容更富有多样性、广泛性和复杂性。

三是其互动性和趣味性。它是中日笔谈者之间的一种互动交谈，双方常常会发生争论、辩驳或探讨、点评，令人深思，耐人寻味。笔谈记录形式还犹如戏剧剧本的人物对白，有的甚至注有当时的场景、人物的音容笑貌，栩栩如生，因此读起来很有趣味性。当然整理起来难度也很大，笔谈往往是即兴随手所写，字迹潦草，有时很难辨认。有的不注明笔谈者姓名，或只有简称、代号，还需加以考证、识别。

笔者研究中日文化交流史30多年，一直关注和收集、研究中日之间各种笔谈史料。从清初的漂流民、商人、武士到近代的文人、学者、外交官、政治家、留学生等。在各种类型的笔谈史料中，笔者觉得内容最丰富、最有趣的还是《大河内文书》，特别是其中黄遵宪与源辉声等日本文人的笔谈最有代表性。因此，本节以该史料为中心，并补充黄遵宪与宫岛诚一郎等人的笔谈史料。

明治初年中国传统文化与中国文人学者在日本尚享有很高声誉和影响。自从中国使团进驻东京以后，日本各界人士从官员、儒者到武士、僧侣纷纷来访，竞相与中国公使馆人员或笔谈交欢，或以诗酒翰墨共乐。有人曾描写当时公使馆内盛况："执经者、问字者、乞诗者，户外屦满，肩趾相接，果人人得其意而去。"[①] 而去中国公使馆最多的是一些日本的汉学家、汉诗人，他们尊崇中华文化，不满明治初年弃汉学崇西学的倾向，更

---

① 石川英. 日本杂事诗·跋 [M] // "走向世界丛书"《日本杂事诗（广注）》. 长沙：岳麓书社，1985：793.

愿意在与中国外交官的笔谈交欢和诗词唱和中来提高汉学修养和寻找精神寄托和快乐。其中,最典型的就是本节要着重论述的源辉声及其《大河内文书》。

源辉声,号桂阁,祖居大河内,故又称大河内辉声或源桂阁,他生于1848年(日本嘉永元年),原是江户时代日本世袭高崎藩主。明治维新后废藩置县,任高崎县知事,因不赞成明治新政而辞官归乡,改封为五品华族,入修史馆,以后长期闲居于东京墨江(隅田川)畔。源桂阁精通汉学、汉诗,嗜爱翰墨,广交文士,尤喜与旅居日本的中国人、朝鲜人特别是中国公使馆的官员们用汉字笔谈,一直到仆役、小孩都与之笔谈。甚至遇到使团会讲日语的翻译,也宁愿进行笔谈,因为这样可以留下墨迹好做纪念。所以他每次去中国公使馆都准备好笔谈用纸,一问一答都写在上面,当天晚上就把这些纸裱好,精心保存起来,甚至连当日接到与笔谈有关人物的信笺、便条,也附贴在笔谈纸之后,然后按顺序编排,装订成册。这些笔谈存稿统称为《大河内文书》,总共有96卷(现存73卷71册),其中包括与中国公使馆官员、旅居日本的中国文人、中国书画家、朝鲜人的数百次笔谈。

《大河内文书》在源桂阁去世后原来保存在大河内家族墓园埼玉县野火止平林寺的书库内。1943年,日本早稻田大学教授实藤惠秀最初看到这批资料,冒着美军轰炸的危险,陆续从平林寺借出来抄写。20世纪60年代,实藤惠秀与新加坡华人学者郑子瑜合作编辑了《黄遵宪与日本友人笔谈遗稿》,1968年由早稻田大学出版。另外,实藤惠秀又选译了该资料一部分编为《大河内文书——明治日中文化人的交游》一书,1964年由平凡社出版。1986年笔者访日前两年,曾接到实藤惠秀先生来信,表示希望与我共同研究黄遵宪、中日笔谈和中国留日学生等问题。可惜我尚未赴日,先生已经去世,深感遗憾之至!《大河内文书》原本后来大部分被捐赠给早稻田大学图书馆,小部分收藏于大东文化大学(早大也有胶卷)。笔者在1986—1987年访日期间,专程到早稻田大学图书馆特藏室看了三个月

《大河内文书》的原稿和胶卷,做了一些抄录和复印。但回国后因工作忙,未及时充分利用和研究。本节除了参考校对当年抄件、复印件以外,主要依据最新出版的《黄遵宪全集》(中华书局 2005 年)所收"与日本友人大河内辉声等的笔谈"。这是 1992 年郑子瑜先生专门为《黄遵宪集》提供的《黄遵宪与日本友人笔谈遗稿》的"最新改订本",并嘱"编黄集时请以此为依据"①。黄遵宪与宫岛诚一郎的笔谈,则依据早稻田大学收藏的《宫岛诚一郎文书》和国会图书馆收藏的《宫岛诚一郎关系文书》,现也都已收入新版《黄遵宪全集》。

《大河内文书》中的这些中日文人笔谈,内容涉及中日两国的政治、外交、学术、文化、风俗以及日常生活等各方面,几乎是无所不谈。由于是私下即兴随便交谈,故毫无拘束,畅所欲言,并无一点掩饰与做作。内容丰富多彩,精华与糟粕并存,颇能反映笔谈者们的真实思想与生活。这些笔谈汉字由于是随手毛笔书写,有的字迹潦草,龙飞凤舞,不易辨认,而且没有署名。好在细心的源桂阁在许多篇笔谈上都注明了时间、地点与在场人物,有时甚至还记下了他们的动作、表情,进来与离开的时间。所注笔谈者姓名往往用一两个字代全名,如以"公"字代表黄公度(黄遵宪),用"桂"代表源桂阁(大河内辉声),用"如"代表何如璋等,读起来犹如一部演出用的剧本,观笔话如观其人,音容笑貌,栩栩如生。下面着重剖析一部分笔谈内容。

如有的表现源桂阁仰慕中华文化以及中日文人之间互相谦恭。在《戊寅笔话》(1878 年)中源桂阁第一次见到黄遵宪就说:"今日得相见,盖萍水之欢,可谓不尽矣。希自今缔交,为莫逆之好。"黄则答:"自今缔交,敢不如命? 俱仆学识芜陋,未敢以辱君子耳。"桂又说:"弟扶桑黄口小儿,不足以践君子之庭,而多受诸君之爱顾,盖大幸也。"源桂阁赞扬黄的诗"章章出金玉,希取出一册而见示"。黄谦虚地说:"弟素不工文,

---

① 陈铮编. 黄遵宪全集:上册 [M]. 北京:中华书局,2005:553.

又生性疏散，随作随弃，更无清本，亟欲读大著耳。"桂忙说："东洋鄙人，何与中华雅客相斗乎？宜师事而受教也。希赐一读！"后来黄恳切表示："我等文字相交，一面如旧相识，无庸客套，君毋太谦乎！"① 源桂阁还讲到自己在明治维新后辞官隐居之事，"王政维新之后，有人荐弟于陆军尹，弟心甚不快，遂斥其言，潜迹于墨江，食天禄而消光阴耳，其不才可怜！"公使馆随员沈梅史立即说："所谓士各有志，出处一道，固自有斟酌，钟鼎山林，皆有贤人也。阁下不必过谦。"②

宫岛诚一郎，号栗香，明治初年曾任职于修史局和宫内省。作为官员，他的笔谈更富政治色彩，如1878年4月19日他与黄遵宪初次见面时说："敝国与贵邦结交谊始于今日，而学汉字盖隋唐以来，连绵不绝。敝国本是东海孤岛，幸以贵邦之德，制度文章聊以增国光。今日更得拜晤，以后事事讲求，互讨论两国之是非，不无补益于政治。"黄遵宪也客气地表示"今日之外交，亦时势不得不然。然仆辈得因此而观其山川之胜，士大夫之贤，政教之良，不可谓非大幸也"。关于东西文化，黄遵宪说"窃谓今日之西学，其富强之术，治国者诚不可不参取而采用之。然若论根本，圣贤之言，千秋万岁应无废时也"。宫岛则表示同意，"此论明确，千岁不废。我邦敬神爱国，即千岁之国教。自入孔圣之学，忠孝二字之大义益显著。今日之西学，唯取其长以谋富强而已"③。

源桂阁酷爱笔谈，在公使馆遇到翻译梁缙堂时，旁人介绍"缙堂东语颇熟，口谈为便"。他却偏要笔谈，"弟口讷不喜口谈，惟以一支笔换千万无量言语。冀使他勉为笔谈，则弟之幸也"。连遇到何如璋公使13岁的儿子何其毅，也要与他笔谈一番。当别人说他年纪小"恐笔谈未惯，而说则言语不通，奈何？"桂忙说："以少年属文为奇，何管惯与不惯，请切呼出！"迫不及待要与孩子见面笔谈，"其毅之笔谈，大人犹避三舍，何有愧

---

① 大河内文书［M］//陈铮. 黄遵宪全集：上册. 北京：中华书局，2005：562、567.
② 大河内文书［M］//陈铮. 黄遵宪全集：上册. 北京：中华书局，2005：563.
③ 宫岛诚一郎文书［M］//陈铮. 黄遵宪全集：上册. 北京：中华书局，2005：716.

于弟等乎，切请招之！"13 岁的何其毅来后居然也与源桂阁笔谈起来，互问年龄和家中情况。桂请他来墨江游玩，其毅答"异日同子敬到府拜"，源桂阁不禁用日语大叫"油罗须！油罗须！"（日语"好"ょろし之音），并惊叹这孩子"可爱、可敬、可怕、可惊！"。①

中国驻日公使馆官员毕竟是外交官，与日本文人笔谈中，自然会涉及政治、外交方面内容。如1878年日本明治维新实权人物大久保利通被刺，震惊内外。源桂阁问："大久保之遭刺客，公署之详说谓如何？"何如璋就批评说："大抵顽固之俗未化，十年来贵邦文明无进步也。"反对新政的源桂阁也抨击明治政府，"口唱进步，心为退却，中有木户孝允，以早逝，幸免刺客，然亦不免后世伍子胥鞭尸之事欤"。黄遵宪打听："近来传闻如何？闻刺客党羽甚多，如何？"石田鸿斋答："新闻妄说，俚巷之风，非有实证也。"黄又问："刺客专委其罪于大久保，又欲鞭木户孝允之尸，意倘谓此人既死，国事即将蒸蒸日上耶？"石田鸿斋道："南萨之人（指九州萨摩藩人），偏陋顽固，数误大事，与中国人（似指本州西部中国地方之人）议论不相合，故有此举也。"何如璋与黄遵宪还要求源桂阁把刺客所怀之《斩奸状》逐条写出来。桂不愿再说，推脱说"若欲问奸状事，问于当路君子，如弟则山水游玩是视耳"②。

有一次，黄遵宪问宫岛诚一郎："有板垣退助者，亦维新功臣，闻已退居。其为人何如？"宫岛答："明治之初年至六年，我辈大亲睦，共谋国事。其为人忠实果断，且有军功。今与政府异议。"黄即追问有什么异议？宫岛说"板垣以为，维新之初，天子下诏曰：广采众议，万机取决于公论，施行政治。今日政府之所见，全国士民知识未畅，朝廷先立国是，以施政事。此板垣与政府异其见也"。沈梅史认为"贵国近尚西法。西人言

---

① 戊寅笔话：第15卷［M］//陈铮．黄遵宪全集：上册．北京：中华书局，2005：627，601-603．

② 戊寅笔话：第15卷［M］//陈铮．黄遵宪全集：上册．北京：中华书局，2005：630-631．

利与民权，皆致乱之道也。人皆争利，不夺不厌。民苟有权，君于何有？"而黄遵宪却认为"然其为人忠实果断，则大可兼收并用也"。宫岛忙问"兼收并用何义？"黄答："谓虽偶与政府不合，亦必有可补偏救弊者。朝廷用人，不必专以一格也。"但当时黄遵宪也批评板垣的自由民权论，"近于墨人自由之说。大邦二千余年一姓相承，为君主之国，是岂可行？"他认为"若以素日不学无术之人遽煽自由之说，又大国武风侠气渐染日久，其不为乱者几希。故仆私谓教士取士为今日莫急之务。如铁道等事，其次焉者也"①。

中日文人也曾为琉球问题发生争执。黄遵宪说："琉球小国，从古自治，近为贵国小儿辈（执政之流）所欺凌，彼臣服我朝五百余年，欲救援之。"石川鸿斋却认为："琉球洋中一小国，先年为萨人岛津氏所夺掠，尔来贡于我，闻亦贡于贵国，使者往贵国，忘用贵国年号，来于我者，用我国年号。中有漂然不为二国者。"黄又指责："近来太政官乃告琉球阻我贡事，且欲干预其国政，又倡言于西人，既与我言明归日本，专属鼠偷狗窃之行，可耻孰甚！"沈梅史也谴责日本吞并琉球，"遂夷于九县，非惟我之所不忍听，亦西邻之所不能平也"。源桂阁想看琉球人与中国官员的笔话，问"琉球人笔话何故不许阅？"黄答以保密之故，"方与贵国议此事，他日事结，亦无不可观。此事不欲告日本人，少留日本情面也"②。在与宫岛诚一郎关于琉球交涉的笔谈中，黄遵宪尖锐地指出："然贵政府若有事于球，非蔑球也，是轻我也。我两国修好条规第一条即言：'两国各属邦土，务各以礼相待，不可互有侵越。'条规可废，何必修好？故必绝聘问，罢互市。吾辈不得不归也。""我国近始遣使交邻，此事而遂置之，何以为

---

① 宫岛诚一郎文书［M］//陈铮．黄遵宪全集：上册．北京：中华书局，2005：724-726.
② 戊寅笔话：第26卷［M］//陈铮．黄遵宪全集：上册．北京：中华书局，2005：678.

国？足下试为吾辈筹画，岂有遇此事犹腼面在此与贵国及他邦往来者乎？"① 在笔谈中，公使馆官员有时还无意中透露了馆内的分工，如沈梅史告诉源桂阁："今日要发奏折，乃将今年所办之事奏皇上，此事黄（遵宪）主稿，廖（锡恩）写之，而弟封之，故不得闲。"②

　　源桂阁等日本汉学家和中国公使馆的文人外交官们笔谈谈得最多的还是关于文学和艺术。中日文人在笔谈中畅谈两国文化渊源，评论古今各种作品，互相介绍彼此国内的文学艺术及学术状况，发表对中日文化交流的见解。例如，《戊寅笔话》第 21 卷中有一段很有趣的关于两国文学名著的笔谈。日本汉学家石川鸿斋说道："民间小说传敝邦者甚尠，《水浒传》《三国志》《金瓶梅》《西游记》《肉蒲团》数种而已。"黄遵宪见他没提到《红楼梦》，便说："《红楼梦》乃开天辟地、从古到今第一部好小说，当与日月争光，万古不磨者。恨贵邦人不通中语，不能尽得其妙也。"王黍园接着补充道："《红楼梦》写尽闺阁儿女性情，而才人之能事尽矣。读之可以悟道，可以参禅。至世情之变幻，人事之盛衰，皆形容至于其极。欲谈经济者，于此可以领略于其中。"黄还说"论其文章，直与《左》《国》《史》《汉》并妙"。源桂阁听了不服气，便举出日本古典小说名著《源氏物语》与《红楼梦》抗衡："敝邦呼《源氏物语》者，其作意能相似。他说荣国府、宁国府闺闱，我写九重禁庭之情。其作者亦系才女子紫式部者，于此一事而使曹氏惊悸。"石川鸿斋补充道："此文古语，虽国人解之者亦少。"黄遵宪也表示遗憾，"《源氏物语》亦恨不通日本语，未能读之。今坊间流行小说，女儿手执一本者，仆谓亦必有妙处"。鸿斋又介绍说："近世有曲亭马琴者，效《水浒传》作《八犬传》，颇行世，凡百有余卷。今现为演戏，行之岛原新富座。"黄也赞扬日本戏剧，"贵国演戏，尽态极

---

① 宫岛诚一郎文书［M］//陈铮．黄遵宪全集：上册．北京：中华书局，2005：732-733．

② 戊寅笔话：第 25 卷［M］//陈铮．黄遵宪全集：上册．北京：中华书局，2005：675．

妍，无微不至。仆亟喜观之，恨未知音耳"。源桂阁说："此书非为戏而作，故方演其戏。近来俗辈换其脚色，却失马琴本意矣。敝邦戏之妙者，以《忠臣藏》为第一，盖因为戏而作也。然其学问浅薄，非其《还魂记》《西厢记》之类，皆可笑也。"①

在1879年的《己卯笔话》中，黄遵宪曾坦率地对日本文坛提出批评，他说："仆之蓄于胸中未告人者曰日本人之弊，一曰不读书，一曰器小，一曰气弱，一曰字冗，是皆通患，悉除之，则善矣"。石川鸿斋虚心接受，"仆辈未免此病，顶门一针，可愧！可愧！"黄遵宪又补充道："大约日本之文，为游记、画跋、诗序则甚工，求其博大昌明之文，不可多得也。近来《曾文正公文集》，亦日本之所无也。"鸿斋归结其原因为日本国土太小，"国之大小，必显于书，仆一游贵邦，将经名山大川，养其胸中郁闷之气。然则如仆拙忽，诗文亦自有所见乎？冀阁下归国伴仆去"。黄则指出："日本山水灵秀清奇，未必输我，惟博原高大之处或不及也。"②

在笔谈中常常可以看到日本人士向黄遵宪、何如璋等请教写诗、作文及书法、读书，并请他们评点日本汉学家的诗文。同时黄遵宪等也经常向日本文人了解日本的历史、制度、典籍以及风俗人情，有时还请他们帮助寻找和翻译日本的史书和资料。有一段笔谈反映日本文人对黄遵宪《日本杂事诗》的赞誉。龟谷省轩说"《杂事诗》刻于贵邦，想洛阳纸价为之贵"。黄遵宪解释道"一刻于北京，一刻于香港，敝邦人见之，以为见所未见，书之工拙不暇问也"。龟谷又说"阁下之书，叙樱花之美，儿女之妍，使读者艳想。此书一行，好事之士，航海者必年多于一年"。谈到诗文之事，黄遵宪指出"文章之佳，由于胸襟器识。寻章摘句，于字句求生活，是为无用人耳"。龟谷表示赞同："诂章训句，徒费力于断简，经生之

---

① 戊寅笔话：第21卷［M］//陈铮．黄遵宪全集：上册．北京：中华书局，2005：648．

② 己卯笔话：第15卷［M］//陈铮．黄遵宪全集：上册．北京：中华书局，2005：690-691．

无用更甚"。黄又进一步发挥道："国家承平无事，才智之士无所用，故令其读书，所谓英雄入彀中也。比如富家巨室，衣食充裕，其子弟能喜古玩，好书画，亦是佳事。谓此古玩、书画为有用则不可也，谓为无用亦不必也，视其所处之时地何如耳。"①

笔谈中还有不少趣事，有的反映了中日两国生活习俗的差异。如有一次中国驻日公使馆邀请源桂阁出席慈禧太后寿辰招待宴会，席上菜肴丰盛，但源桂阁由于口味清淡胃口不佳，而公使馆官员们却再三说"请你多吃！"黄遵宪还说"中国礼俗，客就主席不饮食为大不敬，欲守吾礼，则不能恕君过也"。源桂阁只好辩解道"我邦之礼，以主客食不食任自己所喜为好，却以应人之招或托病不来为大无礼、大不敬"。公使馆随员王琴仙又补充说"敝邦必以主让客，客不食，则主亦不下箸，故无物必让之"。源桂阁最后自嘲打趣，"饭硬如岩石，东洋人肠胃软弱，不堪吃焉。唯胆坚如铁，能并吞五大洲浩然气"。沈梅史也表示歉意："请君来此，竟不能饱，歉甚！"②

在《大河内文书》的中日笔谈中也涉及对日本明治政府提倡学习西方文化的看法，在这个问题上，日本的汉学家和中国驻日公使馆官员大多倾向于力图维护以儒家思想孔孟之道为中心的东方传统文化的地位。如在《戊寅笔话》十一卷中有源桂阁给何如璋的一封信，请中国人不要误以为日本人都追求西洋文化。他说："顾我邦上古文物质素，民俗醇朴，其仰教于中华学道、孔家之遗训，礼仪服饰，宫室器用，率折衷于此。又鸿儒硕学辈以我邦固有之风俗为贵，非方今专溺洋习者之比也。桂阁窃恤中华人或误信我邦人自古浮薄利、喜新奇，专学殊域之风。则不独桂阁抱杞

---

① 庚辰笔话：第21卷［M］//陈铮．黄遵宪全集：上册．北京：中华书局，2005：709．
② 戊寅笔话：第20卷［M］//陈铮．黄遵宪全集：上册．北京：中华书局，2005：643．

忧，即我朝之耻也。"① 为此，他特地送何如璋《前贤故实》20卷一部。在《戊寅笔话》二十五卷1878年11月16日的笔谈中，还有这样一段对话。黄遵宪说："敬仰高义。近者士风日趋于浮薄，米利坚自由之说，一倡而百和，则竟可以视君父如敝屣。所赖诸公时以忠义之说维持世教耳。"日本汉学家松井强哉即表示："弟等固不知欧洲巧言令色趋利之敏，惟墨守孔孟之教，故乐诸先觉之游谈耳。"使馆随员沈梅史说："贵邦多节义之士，与他州唯工言利者殊，弟所以乐与诸贤游者在此。近日西学盛行，所以节义之士多隐居高蹈。"随员廖锡恩也写道："孔孟之教在贵邦，今日几为'广陵散'矣（指很稀少之意），诸君犹能毅然守之，可谓人中之杰，不为世俗推移。敬服！敬服！"②

《大河内文书》是在晚清中日开始建立邦交互派外交官的时代，日本明治初年正处于新旧势力、东西文化思想激烈变化冲突的年代。对日本明治新政和西化倾向不满而对中国传统文化抱有崇拜迷恋情结的日本旧贵族、汉学家们，热衷于与中国驻日公使馆文人外交官们用汉文笔谈或作汉诗唱和，并以此为乐趣和精神寄托。原高崎藩主源桂阁的《大河内文书》就是这种现象的集中写照。因此，它对研究晚清中日文化交流史和明治时代日本人的思想、心理及东西文化的冲突，有相当高的史料价值。

关于当时中日知识分子的身份认同和东西文化价值观，我这里还想引用源辉声在《芝山一笑后序》中的一段非常坦率的自白。他说自己在幕末也曾学过西学，"庆应年间，余结交于西洋人，讲习其艺术，窥其所为，无事不穷其精妙者，大喜其学之穷物理，以能开人智"。然而明治维新以后，实行废藩置县，他在政治上失意，感情上也有变化。"自是后，以无用于世，乃改辙结交清人（中国人），相识日深，情谊日厚，而其交游之

---

① 戊寅笔话：第11卷 [M] //陈铮. 黄遵宪全集：上册. 北京：中华书局，2005：616.
② 戊寅笔话：第23卷 [M] //陈铮. 黄遵宪全集：上册. 北京：中华书局，2005：670—671.

妙，胜于西洋人远矣！"他把西方文化和中国文化进行比较，"盖西洋人神气颖敏，行事活泼，孜孜汲汲覃思于百工器用制造也。至清国人，则不然，百官有司，庙谟之暇，皆以诗赋文章，行乐雅会，善养精神，故性不甚急也"。所以他认为这两种文化适合于不同阶层、不同气质之人。"京畿之商贾、天下之人士，其求名趋利辈，宜交西洋人。高卧幽栖，诗酒自娱之人，宜交清国人也。"而他自己则是属于后一类人，当然"以清客为益友固宜矣"。于是，他与中国公使馆何如璋公使、黄遵宪参赞等人，"来往无虚日，谈笑戏谑，以至彼我相忘"。①

而谈到中日知识分子追寻现代性及东西文化认同与思想的转变，还可举黄遵宪的自白。他在刚到日本初期，"时值明治维新之始，百度草创，规模尚未大定。论者或谓日本外强中干"。而且与源辉声一类日本文人交往较多，"余所交多旧学家，微言刺讥，咨嗟叹息，充溢于吾耳"。正如前面所引笔谈中的一些内容，使他曾对明治新政改革产生怀疑。后来驻日时间长了，加上调查研究，"及阅历日深，闻见日拓，颇悉穷变通久之理"，思想有了转变，"乃信其改从西法，革故取新，卓然能自树立"②。1881年10月12日日本天皇发布将于明治二十三年开设国会的诏书，黄遵宪大为赞赏，他在同年10月30日与宫岛诚一郎的笔谈中说："明治二十三年开设国会，仆辈捧读诏书，亦诚欢诚忭踏舞不已。君民共治之政体，实胜于寡人政治，况阀阅勋旧之组织者。"③

《大河内文书》中都是中日文人私下即兴笔谈，不免也有不少酒色、风月文字，有时甚至还开玩笑互称狗、猴打趣，这也正反映这些笔谈是没有顾忌，未经修饰的原生态交流。《大河内文书》包含中日文人几百次笔谈，内容极其丰富、庞杂，本节由于篇幅关系，只能介绍其中比较精彩的

---

① 源桂阁：芝山一笑后序［M］．东京：文弄堂，1878．
② 黄遵宪．日本杂事诗自序［M］//陈铮．黄遵宪全集：上册．北京：中华书局，2005：6．
③ 宫岛诚一郎文书［M］//陈铮．黄遵宪全集：上册．北京：中华书局，2005：783．

一些片段。

由于《大河内文书》等原生态笔谈中,中日双方的笔谈者都是具有较高汉文化修养,能文善诗的文人,而且笔谈中谈得最多的内容就是文学艺术、点评诗文。笔谈中还收录了一些中日文人之间的通信和唱和诗文,这些都具有很高的文学价值。

(初稿原载于香港浸会大学《人文中国学报》第 16 期,上海古籍出版社 2010 年)

第四章

傅云龙研究：走向世界的海外游历使

第一节　论傅云龙与1887年海外游历使

关于晚清中国人走向世界的历史，其中19世纪下半叶清政府陆续向国外派遣使团、外交官、留学生的历史，已经受到国内外学术界的关注，并取得了不少研究成果。如对斌椿使团、蒲安臣使团，郭嵩焘、曾纪泽等驻外使臣，容闳与留美幼童、留欧船政学生等的研究。然而，令人感到惊讶和遗憾的是，对于1887年清政府同时派遣傅云龙等12名海外游历使分赴世界四大洲二十多个国家游历考察这样一次走向世界的盛举，长期以来竟然在各种清史、中国近代史和中外关系史著作和教材中，均无记载。甚至专门研究近代中国人走向世界和海外游历的著作和文章中，也很少涉及。它几乎成了一段被遗忘被埋没的历史。

有鉴于此，笔者近20年来锲而不舍，潜心这项研究课题，力图挖掘和探索这段一度辉煌而又被遗忘埋没的晚清历史。本节将首先论述1887年海外游历使在历史上的地位和特色，阐明为什么说它是19世纪80年代中国人走向世界的一次盛举？它究竟在哪些方面超越前人甚至打破历史纪录？并且简要介绍1887年清政府派遣傅云龙等海外游历使的背景、由来、选拔考试、游历章程、人员统计及游历概况。其次论述海外游历使归国的境遇与这段历史被遗忘和发掘的经过。如他们回国后的任用、奖励情况，如何受到压制和忽视，这段历史又怎样逐渐被淡化和遗忘，以及我们今天如何通过史料的收集梳理，重新发掘这段被埋没的历史。本章最后还要探讨1887年海外游历使被遗忘埋没的原因，以总结历史的经验教训。他们回国后为什么没有受到应有的重视，不能发挥应有的作用？调研成果也未能产生应有的影响，究竟原因何在？

一、晚清中国人走向世界的一次盛举

为什么要把1887年清政府派遣海外游历使之举称为晚清中国人走向世界的一次盛举呢？这是因为它超越前人，打破了好几项历史纪录。

为了说明这个问题，有必要先简单回顾一下清代中国人走向世界的历程。在1840年鸦片战争之前，由于清政府实行闭关政策，严格限制中国人出海贸易和旅行，极少数能去西方的中国人，一类是跟随西方天主教传教士搭乘外国商船到欧美旅行和留学的中国人，如随耶稣会传教士赴意大利和法国学习的中国天主教徒。还有一类是在沿海航行遇到风暴而被西方船只救起带往欧美国家的中国商人和船民，如口述《海录》的广东人谢清高等。而鸦片战争后，19世纪40年代至50年代出国的中国人则主要是以下几种人，一种是被西方殖民者诱拐贩卖的中国契约华工，又被称为"苦力"或"猪仔"。另一种是从事对外贸易的中国商人和替西方洋行或外国外交、宗教、文化教育机构团体服务的买办、雇员、翻译。如1847年受美国商人雇用赴美的林鍼，他写过一部《西海纪游草》；还有广东南海人罗森，被美国培理舰队聘为汉文翻译，1854年随培理赴日本，参与日本神奈川条约的签订，回国后写了《日本日记》，刊登在香港中文月刊《遐迩贯珍》上。第三种是由外国传教士带到西方留学的中国青少年，其中最著名的是1847年被美国传教士、中国香港马礼逊学堂校长布朗带到美国留学的容闳和黄宽、黄胜等人。

第二次鸦片战争后的19世纪60年代，清政府才开始派遣官员和使团出国。最早是1866年（同治五年）利用海关总税务司英国人赫德请假回国结婚的机会，派前山西襄陵县知县斌椿带领其子广英还有德明（张德彝）、凤仪、彦慧等三位同文馆学生，一起随赫德赴欧洲游历。这是近代中国第一个官派游历使团。接着，1868年清政府又向海外派遣了第一个正式外交使团蒲安臣使团。这是以刚卸任的美国驻华公使蒲安臣为团长，加上两位清政府总理衙门章京志刚和孙家谷，还有一位英国人驻华使馆翻译柏卓安和一位法国人海关职员德善组成。晚清中国官员走向世界就是在"洋大人"的带领和操纵下跨出了第一步。而1870年清政府派遣的第一位贵族大臣外交特使崇厚，其出洋使命则是为"天津教案"向法国政府道歉，充满了屈辱的色彩。甚至1875年清政府派遣的第一位出使外国钦差大臣、驻英公使郭嵩焘，最初的使命也是因"马嘉理案件"而赴英国道歉的。其后的19世纪70年代至80年代，清政府陆续派出了一批驻欧美和日本等国的使臣与外交官。同时还派遣一些官员赴欧美和日本考察、调查或游历。如1876年参观美国费城世界博览会的浙江海关文案李圭；1874年调查美洲古巴、秘鲁华工问题的陈兰彬与容闳；1879年受北洋大臣李鸿章派遣到欧洲考察工厂并订购铁甲舰的徐建寅；同年受南洋大臣沈葆桢派遣到日本侦察的王之春等。此外还有1872—1874年容闳带领赴美留学以后又于1881年全部撤回的四批留美幼童，以及1877年开始福建船政学堂派出的留欧船政学生。以上便是1887年海外游历使派遣前中国人走向世界的概况和背景。总的特点是步履蹒跚，行为被动，甚至常带屈辱色彩，对外国调查研究也不够深入。

那么1887年清政府派遣海外游历使之举又是怎样一次盛举，打破了哪些历史纪录呢？

其一，清政府破天荒第一次为中央各部保举出国的几十名官员举行了别开生面的选拔考试。这次考试完全不同于以往的科举考试，只考外交与洋务方面论文，笔试后又经总理衙门大臣面试，最后由皇帝亲自圈定12名海外游历使，可谓清代历史上选拔出洋官员的一次创举。

<<< 第四章 傅云龙研究：走向世界的海外游历使

1887年清政府派遣海外游历使之举实缘起于1885年1月（光绪十年十二月）御史谢祖源的一份奏折《时局多艰，请广收奇杰之士游历外洋》。他在奏折中对同治以来派遣出使人员的状况提出批评，认为以往的出使人员特别是使馆各级外交官真正由科举正途出身的不多，传统文化修养不足，素质太差，而且出国后耳濡目染易被"洋化"，不堪担当出使重任。因此，他主张要选拔科举正途出身的翰林院、詹事府、六部的士大夫出国游历，从中培养出使人才。谢祖源建议："今翰詹部属中，不无抱负非常者，可否令出使大臣，每国酌带二员，给以护照，俾资游历。一年后许其更替，愿留者听。其才识出众者，由出使大臣密保，即备他日使臣之选，亦可多数员熟悉洋务之人。"① 它实际上是为代表了通过科举考试获得进士功名的所谓正途出身而又未被重用的翰林院及六部中下级官员说话，争取出洋游历和充当使臣的机会。

谢祖源的奏折获得了光绪皇帝、慈禧太后及周围亲贵大臣的赞同。光绪皇帝便谕令总理衙门议奏。1885年3月27日（光绪十一年二月十一日），总理衙门大臣庆郡王奕劻等向皇帝复奏。首先肯定了出洋游历和培养使才的必要性。"是以欲周知中外之情，势必自游历始。""今外务日繁，诚宜广为储才，以收群策群力之效。"其次婉转地反驳了谢祖源的批评，"历年奉使及参佐人员，亦多取材于曾任翰林詹部属之人"，至于使馆随员翻译则不能光讲学历出身，而应从需要与能力出发。最后复奏表示接受谢祖源的建议并稍加变通。"至翰詹部属中，如确有制器、通算、测地、知兵之选，坚朴耐劳，志节超远，可备出洋游历者，可否请旨饬下翰林院、六部，核实保荐，并资送总理各国事务衙门考核，再行奏请发往各国游历。"②

总理衙门大臣奕劻等议覆御史谢祖源奏请派员游历外洋的奏疏，得到了光绪皇帝的批准，并通知了翰林院、六部及驻外使馆。但具体实施却一

---

① 葛士濬. 皇朝经世文续编：卷一二〇 [M]. 上海：宏文阁，1898.
② 葛士濬. 皇朝经世文续编：卷一二〇 [M]. 上海：宏文阁，1898.

直拖了下来，各部门并不积极，未见动静。直到1887年1月3日（光绪十二年十二月初十）光绪皇帝又下谕旨："前据谢祖源奏请饬保荐出洋人员，经总理衙门议覆，请由翰林院六部核实保荐，现在凡及两年，尚未据保荐有人，着该衙门传知翰林院、六部迅即查明有无可以保荐之员，限三个月内咨覆该衙门，勿再迟延，钦此。"①

在皇帝严旨催促下，六部不得不开始陆续保荐本部官员，选拔游历使的程序终于真正启动。总理衙门也于1887年5月18日（光绪十三年四月二十六日）特别拟定了《出洋游历章程》（以下简称《章程》），"缮呈御览"。②《章程》共十四条，是一份派遣海外游历使的基本纲领性文件，同时也包括了一些具体实施细则。

《章程》第一条规定选派出洋游历官员的人数，由于经费只能从出使经费中节省出来，因此人数只得限定十至十二名。第二条规定采取考试选拔方式，由于"各衙门人员之愿出洋者，固不乏有志有才之士，然其中志大才疏，于洋务一道难以体贴者，亦恐难免"。因此，各衙门保举人员"名单会齐之后"，拟由总理衙门"定期传集考试，以定去取"。第三条规定游历期限为二年。第四条规定游历使的薪水待遇。第五条规定交通费的报销。第六条规定薪水的预支和借支办法。第七条规定差旅费报销细则。第八条建议游历使随时咨询驻外使领馆。第九条规定了游历使调查考察的任务，要求游历使"游历之时应将各处地形之要隘、防守之大势以及远近里数、风俗、政治、水师、炮台、制造厂局、火轮舟车、水雷炮弹，详细记载，以备考察"。第十条鼓励游历使学习外语与西学。第十一条规定游历使回国后应向总理衙门总结汇报，清政府将根据其成绩优劣，分别给予保举官职和奖励。第十二条关于领取护照。第十三条规定游历使领到护照后应尽快动身，不必等齐后同时出洋。第十四条规定了游历使的请假制

---

① 大清德宗景皇帝实录：卷二三六［M］.北京：中华书局1987年影印本.
② 总理衙门各国事务衙门庆郡王奕劻等奏为拟游历人员章程事［M］//王彦威辑，王亮编.清季外交史料：卷七一.北京：北平清季外交史料编纂处1932年铅印本.

112

度。这份相当细致周密的《出洋游历章程》经过光绪皇帝朱批"依议"之后,派遣海外游历使的计划就正式进入了考试选拔和派遣的实施阶段。

1887年6月12日至13日(光绪十三年闰四月二十一日至二十二日),在北京总理各国事务衙门所属的同文馆大厅内举行了两场别开生面的考试,这就是中国近代史上第一次选拔出国游历官员的考试。与传统的科举考试科目不同,这次既不考四书五经,也不考八股诗文,而只作关于边防、史地、外交、洋务方面的策论。

这次考试是由总理衙门大臣主持的,当时掌管总理衙门的大臣是庆郡王奕劻,他在1884年取代恭亲王奕䜣,从出题到阅卷具体主办这次考试的则是上年(1886)从出使英国公使任满回国任总理衙门大臣的曾纪泽。根据曾纪泽本人日记的记载,此次游历使选拔考试考场设在总理衙门所属同文馆大厅内,试题由曾纪泽亲自拟定。6月12日考吏、户、礼三部保送人员,由曾纪泽与沈秉成、续昌监考阅卷。6月13日考兵、刑、工三部保送人员,由曾纪泽与福锟、廖寿恒监考阅卷并最后判定名次。六部共保送人数为76人,实际出席考试人数为54人。①

至于考试的题目,据应试的兵部郎中傅云龙记载,第一天的试题是"海防边防论"与"通商口岸论",第二天的试题是"铁道论"与"记明代以来与西洋各国交涉大略"。② 两天考试共初步录取28人。其中兵部郎中傅云龙名列第一,1887年10月28日的《申报》特地在头版刊登了他的试卷《记中国明代以来与西洋交涉大略》,"愿与留心世事者共击节赏之"。③

通过选拔考试初步录取的28名六部官员,先由总理衙门大臣接见面试,以"观其器识"。然后再带领这些官员向皇帝引见,最后由光绪皇帝

---

① 曾纪泽. 曾纪泽日记:下册 [M]. 长沙:岳麓书社,1998:1597.
② 傅云龙. 游历日本图经余纪 [M] //走向世界丛书:第1辑:第3册. 长沙:岳麓书社,1985:192.
③ 该文引自《申报》,1887年10月28日第1版。

亲自用朱笔圈定傅云龙等12人为正式钦定游历使，派遣他们分别游历亚洲、欧洲及南北美洲各国。这12名海外游历使的姓名、籍贯、出身、职务和年龄状况如下：傅云龙，浙江监生，兵部候补郎中，46岁。缪祐孙，江苏进士，户部学习主事，33岁。顾厚焜，江苏进士，刑部学习主事，44岁。刘启彤，江苏进士，兵部学习主事，33岁。程绍祖，江西监生，兵部候补主事，38岁。李秉瑞，广西进士，礼部学习主事，32岁。李瀛瑞，山东进士，刑部候补主事，40岁。孔昭乾，江苏进士，刑部候补主事，31岁。陈爔唐，江苏进士，工部学习主事，31岁。洪勋，浙江进士，户部学习主事，32岁。徐宗培，顺天监生，户部候补员外郎，32岁。金鹏，广西进士，户部学习主事，33岁。①

如果我们对以上名单中的数据做一个计量统计分析的话，可以发现这批海外游历使的一些共同特点。第一，他们基本上都是科举正途出身，其中进士9名，监生3名。第二，他们基本上都是中央六部衙门五六品的中低级官员，其中有五品郎中1名、员外郎1名、六品主事10名。而且又都是候补官员，大多是闲职的六部京官，其中户部4名，兵部3名，刑部3名，工部、礼部各1名。第三，其籍贯以江浙籍居多，其中江苏5名，浙江2名，广西2名，江西、山东、顺天（北京）各1名，这可能与江浙文化较发达、思想较开放有关。第四，其年龄均为三四十岁，正是思想较敏锐、精力较充沛之时，其中31~38岁年龄组有9人，40~46岁年龄组有3人。可见，经考试选拔录取的1887年海外游历使，基本上是一批文化素质较高，有进取心而又年富力强，希望通过出洋游历改变生活经历并得到仕途提升的中央政府机关里的中青年中低级官员。

其二，清政府第一次同时派遣12位官员前往亚洲、欧洲、南北美洲的几十个国家，进行为期两年的游历考察，最远到达南美智利和加勒比海的古巴等国。其路程之远及所到国家之多，都是史无前例的。而且这批游历

---

① 据《申报》1887年10月28日第1版公布的考试录取考察游历人员名单。

第四章 傅云龙研究：走向世界的海外游历使

使全部是中国官员，无一洋人参与，并在所到之处进行了大量调查研究、友好外交和文化交流活动。

根据《光绪朝朱批奏折》中总理衙门1887年8月28日（光绪十三年七月初十）的奏报，总理衙门把12名钦定游历使分成5组，并分别确定了游历应往之国。具体分别派遣名单如下：第一组傅云龙、顾厚焜前往日本国、美利坚合众国、附英国属地之在美利加者（加拿大）、秘鲁国、附日斯巴尼亚国（西班牙）属地古巴及巴西国游历。第二组刘启彤、李瀛瑞、孔昭乾、陈燨唐，前往英吉利国及印度等处之英国属地，法兰西国及阿尔吉利（阿尔及利亚）等处之法国属地游历。第三组李秉瑞、程绍祖前往德意志国、奥斯玛加国（奥地利）、荷兰国、比利时国、丹玛国（丹麦）游历。第四组缪祐孙、金鹏前往俄罗斯国游历。第五组洪勋、徐宗培前往西班牙国、葡桃牙国（葡萄牙）、意大利国及瑞典、哪威（挪威）各国游历。① 仅在该名单中已指明的游历任务国已有亚洲、欧洲、北美洲、南美洲、非洲的21个国家，而实际上根据游历使后来的行程游记，他们游历的国家及途中顺带考察游历的国家大大超过了这个数字。他们游历的路程之远和所到国家之多，打破了历史的纪录。在此之前，1868年派遣的蒲安臣使团最多到过美洲的美国和欧洲的英国、法国、瑞典、丹麦、荷兰、普鲁士、俄国、比利时、意大利、西班牙等11国。而明代郑和下西洋最远也只到了东非的肯尼亚。②

下面再以几组游历使的游历路线和里程为例进行具体介绍。如傅云龙、顾厚焜一组1887年10月2日从北京起程，先到天津和上海考察一些洋务企业，收集资料，聘雇翻译仆役，做出国准备。11月12日从上海出发乘船先到日本游历考察6个多月后，再乘船横渡太平洋，于1888年5月14日到达美国西海岸旧金山，随后坐美国南太平洋铁道公司的火车横穿美国到首都华盛顿。9月下旬自美国东北部乘火车到加拿大蒙特利尔和首

---

① 光绪朝朱批奏折：第一一二辑[M].北京：中华书局，1996：692-693.
② 英国人孟席斯虽提出了郑和发现美洲之说，但是尚未得到可靠史料证实。

都渥太华等地短期游历。然后再回到美国游历，并从南部佛罗里达州乘船去古巴。在古巴游历后，1889年1月乘船到加勒比海的海地、多米尼加及中南美洲的哥伦比亚、巴拿马、厄瓜多尔，1月15日抵达秘鲁首都利马。在秘鲁游历后，绕道智利、阿根廷、乌拉圭，3月7日到达巴西首都里约热内卢（现巴西首都为巴西利亚）。游历巴西之后，经西印度群岛于4月19日返回美国纽约，对美国做第三度考察，又从东部乘火车横贯美国到西部旧金山。5月11日离美乘轮船西行，再次横渡太平洋到日本。在日本又做了5个月考察后才乘船于1889年10月21日回到上海。11月11日回北京销差。据傅云龙自己统计，总共日程为26个月，770天。总行程为120844华里（60422公里），其中海路81549华里（40774.5公里），陆路38264华里（19132公里）。傅云龙一行重点游历了上谕指定的日本、美国、加拿大、古巴、秘鲁、巴西6国，并顺途考察了哥伦比亚、巴拿马、智利、阿根廷、乌拉圭5国，往返共游历11国。①

还如派往欧洲游历的洪勋、徐宗培这一组，于1887年年初冬在上海乘坐德国商船赴意大利，途中曾停泊香港、新加坡和锡兰（今斯里兰卡）的科伦坡，经印度洋、阿拉伯海到亚丁，渡红海、苏伊士运河，入地中海。在游历了意大利之后，经奥地利赴德国柏林，再北行游历瑞典、挪威，然后经丹麦、德国到比利时，再至法国首都巴黎。又渡英吉利海峡到英国首都伦敦。由伦敦出发，经西班牙抵达葡萄牙的里斯本。在葡萄牙游历一个月，再经西班牙至意大利，最后仍乘德国商船回中国，历时近两年。据洪勋自己统计行程包括船路6万余里，铁路约4万余里，此外马车、步行等约数千里，"总计何止10万里"。② 游历国家也超过指定的西班牙、葡萄牙、意大利、瑞典、挪威5国，沿途还考察了英国、法国、德国、奥地利、

---

① 据傅云龙：《游历图经余纪》卷一、卷二，并加考订。《游历图经余纪》均见傅云龙著，傅训成整理的《傅云龙日记》，浙江古籍出版社，2005年版。
② 洪勋. 游历闻见总略［M］//王锡祺. 小方壶斋舆地丛钞（再补编）：第11帙. 上海：著易堂，1897.

<<< 第四章 傅云龙研究：走向世界的海外游历使

丹麦等国。

再如派赴俄国游历的缪祐孙、金鹏一组，1887年10月29日从上海乘德意志公司萨克森号轮船启程，途经香港、新加坡、锡兰、意大利、德国等地抵达俄国首都彼得堡，然后前往莫斯科，又南下基辅、第比利斯、巴库、萨拉托夫，再往东经尼什诺夫哥罗德、秋明，越乌拉尔山，穿过西伯利亚，经托木斯克、克拉斯诺亚尔斯克，抵伊尔库茨克。最后从恰克图，经库伦（今乌兰巴托）、张家口等地返回北京。从现有资料看，缪祐孙是晚清中国第一个由官方派遣横穿俄国欧亚和西伯利亚地区游历并留下详细记录的清朝官员。

游历使们到欧美各国游历，路途漫长艰辛，在海上常常遇到狂风骇浪，往往晕船不能进食。有的路途十分险恶，如傅云龙等经过南美洲南端麦哲伦海峡时，"狂风迅烈，昏雾迷漫，涛浪猛恶"，轮船驶过后，大家不禁"额手喜若更生"。有的地方正值瘟疫流行，如傅云龙等到当时巴西首都里约热内卢时，当时正流行霍乱，"死者日二百有奇"，旅行过境者"皆弗登岸"[①]，但他们坚持登岸实地考察。有的游历使在途中劳累致病，如游历使孔昭乾与李瀛瑞在国外游历期间病故，以身殉职。

游历使们在国外进行了不少外交活动，会见各国总统、国王及部长等官员，虽然大多属于礼节性拜访，但毕竟加强了中外联系和友谊。如傅云龙在游历期间曾会见了美国总统格罗弗·克利夫兰、秘鲁总统尼古拉斯·彼罗拉、智利总统何塞·曼努埃尔·巴尔马塞达、巴西国王佩德罗二世等各国元首和日本首相伊藤博文等政府首脑。美国总统克利夫兰称傅来自"文物大国"，并询问其"来程去路"，还说"官兵部耶？惜敝国兵无奇制堪供游目"[②]。洪勋在意大利参加宫廷舞会并见到意大利国王洪伯尔特一

[①] 傅云龙. 游历巴西图经余纪［M］//傅云龙. 傅云龙日记. 杭州：浙江古籍出版社，2005：210.

[②] 傅云龙. 游历美利加图经余纪［M］//傅云龙. 傅云龙日记. 杭州：浙江古籍出版社，2005：147.

117

世，国王说："与先生相见，孤之幸也，愿永敦相好，商务繁兴，国之福也。"①

　　游历使们在各国还进行了一些中外文化交流活动。如傅云龙曾和许多日本文人学者交往、唱和诗文，并为他们题字、作诗、写序，还在日本寻访中国古典珍籍佚书。赴欧游历使们也参观了欧洲各国的博物馆、美术馆，还往往签名题词留念。游历使在海外还特别注意与侨居各国的华商、华工接触，调查了解他们的生活状况和疾苦要求，有时还应邀为当地华侨会馆题写匾额和楹联。

　　其三，这次游历考察所取得的对外国调查研究的成果之多，也是打破历史纪录的。游历使们撰写了几十种对外国调查研究的著作、考察报告及海外游记、日记、笔记和诗集等，其数量在中国人介绍研究外国的历史上是空前的。总理衙门在制定《出洋游历章程》时就规定了游历使的调查任务和考察内容，而且要求回国后必须向总理衙门呈明所著书并择优请奖。一些胸怀大志有抱负的游历使也不愿把这次出洋的游历仅仅当作一般例行公事去应付差事，或只是以游山玩水了解异国风情为满足，而是把这次出洋游历看成观察世界施展抱负的好机会，并把它作为调查研究、著书立说，以帮助国人认识世界借鉴外国的千秋大业。正如当时的驻日公使黎庶昌赞扬傅云龙时所指出的"夫游历，官事也，懋元（傅云龙字）不肯视为官事，直以千秋著书为业，寓乎其间"②。游历使们访问各国政府机关、议会团体，参观各类工矿企业、各级学校，考察港口、铁路、邮政，调查兵营、炮台、监狱，游览各地博物馆、动植物园、教堂寺庙，了解当地民俗民风，等等。他们通过广泛深入的调查研究，获得了大量关于世界形势和各国国情的第一手资料、最新信息和感性认识，并在此基础上，撰写出一批有分量的游历考察报告和游记。

---

① 洪勋：《游历意大利闻见略》。洪勋的游历各国见闻均见小方壶斋舆地丛钞（再补编）：第11帙 [M]. 上海：著易堂，光绪二十三年（1897）.

② 黎庶昌. 游历日本图经：卷末题识 [M]. 光绪十五年（1889）德清傅氏铅印本.

<<< 第四章 傅云龙研究：走向世界的海外游历使

在12名海外游历使中，以选拔考试第一名傅云龙最为勤奋，成果也最为卓著。仅仅他一个人在游历期间撰写的外国调查研究著作和海外游记、纪游诗就达110卷之巨。大致可分三类，第一类是外国调研著作，傅云龙称之为《游历图经》。采用中国传统史地书籍中图经的体裁，即以地图、表格为主体，配以简明的文字叙述评论。他每到一个游历国，便努力收集该国地理、历史、政治、经济、民俗等方面资料，并亲自察访，实地踏勘，还绘制各种地图、统计表，力图向国人提供该国真实详细的国情资料。他奉命重点游历考察6国，写下游历图经6种共86卷。其中包括《游历日本图经》30卷、《游历美利加图经》32卷、《游历英属加纳大图经》8卷、《游历古巴图经》2卷、《游历秘鲁图经》4卷、《游历巴西图经》10卷。每种图经下分若干大类和子目，如《游历日本图经》分为天文、地理、河渠、国纪、风俗、食货、考工、兵制、职官、外交、政事、文学、艺文、金石、文征15大类183个子目，共30卷，堪称是黄遵宪《日本国志》以后晚清中国人对日本研究的又一部力作。① 而《游历美利加图经》则分11大类162个子目，32卷，更是晚清中国人对美国研究的一部空前巨著。他的游历古巴、秘鲁、巴西图经，恐怕也是晚清中国人对这几个中南美洲国家所作的最详细深入的调查研究报告。

傅云龙的第二类著述是海外游记，他称之《游历图经余纪》，共有15卷。其中包括《游历地球图》1卷、《游历天时地理合表》1卷、《游历日本图经余纪》3卷、《游历美利加国图经余纪》4卷、《游历加纳大图经余纪》1卷、《游历古巴图经余纪》1卷、《游历秘鲁图经余纪》2卷、《游历巴西图经余纪》1卷和《余纪叙例》1卷。这实际上是傅云龙在各国的游历日记，具体记录了游历旅程、行踪、考察、游览活动、著述情况及感想议论。《游历图经》为纪事体"以地为主"，《游历图经余纪》为编年体

---

① 关于对傅云龙《游历日本图经》的研究、介绍、评介，可参见王晓秋. 傅云龙《游历日本图经》初探[J]. 北京大学学报（北大日本中心十周年特辑），1998：78-91.

"以日为主"，"图经以所游之国为范围，而余纪就一日之见闻"① 两者可以互相补充对照。第三类是海外纪游诗。傅云龙每游历一国还即兴写了不少诗篇，回国后又加整理修改，编为《不易介集诗稿》，共有6种9卷。其中包括《游古巴诗董》1卷、《游秘鲁诗鉴》1卷、《游巴西诗志》1卷、《游日本诗变》4卷、《游美利加诗权》1卷、《游加纳大诗隅》1卷。这些诗有叙事，也有咏史、抒情，可以与《游历图经》《游历图经余纪》对照起来读，相映成趣。

与傅云龙一起游历日本和南北美洲的顾厚焜则着重考察外国的政治和地理。他撰写了《日本新政考》《美利坚合众国地理兵要》《巴西政治考》《巴西国地理兵要》《英属加拿大政治考》《秘鲁政治考》《古巴政治考》等著述。顾厚焜的《日本新政考》虽从篇幅、内容和价值上比不上傅云龙的《游历日本图经》，但它专记日本明治维新后的新政，收集大量统计数据，还有对许多工厂企业的实地考察记录，特别是对于日本对外贸易、财政收支、银行、海军、学校等方面的调查甚细，对中国人了解日本明治维新后的国情颇有帮助。奉派游历英国、法国及其殖民地的刘启彤也撰写了不少关于欧洲政治的调查考察报告，如《英政概》《法政概》《英藩政概》等，对英法等国的议会制度、官制、司法审判制度等都作了详细介绍，其行文条理清楚，简明扼要，流畅自然，较以往这方面的著作水平更上一层。同时他对各国铁路建设也非常关心，专门撰写了《欧洲各国火轮车道纪略》《英国火轮车道编年纪略》《英国各属地车道纪略》《印度车道纪略》《美国车道纪略》《火车运客货考略》等文，编为《星轺考辙》4卷。该书可以说是当时中国人所写水平最高的关于铁路建设的著作，不仅有助于普及铁路知识，对中国修建铁路也有很大的借鉴作用。

派遣游历西欧、南欧、北欧的洪勋也是一位著述甚丰的游历使。他撰写了许多游历闻见录，如《游历意大利闻见录》《游历西班牙闻见录》《游

---

① 傅云龙．傅云龙日记［M］．杭州：浙江古籍出版社，2005：276．

历葡萄牙闻见录》《游历瑞典挪威闻见录》《游历闻见总略》《游历闻见拾遗》等。书中不仅记录描述了洪勋在欧洲各国游历的所见所闻，而且反映了他对欧洲各国政治、经济、社会、民俗等状况和问题的观察与思考。其他赴欧洲的游历使如孔昭乾在游历途中暴死，留下遗著《英政备考》，介绍了英国的书院、属地、矿业等情况，尤其是对中国人较少关注的英国殖民地马耳他和直布罗陀作了详细的介绍。李瀚瑞有一部游历著作《欧西风土记》，因患病身亡而未能完成。

奉派游历俄国的缪祐孙是游历使选拔考试的第二名。他对俄罗斯调查研究的成果是《俄游汇编》，共12卷。其中包括《俄罗斯源流考》《译俄人自记取悉毕尔（即西伯利亚）始末》《译俄人自记取中亚细亚始末》《疆域表》《铁路表》《通俄道里表》《山形表》《水道记》《舟师实》《陆军制》《户口略》和《俄游日记》等部分。《俄游汇编》考证精细，记载全面，不愧为晚清中国人实地考察研究俄国的一部空前力作。游历使们的这些著作体裁、文笔各有特色，是19世纪80年代对世界各国进行实地考察调查研究的成果。比起此前那些仅仅依靠翻译外国地理书或据道听途说传闻写成的所谓研究外国的著作来说价值要高得多，并向晚清中国人提供了当时世界各国真实具体的国情资料。

游历使们亲历亲闻欧美各国的资本主义政治制度和工业文明，对其立宪政体和议会政治、司法制度等都作了不少介绍和评论，对于当时正在探索中国改革道路的人士也有一定启发。他们对于日本和欧美各资本主义国家的政治法律、经济管理、工矿企业、铁路航运、财政贸易、海陆军制、学校教育、文化艺术、民俗民风等各个方面，都进行了具体的考察和介绍，对于中国的改革和近代化建设都有一定的借鉴价值。

游历使们为撰写这些调查研究外国的著述付出了辛勤的劳动。他们经常是在游历途中进行写作，"以行路之岁月倍于闭户著书，汽船才泊，笔不得停，一纸未终，火车复上"①。而且是在异国他乡，还要克服语言不通、风俗不同、资料难寻等种种困难；必须有强烈的责任感和顽强的毅力才能坚持下去。如傅云龙自述："每至墨枯笔秃，力难可支，辄自责曰'期近矣'，自是四鼓辄起伏案。"②为此，他经常写作到深夜，甚至通宵达旦，废寝忘食，以至驻日公使黎庶昌盛赞"勤亦至矣！"并感叹道："推是以治天下事，则亦何适而不办哉？"③

综上所述，1887年清政府通过史无前例的出洋官员选拔考试，最后由皇帝亲自圈定钦点了12位海外游历使。他们历尽千辛万苦，时达两年，分别游历了欧亚及南北美洲的几十个国家。最远到达中南美洲的古巴、秘鲁、智利、巴西，绕过南美洲南端的麦哲伦海峡。其游历路程之长，考察国家之多，打破了历史纪录。这批海外游历使在世界各国游历考察，并开展各种友好外交和文化交流活动。他们在游历期间还撰写了一大批对外国调查研究的著述和游记，其成果之丰硕也是前所未有的。发生在19世纪80年代的这一历史事件，难道不能称为晚清中国人走向世界的一次盛举吗？1887年海外游历使们用他们的非凡经历和成果，创造了一段相当辉煌的历史。

二、发掘一段被埋没和被遗忘的历史

当人们了解清政府1887年派遣海外游历使分赴欧亚南北美洲各国进行的走向世界盛举之后，可能更想知道这批海外游历使回国后的命运如何？他们的才能有没有发挥作用？他们的著述有没有产生影响？这次走向世界的盛举究竟在历史上留下了什么样的痕迹？可是答案却是令人十分遗憾和惊讶的。

先看这批海外游历使回国前后的遭遇。1889年（光绪十五年）秋冬，

---

① 傅云龙. 游历日本图经：卷三〇 [M]. 光绪十五年（1889）德清傅氏铅印本.
② 傅云龙. 傅云龙日记 [M]. 杭州：浙江古籍出版社，2005：259.
③ 黎庶昌. 游历日本图经：卷末题识 [M]. 光绪十五年（1889）德清傅氏铅印本.

<<< 第四章 傅云龙研究：走向世界的海外游历使

在规定的游历期满后，游历使们陆续回国。可是其中有一位已在游历途中身亡，成了海外不归客，也是海外游历使中命运最悲惨的一位。他就是奉命赴欧洲游历的刑部主事孔昭乾，他是在英国游历期间精神病发作，1889年1月5日在伦敦中国驻英公使馆自杀身亡的。当时正在南美洲游历的傅云龙从英国报纸上得到消息，甚为悲伤。1889年6月25日的《申报》上也报道奉派游历英法两国之主事孔昭乾"近在外洋身故"，由驻英公使刘瑞芬"奏报九重，并恳赐恤"。① 还有一位赴欧游历使李瀛瑞也很不幸，他刚踏上祖国的故土，还没有来得及入京销差，就因在途中病重不治，在山东烟台去世。《大清德宗景皇帝实录》光绪十六年六月戊申条中有"予游历南洋病故刑部主事李瀛瑞议恤"的记载。② 看来似乎是在南洋游历过程中病死的。但实际上据20世纪80年代在山东莱阳市瑞岭村发现的李瀛瑞墓志铭所述乃"期满归，道病殁于烟台，己丑十一月也"③。可见，其病故是在回国后的光绪十六年十一月即1889年12月死在烟台。次年五月葬于故乡山东莱阳水台村南。后来朝廷议恤，以"游历劳瘁"，"赠员外郎衔列刑部主事加四级"。④ 以身殉职，也不过是加赐一个员外郎衔。

实际上海外游历使们出洋两年，往返十万余里，备尝艰辛。任务繁重又经费不足，身处异乡客地，车马舟船劳累，饮食风俗不适，有些地方还在闹瘟疫。因此致使不少人健康恶化，疾病缠身。如顾厚焜在游历美洲途中患病，"咳痰不已"，只得提前回国。傅云龙到巴西游历时，正值巴西流行黄热病，当时首都里约热内卢每天死于疫病者二百多人。船上旅客怕危险都不敢下船登岸，只有中国游历使傅云龙一行为完成游历使命而登岸。再如缪祐孙在俄国游历西伯利亚时患病，"痛苦万状"，只得在伊尔库茨克

---

① 《申报》，光绪十五年三月二十七日（1889年6月25日）。
② 大清德宗景皇帝实录：卷二八六[M]. 北京：中华书局，1987：5.
③ 李瀛瑞墓志铭[M]//山东省莱阳市委员会文史委员会. 莱阳文史资料：第6辑. 烟台：烟台新闻出版局，1989.
④ 李瀛瑞墓志铭[M]//山东省莱阳市委员会文史委员会. 莱阳文史资料：第6辑. 烟台：烟台新闻出版局，1989.

123

租房一间，养病数月后，才启程回国，途中"病痛增剧，一路苦撑，才得回国"。① 还有赴欧游历使陈爔唐，回国后即在上海卧病不起，以致无法进京销差。

按《出洋游历章程》规定"各员游历回华，将所学习何业，所精何器，所著何书，呈明臣衙门之后"，由总理衙门"择其才识卓越之员，奏请给奖"。② 但实际上海外游历使回国之后的奖励保举颇费周折。一来是游历使回国及销差日期先后不一，要等多数人销了差才能入奏保举。二来游历使尚未回国，国内官员已生妒意，担心他们得到保举超常升迁。因此御史何福堃上奏要求"预立游历人员得奖限制"，"请薄其奖叙，即有佳者，只可发往南北洋当差"。尚未保举，已造成不可重奖的舆论。缪祐孙见此情况叹息道："受此一击，定难得大好处矣！"③ 在这种气氛下，总理衙门大臣也不敢轻易保举请奖，而要先对游历使所呈报告著述等加以审查考核，才能决定分别应否给奖和保举，以致保举时间拖延，保举级别也有意压低。

因此，直到1890年7月26日（光绪十六年六月初十）以庆郡王奕劻为首的总理衙门大臣才正式向皇帝上了《奏请给奖游历人员疏》，这离有的游历使回国时间已经差不多快一年了。从总理衙门的这份保奖奏疏中，我们可以分析出以下几点：一是12位海外游历使中这次获得保奖的人员仅有6人，即傅云龙、缪祐孙、刘启彤、顾厚焜、李秉瑞、程绍祖。其他半数人员如孔昭乾、李瀛瑞已故，陈爔唐病重，洪勋、徐宗培、金鹏则情况不明，可能尚未销差。二是总理衙门对此次派遣的海外游历使总的评价是"查各员等分历欧美各洲，驰驱二十余国，艰苦备尝，不无微劳足录"④。只是肯定他们海外游历的辛劳。另外提到6位游历使"各呈有札记及翻译

---

① 缪祐孙. 俄游日记 [M]. 北京大学图书馆馆藏稿本.
② 王彦威，王亮. 清季外交史料（光绪朝）：卷七一 [M]. 北平：清委外交史料编纂处，1932.
③ 顾廷龙. 艺风堂友朋书札：上册 [M]. 上海：上海古籍出版社，1980：246-277.
④ 《申报》，1890年8月14日。

第四章 傅云龙研究：走向世界的海外游历使

编选之册"，比较重视他们的调研成果，而并没有对他们在海外的游历活动和促进中外友好及文化交流等方面贡献有所表彰。三是在保奖的6位游历使中实际分了两个等级，一等是傅、刘、缪三人，表扬"傅云龙所著游历日本等国图经八十六卷，纂述较多，征引尚博，实属留心搜辑，坚忍耐劳。缪祐孙、刘启彤亦能探讨精详，有裨时务"。特别指出傅、刘两人，"于外洋情形考究尤为详确"，可称是"其中才识较优者"，酌照"异常劳绩"请奖，可发往北洋差遣委用，而其他三人程绍祖、顾厚焜、李秉瑞则属二等，只给予照"寻常劳绩"保奖。四是游历使被保举的官职大多只是遇缺即补和赏加虚衔。即使是以"异常劳绩"请奖的原兵部候补郎中傅云龙，原是三品衔分发省份补用知府，现保举"拟清免补知府，以道员分发省份即补，并赏加二品衔"，已经算是超常升迁了。原兵部候补主事刘启彤为双月候选知府，"拟请免选知府以道员不论双单月选用，并赏加二品衔"。总理衙门还请旨将他们两人"发往北洋大臣差遣委用"。而原户部学习主事缪祐孙仅是"拟请免补主事，以本部员外郎遇缺即补，并赏加四品衔"。至于原兵部候补主事程绍祖只是"拟请以本部主事遇缺即补"，[①] 而原兵部候补主事顾厚焜、礼部候补主事李秉瑞连这样的保举也没有，三人都是"均请赏加四品衔"，仅赏个虚衔，并非实职，只能耐心等待候补部内实缺或外派地方小官。

可见，这批海外游历使尽管出洋后经历了两年艰辛历程，开眼界，长见识，并积累了不少外交活动的阅历和经验，但是回国后却没有真正得到重用，几乎没有一人被任命为出使外国使臣或各级外交官，在外交岗位上发挥作用。有的竟郁郁不得志，英年早逝，实在是很大的人才浪费和埋没。

游历使中获得最高评价的傅云龙一回国就遭丧子之痛，他的三个儿子范冕、范成和范焜在他回国前不到一个月，因患时疫在两天内先后病故。

[①] 《申报》，1890年8月14日。

125

他在受到总理衙门保举后，1891年被分发至北洋大臣李鸿章处，任命为北洋天津机器局会办，1895年升总办，总算在洋务企业岗位上运用到在海外日本、美国等国考察学习到的企业管理制度和经验。但后来又遭到继任北洋大臣裕禄之亲信伍某的诬告而被迫离开北洋机器局。傅云龙曾深入考察研究日本与美国，了解世界形势，并积累了一些外交经验和见解，可惜未能在外交岗位上发挥其才能。刘启彤被破格升迁为二品衔候选道发往北洋委用，由北洋大臣李鸿章任命为海防支应局会办。1893年李鸿章还派他去山西、河北赈灾。刘启彤对父母极为孝顺，海外游历回国不久，因父亲去世，哀伤成疾，并报丁忧守丧。山西赈灾回来又遭母亲病逝。"启彤奔丧归里，毁痛吐血，年四十有四卒。"① 刘启彤游历西欧，对英法政治和铁路建设均有钻研及论著，可惜英年早逝，不能发挥更大作用。

缪祐孙赴欧洲俄国游历两年，并对俄国进行了深入调查研究，回国却仍在户部当差。总理衙门保奖其为"以本部员外郎遇缺即补，并赏加四品衔"，竟遭吏部非议。后来还是自己报考当上总理衙门章京，总算与外交事务沾上边。缪祐孙1891年进入总理衙门后，先是在司务厅任收掌，后又在俄国股当差，可以说他是游历使回国后唯一在外交部门工作的。不过他仍抱怨"事琐而劳，颇觉吃力"，而且收入太少。由于在游历期间备尝艰辛，健康受到很大损害。1893年8月13日突然中风，1894年8月26日在北京去世。与刘启彤一样，年仅44岁便英年早逝，"时人多惜之"。②

与傅云龙一起游历日本和南北美洲的顾厚焜虽然也有不少著述，但在总理衙门保奖时仅仅赏加四品衔，直到1898年戊戌维新时，仍是一位刑部主事。《光绪朝东华录》中记载"刑部奏代递主事顾厚焜呈请京城邮政，广设分局"③。后来曾外放出任过安徽庐州府江防同知。直到1901年清政府开始新政，下谕改革科举考试内容，增考中外政史策论等。为了适应考

---

① 宝应县志：卷一二 [M]. 1932.
② 江阴县续志：卷一五 [M]. 1920.
③ 朱寿朋. 光绪朝东华录 [M]. 北京：中华书局，1958：4188.

生们应试的需要，他编了一套赶考参考书《精选新政应试必读六种》，内容包括各国政治、各国艺术方面参考资料，这总算用上了一些他在日本和美洲游历获得的外国政治史地的知识。

李秉瑞与顾厚焜一样在总理衙门保举中只获赏加四品衔，未予重用。他曾请求过李鸿章，推荐自己去北洋工作，被李鸿章婉拒。后来李秉瑞辗转去了台湾，1895年参加台湾军民反割台抗日斗争。曾先后任"台湾民主国"军务衙门督办、内政衙门会办和外务衙门会办，还率众参加了抵抗日军的基隆攻防战，也总算多少运用了他在海外游历时所得到的外交、军事知识和经验，为保卫台湾贡献了一分力量。

另外几位游历使如洪勋、程绍祖、陈燨唐、徐宗培、金鹏等回国后的情况因缺乏资料而不详，总之都未获重用和担任外交官职务。

1887年，海外游历使们在游历过程中和回国后，撰写了不少外国调查研究考察报告和海外游记、闻见录、日记、纪游诗等，除了一部分当时就已刊印并受到好评外，多数未受重视，以致被历史埋没，或束之高阁，尘封于书库之中。傅云龙海外游历的各种著述，最早的是在1889年秋从日本游历回国前，在东京刊印完成的《游历日本图经》和《游历古巴图经》两种，书的扉页题"光绪十五年夏六月印于日本"。傅云龙回国后把这两种刊本和其他各国《游历图经》及《游历图经余纪》的抄本一起交到总理衙门，并上呈光绪皇帝。因此，总理衙门在保奖奏折中表扬他"纂述较多，征引尚博，实属留心搜辑，坚忍耐劳"。光绪十六年（1890）十月二十日光绪皇帝召见傅云龙时，也当面夸奖他"著书详细"。因此后来《游历日本图经》某些版本的扉页还盖了"御览"或"天语重褒著书详细"的印章。军机大臣翁同龢也在自己的日记中记载"傅云龙从日本游归，所著书甚多"。还称赞"此人笔下极好"。① 李鸿章在为《游历日本图经》作的序中也对该书给予高度评价："繁而成体，博而得要，洵足备考镜之资，可

---

① 陈义杰．翁同龢日记［M］．北京：中华书局，1989：2326．

谓用力勤而成书速矣！"① 而驻日公使黎庶昌在该书跋中更盛赞"余虽不敢谓东倭事迹遂已囊括无遗，而巨细精粗条理灿然，亦极著书之能矣！"② 尽管如此，由于当时光绪皇帝与大臣们尚未有迫切学习日本维新的要求，因此对此书未予特别重视。而到甲午以后戊戌变法之时，黄遵宪的《日本国志》和康有为的《日本变政考》才对光绪仿日维新发挥了重要作用。傅云龙的《游历美利加图经》和《游历图经余纪》有光绪二十一年（1895）《实学丛书》的版本。而《游历秘鲁图经》和《游历巴西图经》则到光绪二十七年（1901）才刊印出版。卷首还印有苏松太道严禁私自盗版翻印的告示。此外，在王锡祺编的《小方壶斋舆地丛钞》各编中也选编了傅云龙《游历日本图经》中的一些类目。至于傅云龙已刊未刊的游历图经、游记与纪游诗稿本大多收入《纂喜庐文二集》和《不易介集诗稿》中，现藏于杭州图书馆特藏室，一般人难以见到。刘启彤所著游历欧洲考察英法政治的著作《英法政概》，光绪十六年（1890）由广百宋斋排印出版，共6卷1册。后来也收入《小方壶斋舆地丛钞》再补编第11帙，分别包括《英政概》《法政概》《英藩政概》三篇。1897年又被收入《西政丛书》第3函第24册，为慎记书庄石印本。出使英法意比公使薛福成曾在光绪十六年七月二十二日的日记中详细摘录了刘启彤《英政概》中关于英国议院的记载。刘启彤另一部调查研究西方铁路建设的著作《星轺考辙》于光绪十五年（1889）就由同文书局石印出版，李鸿章写信赞扬刘启彤对火车铁路的研究，"创始造端，又为当务之急，可谓善于择题矣"③。因此，后来张之洞要筹办芦汉铁路时，也想借调刘启彤去主持。

缪祐孙的《俄游汇编》于光绪十五年（1889）由上海秀文书局石印出版。书中若干部分也被《小方壶斋舆地丛钞》收录，该书还被收入《清史

---

① 李鸿章. 游历日本图经·序 [M]. 上海：上海古籍出版社，2003：3.
② 黎庶昌. 游历日本图经·跋 [M]. 上海：上海古籍出版社，2003：609.
③ 李鸿章复游历英法等国兵部刘启彤，见李鸿章. 李文忠公尺牍 [M]. 李氏石印本，1916.

稿·艺文志》的书目之中。薛福成在其《游历英法意比四国日记》中曾大段摘录《俄游汇编》中对俄罗斯源流的考证。缪祐孙还将此书呈送李鸿章，李鸿章阅后也"甚见推许"，还向他"殷殷访问欧事，并及边亭诸隘"。①

顾厚焜的《日本新政考》是游历使著作中完成得较早的，约在1888年3月从日本赴美洲游历前已脱稿排印成编。驻日公使黎庶昌在该书序中赞扬顾厚焜仅在日本"居游半载，遂能提纲挈领掇其国之大政，都萃而条列之"，"不繁言费辞，使全国维新治迹灿若列眉"。②该书另一版本是1897年的西政丛书本，由慎记书庄石印。另外，《小方壶斋舆地丛钞》也全文收录了该书及美国、巴西地理兵要和巴西政治考。

洪勋撰写的游历欧洲的各种闻见录如意大利、西班牙、葡萄牙、瑞典、挪威闻见录及游历闻见总略、拾遗都被《小方壶斋舆地丛钞》收录在1897年出版的再补编第11帙内，但没见到对这些著述的评论。

李瀛瑞在游历欧洲期间撰写了《欧西风土记》，并翻译了西方制造工业之书，可惜他刚回国即病故。死后由其子李方伟将所著译之书上呈总理衙门，这些书稿可能已被总理衙门束之高阁，默默无闻不为世人所知了。

在英国自杀身亡的孔昭乾也有游历笔记，因其在国外暴死而未能完成，只得由其同僚们略加整理后上交总理衙门。北京大学图书馆善本部收藏有孔昭乾遗著稿本《英政备考》两卷。陈爔唐也有游历著作，据其故乡《江阴县续志》称其"游历英法，著有游编四册，以疾归"③。但是这个"游编四册"究竟叫什么书，写的什么内容却不得而知。徐宗培则在光绪十六年十一月（1890年12月）才呈交手枪及关于机器的书，到底是什么书也不清楚。至于李秉瑞、程绍祖、金鹏游历后有什么著述，尚有待进一步挖掘史料说明。

---

① 李鸿章. 李文忠公尺牍，[M]. 李氏石印本. 1916：67.
② 黎庶昌. 日本新政考序 [M]. 光绪十四年（1888）春于日本东京使署.
③ 江阴县续志：卷一六 [M]. 民国九年（1920）.

总的来说，1887年海外游历使的著述中，以傅云龙、刘启彤、缪祐孙、顾厚焜等人的著作在当时获得出版并受到好评较多。他们的一部分著述及洪勋的欧洲各国闻见录，由于《小方壶斋舆地丛钞》的选录，得到一定的传播，其他人的著述或者未加刊印甚至不知下落。总之，作为两年海外游历的大量调查研究成果，并没有发挥其应有的作用和影响。

更令人惊讶和遗憾的是，晚清中国人这样一次走向世界的盛举、一段颇为辉煌的历史，竟然逐渐被埋没和遗忘，甚至在后人的史书和记载中难见其踪迹。民国初年所编536卷《清史稿》中既无1887年派遣海外游历使的记载，也无12位游历使中任何一位的传记。清代国史馆所编的80卷《清史列传》中也没有他们的传记。笔者曾遍查《清代碑传文通检》《三十三种清代传记综合引得》等关于清人传记的主要工具书，均无12位游历使的名字。

近一个世纪以来出版的大量清代通史著作中几乎都没有1887年派遣海外游历使的踪迹。如民国时期出版的黄鸿寿《清史纪事本末》80卷（文明书局，1915年）、许国英《清鉴易录》28卷（药思堂，1917年），萧一山《清代通史》6册（商务印书馆，1928年）、孟森《清史讲义》（中国文化服务社，1947年）；新中国成立后出版的戴逸主编《简明清史》（人民出版社，1980年）、郑天挺主编《清史》（天津人民出版社，1989年），以及20世纪90年代后出版的新成果，如王戎笙主编《清代全史》（辽宁人民出版社，1991—1993年）、朱诚如主编《清朝通史》（紫禁城出版社，2003年）。甚至最近出版的篇幅最大的清代编年史《清通鉴》22册300卷（山西人民出版社，2000年）和《清史编年》12卷（中国人民大学出版社，2000年）中也未提及此事。

近百年来出版的大量中国近代史通史著作虽然比较重视中外关系和中西文化交流，可惜也都没有提到1887年海外游历使之举，如1949年前出版的陈恭禄、蒋廷黻、郭廷以等人分别编著的《中国近代史》，到新中国成立后出版的范文澜、林增平、戴逸、胡绳等分别编著的《中国近代史》。

近二十年出版的中国近代史通史著作至少有几十种，包括外国学者的著作如费正清主编的《剑桥晚清史》等也无一提及此事。

更专门的近代中外关系史、近代中国外交史上本应有所记载，但是很遗憾也是付之阙如。新中国成立前出版的如向达《中西交通史》（中华书局，1930年）、方豪《中外文化交通史》（独立出版社，1943年）、曾友豪《中国外交史》（商务印书馆，1926年）、蒋廷黻《近代中国外交史资料辑要》3卷（商务印书馆，1931—1934年）。新中国成立后出版的如王绍坊《中国近代外交史》（河南人民出版社，1988年）、赵佳楹《中国近代外交史》（山西高校联合出版社，1994年）、刘培华《近代中外关系史》（北京大学出版社，1986年）等书均无记载。就连1999年湖南人民出版社出版的彭小平著的《中国人走向世界的历史轨迹——中国海外旅行与文化交流》和2002年世界知识出版社出版的李喜所主编的五卷本《五千年中外文化交流史》，比较系统地介绍了从古代到近代中国人走向世界和中外文化交流的历史，而且重点叙述了晚清游历、出使、考察的历史，竟然也未提到1887年海外游历使的事迹。

1887年至1889年清政府派遣12位海外游历使历时两年考察亚洲、欧洲、南北美洲的几十个国家，这样一次走向世界的盛举，居然几乎成了一段被人遗忘和埋没的历史，不得不令人感到十分遗憾和惊讶。

挖掘这一段被埋没的历史，通过收集史料，考订史实，搞清其来龙去脉，恢复其历史本来面目，并反思和探讨这段历史之所以会被埋没的原因，进而以史为鉴，总结历史经验教训，的确是一项具有很大学术意义和现实意义，同时又是极富吸引力和挑战性的研究课题。

笔者最早接触这段历史是在20世纪80年代初，在搜集研究近代中国人的日本游记时，找到了傅云龙的《游历日本图经余纪》，并加以标点、解说，收入湖南人民出版社1983年3月出版的《早期日本游记五种》一书。后又收入钟叔河先生主编的《走向世界丛书》之一《甲午以前日本游记五种》（岳麓书社，1985年），从该史料出发，笔者对傅云龙1887年作为海外游历使时对日本的游历考察经过及其历史背景做了初步研究，并在拙著《近代中日启示录》（北京出版社，1987年）、《近代中日文化交流史》（中华书局，1992年）、《中日文化交流史话》（增订本）（商务印书馆，1996年）等书中对1887年派遣海外游历使一事加以简要的叙述和介绍。1996年至1997年，笔者在日本京都国际日本文化中心担任客座教授期间，又潜心研究了傅云龙《游历日本图经》30卷全书，并撰写了若干篇论文。笔者的研究视野和范围逐渐扩大到傅云龙的南北美洲游历，并进一步扩展到对1887年海外游历使的全面系统研究，撰写了《晚清中国人走向世界的一次盛举——1887年海外游历使初探》[《北京大学学报》（社会科学版），2001年第3期]，并在中国社会科学院近代史研究所主办的第二届近代中国与世界国际研讨会和第二届北京大学文科论坛上做研究报告，还在国内外多次演讲获得好评。最后在多年深入研究的基础上，笔者和自己的学生杨纪国一起完成了30万字专著《晚清中国人走向世界的一次盛举——1887年海外游历使研究》（辽宁师范大学出版社，2004年）。

回顾现代学者的研究著作中较早提及此事的是舒新城的《近代中国留学史》（中华书局，1927年），书中把游历与游学并提，有很简单的论述。以后台湾地区学者林子勋在《中国留学史》（台湾华岗出版有限公司，1976年）中也提到此事，并节录出版了《出洋游历章程》，但他把游历使人数误认为是28员。钟叔河在《走向世界》（中华书局，1987年）和《从东方到西方》（岳麓书社，2002年）两书中，曾利用笔者标点解说的《游历日本图经余纪》和提供的相关材料，在"甲午以前的日本观"一章中论述了傅云龙的日本游历。最近出版的张海林编著的《近代中外文化交流史》（南京大学出版社，2003年）则参考了笔者的论文，叙述了1887年海外游历使的简况。外国学者的研究，特别要提到的是日本学者佐佐木扬的《洋务运动时期清朝的外国事情调查》（收入其论文集《清末中国的日本观与西洋观》，东京大学出版会，2000年），较具体论述了游历经过并简要介绍了一部分游历使的生平。这是至今看到外国学者关于这段历史唯一比较详细的研究成果。

由于这段历史长期被埋没，挖掘史料，考订史实，做分析研究，经历了艰苦的历程。笔者主要从以下角度去发掘、分析、利用第一手原始资料，作为研究的依据和基础。首先是游历使的大量著述，包括考察报告、游记、笔记、日记、诗文等，这是最基础的史料，分散收藏于北京大学图书馆、国家图书馆、浙江图书馆等各图书馆内，或刊录于某些丛书、类书、文集之中。例如，笔者在北大图书馆找到了傅云龙撰写并已刊印的《游历日本图经》30卷、《游历美利加图经》32卷、《游历巴西图经》10卷、《游历古巴图经》2卷、《游历图经余纪》15卷，以及顾厚焜的《日本新政考》2卷、缪祐孙《俄游汇编》12卷、刘启彤《星轺考辙》4册等。北大图书馆甚至还藏有缪祐孙的《俄游日记》稿本和孔昭乾《英政备考》的未刊本等珍本。另外，在《小方壶斋舆地丛钞》这套丛书的各编中可以找到顾厚焜的《美国地理兵要》，古巴、巴西、秘鲁等国政治考，刘启彤的《英政概》《法政概》《英藩政概》，洪勋的游历意大利、西班牙、葡萄牙、瑞典、挪威等国的闻见录等重要著述。还有一些游记诗文散见于这些游历使的文集诗集中，如傅云龙的《纂喜庐文集》《不易介诗集》，缪祐孙的《柚岭诗抄》，等等。

其次是档案史料，如第一历史档案馆收藏的军机处档案、总理衙门与外务部档案。档案中甚至还保存了傅云龙、洪勋等人游历各国的经费报销册。还有已刊的《清实录》《光绪朝朱批奏折》《光绪朝东华录》《清季外交史料》《续文献通考》《皇朝政典类纂》等。外国档案如日本外交史料馆所藏日本外务省档案等。

再次是报刊史料，如当时的《申报》等报刊的报道、评论等，可惜还缺少当时游历使所到国家的外国报纸的报道、评论，希望以后能有机会与外国外交档案一起加以收集和补充。还有当时人的日记、书信、笔记、文集也是重要原始资料。如李鸿章的《李文忠公尺牍》中，李鸿章分别写给傅云龙、刘启彤、缪祐孙、李秉瑞等人的书信，《艺风堂友朋书札》中缪

133

祐孙致缪荃孙的信,以及《曾纪泽日记》《翁同龢日记》、李慈铭《越缦堂日记》、张荫垣《三洲日记》等,还有许景澄《许文肃公遗书》、黎庶昌《西洋杂志》等。

考察游历使的生平经历的另一个重要史料来源是他的原籍的地方志。如考证傅云龙的生平最初是从其故乡浙江的《德清县新志》上发现他与他的儿子傅范初的两篇小传。而刘启彤的生平则是在其故乡江苏《宝应县志》上有他一篇小传。顾厚焜也仅有其故乡江苏《吴县志》中很简略的传记。在赴欧洲游历使李瀛瑞的故乡山东莱阳发现了他的墓志铭等文物。有些游历使的传记至今尚很难找到。

还应提到的是游历使后人提供的一些珍贵资料。特别是傅云龙的曾孙傅训成看到笔者的有关傅云龙的文章后特地赶到北京与笔者交流,并提供了家藏的傅云龙的行状、讣告、墓志铭,以及一些日记、书信抄件等珍贵资料。后来傅训成进一步收集整理其先曾祖的资料事迹,编写了《傅云龙传》(浙江古籍出版社,2003年)和《傅云龙日记》(浙江古籍出版社,2005年),并请笔者分别为这两本书写了序言。

通过以上这些史料的一点一滴的挖掘、收集、积累,梳理和分析,才使我们能够逐渐弄清1887年清政府派遣海外游历使的整个过程,游历使们的基本情况及其游历过程,以恢复历史本来面目,重现这一段长期被埋没、遗忘的历史。

三、探讨人才被埋没、历史被遗忘的原因

1887年的海外游历使既然是晚清时代中国人走向世界的一次盛举,加之游历使们又撰写了一大批外国调查研究的著述,有的还获得朝廷和官员学者们的好评,可是为什么这样一次盛举会被慢慢淡忘,甚至逐渐埋没于历史沉淀之下,尘封于历史资料之中,以至于默默无闻,鲜为人知,连历史学者都几乎把它遗忘了呢?清政府经过专门选拔考试,又经总理衙门大臣面试和皇帝亲自圈定钦点的12名海外游历使,经历千山万水,千辛万

<<< 第四章 傅云龙研究：走向世界的海外游历使

苦，分别游历欧亚及南北美洲的几十个国家，了解了不少世界形势和外国国情，积累了一些外交经验和西方知识，可是为什么他们回国以后几乎没有一个被任用为外交官发挥作用？他们勤奋努力写出来颇有见地的海外调研报告，为什么也很少受到重视和流传，产生应有的影响？这一切究竟是什么原因造成的？历史的经验教训值得我们认真反思和总结。笔者试图从以下几个角度加以初步分析和探讨。

首先，可以从清政府派遣海外游历使的动机和目标的角度来探讨。

1887年，清政府派遣海外游历使之举从一开始就立意不高，目标不明确，其效果影响不大，也是必然的。细考总理衙门的游历章程，并没有提出求知识于世界、借鉴外国经验、培养外交人才等较远大的动机和目标。而仅仅着眼于调查考察，只要求游历使"将各处地形要隘，防守之大势以及远近里数、风俗、政治、水师、炮台、制造厂局、火轮舟车、水雷炮雷详细记载，以备考察"①。选拔游历使时标准是"专以长于记载叙事有条理者入选"②，即强调其调查写作能力。而回国保举时也主要看重其调查考察成果，是否"留心搜辑，呈有札记及翻译编选之册"③。对他们的海外促进中外友好和文化交流等方面贡献却不予表彰。以致多数游历使只是满足于记录所见所闻，或罗列现象，不加思考。如后来张謇批评的"仅观粗浅，莫探精微"④。即使其中有比较全面深入的外国调查报告，如傅云龙的游历各国图经、缪祐孙的《俄游汇编》，也没受到应有的重视，发挥应有的作用。另有考察西方政治较有见识的著述，如刘启彤的《英法政概》，在中国较早地系统介绍西方的三权分立和议会制度，却由于政治环境的制约，

---

① 王彦威辑，王亮编．清季外交史料：卷七一［M］．北平清季外交史料编纂处铅印，1932．
② 王彦威辑，王亮编．清季外交史料：卷七一［M］．北平清季外交史料编纂处铅印，1932．
③ 《申报》，1890年8月14日．
④ 张謇．条陈立国自强疏［M］//曹从坡，杨桐，管霞起，等．张謇全集：第1卷［M］．南京：江苏古籍出版社，1994：38．

也没引起清政府当权者的兴趣。直到十多年之后清政府要实行"新政"和预备立宪，才急忙派大员出国考察外国宪政。

游历使们的考察也没有重点分工，所以李鸿章批评"不如议定专门，博求详说，有裨实用"，而且像造船制造和水师陆军等方面情况，"中外学者颇有汇集，然此事日新月异"①，如果游历使们仅仅翻译介绍一两种著作，显然是远远不够的。另一方面，清政府《游历章程》又提出游历与游学并举，规定"各国语言文字、天文算学、化学、重学、光学及一切测量之学、格致之学，各员有性情相近者，自能审责学习，亦可以所写手册交总理衙门查考"②。实际上游历使们游历的路程长、国家多、调查考察任务重，游历时间紧，精力有限，加上本身又缺乏西学基础素养，因此游学任务根本没法完成。

清政府也没有把这批海外游历使作为外交人才来加以培养锻炼和使用，加上清代官僚制度当时缺乏选拔职业外交官的机制。因此游历使回国后仍然是回到六部或外放地方任职，而不考虑充分利用他们通过这次宝贵的海外游历实践获得的海外知识和外事经验，发挥其外交人才的作用。12位游历使中竟然没有一个出任驻外外交官，只有缪祐孙一度担任总理衙门章京，还算与外交工作沾边。傅云龙、刘启彤分别任北洋机器局和海防支应局会办，也算与洋务有关。但是总的说来是浪费埋没了人才，也辜负了当时舆论要求从中培养一批出使人才的期望。如《申报》所指出的"中国之派员前往外洋游历，实为近日之创举"，"将欲资其游历之所见闻，备将来出使之用，又安得忽以视之?"③

如果我们对比一下1868年日本明治维新后派遣岩仓使节团海外游历的情况，就可发现巨大的差异。当年岩仓使节团赴欧美游历立意远大，目标

---

① 李鸿章. 李文忠公尺牍 [M]. 合肥：李氏影印, 1916.
② 王彦威辑, 王亮编. 清季外交史料：卷七十一 [M]. 北平清季外交史料编纂处铅印, 1932.
③ 派员与随员不同说 [N]. 申报, 光绪十三年十月一日（1887年11月15日）.

<<< 第四章 傅云龙研究：走向世界的海外游历使

明确，分工具体，成效显著。明治政府的动机就是"求知识于世界"，即对欧美资本主义文明进行全面考察研究，以供日本改革借鉴，并寻求日本今后发展的道路和方向。日本政府和社会对此举极为重视和支持。太政大臣在给使团送行时甚至说："日本内治外交，前途大业成功与否，在此一举。"① 因此，政府重臣要员几乎倾巢出动。游历考察目的很明确，正如岩仓使节团副使伊藤博文所说，"内政如何改革，应有何种法律、政务，应施何等之方略，外交应以何为标准，以及应如何交际等等"，"都是需要咨询和研究的"②。其立意之高与清政府派一些中下级官员仅仅注意调查外国地理、军事设施等相差何止千里！而且岩仓使节团成员考察调研重点各有明确分工，"分科各自负责其主管事务"进行考察。如大使岩仓具视重点考察各国宗室制度，副使木户孝允着重考察各国宪政，副使大久保利通重点考察各国工商业状况，等等，因此取得了巨大成效，可以说为日本明治维新后日本确定近代化的道路和方向起到了决定性的作用。

其次，可以从当时的内外环境，此举遭到保守势力攻击和所游历国歧视的角度来探讨。

1887年海外游历使的派遣还受到社会偏见尤其是保守势力的攻击。同时在游历过程中，由于晚清国力衰败，游历使本身级别又低，往往遭到所游历国家的歧视和无礼对待，这也降低了这次海外游历的效果和影响。

早在1887年海外游历使派遣之时，一些有保守倾向的官员和知识分子就对此举不以为然，并冷嘲热讽游历官员。如思想较为保守的晚清名士李慈铭在其《越缦堂日记》中就攻击去应试争取出洋游历的六部官员，"大抵非穷途无聊，即行险侥幸者耳"③，讥讽这些人只是在六部候补闲得无聊，又提升无望，才冒险找一条以海外游历为升官捷径的出路。这实际上

---

① 大久保利谦. 岩仓使节之研究 [M]. 日本东京：宗高书房，1976：120.
② 伊藤博文. 关于特命全权大使的意见书 [M] //吴廷璆. 日本近代化研究. 北京：商务印书馆，1997：3.
③ 李慈铭. 越缦堂日记 [M]. 上海：商务印书馆，1920.

是对那些胸怀大志真正想通过海外游历开眼界、长才干，为国效力的游历使的偏见。李慈铭还奇怪以往中国的士大夫均以出洋为苦差事，不屑为之，而现在海外游历居然成了热门，有科举正途出身的六部官员，居然还需要经过考试竞争入选，连像兵部郎中傅云龙这样钻研经学考据颇有建树的"饱学之士"竟也来应试。他不禁摇头感叹社会风气的变化，"国家考试，至有出洋游历一途，而应之者不乏考据人才，亦今日风尚使然也"①。不过使他聊感自慰的是傅云龙在试卷中阐述了"西学中源论"，"引证甚博，推原化学、重学、汽学之法，实本于墨子"。②总算在一定程度上安慰和满足了中国士大夫保守自大的心理。

　　游历使在海外游历期间已遭到不少非议。有人造谣说游历使私带中国绸缎等物品，沿途出售，瞒关漏税，以牟取私利。甚至诬蔑某些游历使在外行为不端，滥交洋妇以致得病，等等。游历使尚未回国，国内已经有不少官员产生妒意，如六部同僚担心他们得到保举超常升迁，以致"压其班次"。总理衙门章京则忌妒游历使们一旦分派到本衙门，"以熟悉夷情见长"，会使自己相形见绌。于是御史何福堃上奏要求"预立游历人员得奖限制"，"请薄其奖叙，即有佳者，只可发往南北洋当差"。③尚未保举，已造成不可重奖的舆论，致使总理衙门不敢破格选拔和重用海外游历使出任驻外公使、参赞、领事等职。即使是对缪祐孙与程绍祖给予本部员外郎、主事"遇缺即补"这样很轻的保奖，竟然还遭到吏部的刁难，指责他们"既非总理各国事务衙门章京，又非同文馆学生出身，所保京职升阶班次，与定章成案均不相符，应饬另覆"。几乎保奖不成。后来经光绪皇帝朱批"缪祐孙、程绍祖均着原保给奖"，才算通过。有些保守人士甚至把海外游历使简称"游员"，"视同游民、游勇等，安得委以重任？"④可见

---

①　李慈铭. 越缦堂日记［M］. 上海：商务印书馆，1920.
②　李慈铭. 越缦堂日记［M］. 上海：商务印书馆，1920.
③　李慈铭. 越缦堂日记［M］. 上海：商务印书馆，1920.
④　《申报》，1887年11月11日。

第四章 傅云龙研究：走向世界的海外游历使

当时保守势力阻力之大。

游历国家的态度也影响了这次游历的成效。由于当时中国国力衰弱，游历使级别又低，有时会遭到所游历国家的歧视和冷遇。有些国家政府和官员对中国游历人员对该国军事、工业设施的调查考察不抱合作态度，甚至拒绝游历使参观炮台、船厂、军械库或购买地图、统计资料的要求。洪勋在意大利、瑞典、挪威游历时就遇到这种情况。缪祐孙要求参观里海船厂和大型铁甲舰时，也遭到俄方阻挠。俄方翻译"于要紧处言语便少"，所以"奈总未透彻底蕴"。他在进入俄国西伯利亚地区游历时，发现俄国官员"多轻华人"，而当他想搜寻俄国最新绘制的铁路图时，俄国地方官也予百般刁难。

再次，从游历使的人选及其素质和知识结构的角度来考察。

海外游历的成效影响大小与游历使的人选及其素质也有很大关系。首先是派出的官员级别和地位太低。1887年派遣的海外游历使只是一些中央各部的中下级官员，即五六品的郎中、员外郎和主事（相当于现司局级或科级官员），而且都是尚未得到实职的候补官员。由于级别低，到所游历国往往不受重视，如缪祐孙就抱怨当时俄国人得知他只是六品官员时，"皆甚轻慢"[1]。当他们辛勤游历两年回国后，仍不过是获得一个二品或四品虚衔，仍在本部补缺或外放低级地方官。游历使们人微言轻，因此他们的言论和著述也难以发挥更大的影响，他们的事迹也逐渐被淡忘。对比日本岩仓使节团，成员都是明治政府的实权人物和部长、副部长级高级官员，在欧美考察回国后，有力地推动了各项改革措施。因此后来中国维新派人士学习日本经验，纷纷要求派遣王公贵族大臣们出洋游历。

游历使人员的素质和知识结构也有些问题。1887年游历使虽然经过总理衙门出题考试洋务外交策论的选拔，但这些官员基本上都是科举出身，由传统文化学术培养出来的旧学人才，西学和外国知识很少，即使其中最

---

[1] 缪祐孙. 俄游汇编·俄游日记 [M]. 上海：秀文书局，1889.

出类拔萃的傅云龙也是如此。他们不通外语也没有外交经验，因此在国外调查交流会遇到很多困难。尽管有些游历使勤奋好学，有的甚至还想学外语、练习翻译，但临时抱佛脚也来不及了，而且时间精力有限，难以投入。如刘启彤出洋前曾准备学习外国语言，然后自己练习翻译外国书籍，但是后来一忙也只好放弃这个计划。缪祐孙在学会几句俄语后，也因忙于游历考察，无法坚持下去。还有的游历使身体素质不好，如孔昭乾据说出国之前精神已出现问题，以致在海外精神病发作自杀身亡。

最后，从游历经费和游历使与驻外公使的矛盾角度加以剖析。

清政府由于财政困难，因此拨给海外游历使的经费不够充足，而且它的来源是"设法节省出使经费每年四万余两，以供派员游历之费"[1]。按《游历章程》规定游历使每月薪水仅200两，所雇翻译每月50两。游历使的薪水才相当于驻外公使馆的三等翻译。章程还规定游历使在游历途中舟车只能乘坐二等舱。虽然游历使在出发前可以预支6个月的薪水和1000两公项银，但是海外游历远涉重洋，花费大，又要保持中国官员的体面，所以经费常常短缺不足。而且有些国家旅馆费和交通费十分昂贵，以致游历使们常常叫苦连天，有些地方只能走马观花，蜻蜓点水，甚至干脆不去了。如傅云龙对加拿大这个大国仅仅游历了几天工夫，主要也是由于经费的制约。至今中国第一历史档案馆尚存有傅云龙游历日本、美洲等地的报销册，详细开列了游历途中各种费用开支，并说明最后在日本刻印图经，"此两个月有余，未敢支薪水"，"马车及借助使署饭食皆用自薪水，未敢开销"。如此节省，最后只剩余银子4两7钱随报销册上交总理衙门。[2]

再举缪祐孙在俄国游历的开支为例，途中每次乘车马需花七八卢布，加上请俄国人吃饭送礼等，在俄国游历三个月左右，开销就达一千卢布，合400两银子。而从西伯利亚秋明到托木斯克时，虽然天气不好身体又患

---

[1] 王彦威辑，王亮编.清季外交史料：卷七十一[M].北平清季外交史料编纂处印，1932.

[2] 《傅云龙游历日、美等地报销册》，中国第一历史档案馆藏。

病，可是仍然"稍愈即便买车启程，因房租太贵，万难久住。前所过皆因此不能久停，然所费已不支矣"①。为了节省旅费，缪祐孙只得抱病赶路，由于经费快花完了，他原定到海参崴（现改名为符拉迪沃斯托克）游历考察中俄东北边界的计划只好取消。所以后来郑观应指出造成1887年游历使成就不大的重要原因之一在于经费不足。"但闻每员薪水月仅二百金，以外洋用度之繁，应酬之巨，安得敷用？亦只深居简出，翻译几种书籍，以期尽职而已，未能日向各处探访，时与土人咨询也。"②

1887年海外游历使与当时清政府驻外使馆的矛盾也影响了他们的游历成效。特别是总理衙门规定游历的经费要从出使经费中克扣出来。具体做法是出使东西洋各国大臣及出使西洋各国公使馆的参赞、领事、翻译、随员等的俸薪都要酌减十成之二，以此省下来的四万两银子充作游历经费。这样就造成驻外使馆人员与游历使人员之间经济利益上的矛盾，加上使馆人员还担心游历使回国后可以获得优待保举恐影响自己的升迁，因此有时竟发生驻外使馆人员刁难自己本国的游历使，或者不予关照和配合的现象。尤其是当时任驻俄德奥荷四国公使的洪钧与游历使的关系最不融洽。先是赴德国的游历使李秉瑞和程绍祖受到他的冷落，洪钧甚至禁止公使馆人员与他们交往，使两人备受冷遇，不久被排挤往比利时。比利时本来只是他们的"兼游之地"，而李程两人宁可放弃自己奉命游历的主要对象国德国，"誓不返德"③。在这种情况下，游历效果可想而知。

赴俄游历使缪祐孙与驻俄公使洪钧的矛盾更为尖锐。缪祐孙到俄国后发现洪钧组织翻译的俄国地图不准确，提出重新翻译，因而得罪洪钧。然后又因为经费问题，再度交恶。洪钧以怕花费太多为理由，不让缪祐孙再度到俄国欧洲部分游历，而要他从西伯利亚直接回国，导致他对俄国欧洲

---

① 艺风堂友朋书札：上册［M］．上海：上海古籍出版社，1980：299．
② 胡秋原，等．近代中国对西方列强资料认识汇编：第2分册第3辑［M］．台北：台湾近代史研究所，1972．
③ 艺风堂友朋书札：上册［M］．上海：上海古籍出版社，1980：300．

部分的考察不够细致。洪钧还捏造缪祐孙在俄国游历途中贩卖中国绸缎牟利和逃避关税的谣言，甚至将此告诉俄国外交部，以败坏缪祐孙的名声。同时洪钧还给李鸿章写信"痛斥游历"。缪祐孙虽然对洪钧一再退让，始终"待以长官之礼"，但是担心这样下去，将会使游历一无所得。于是写信给总理衙门章京袁昶诉苦，指责洪钧"实不喜游历者在俄国也"。还反驳了洪钧的造谣，表白自己从未携带中国商品出售，沿途俄国官员经常开箱查验可为证明。驻外公使与海外游历使的种种矛盾冲突都影响了游历的成效。

经费不足及与驻外人员的矛盾还影响到海外游历使的续派和停派。总理衙门一度曾有续派海外游历使之议。但1887年派出的海外游历使尚未回国，驻俄公使洪钧已公开表示对游历经费占去出使经费份额的不满，上奏要求将游历所需经费单列，不要再与出使经费挂钩。总理衙门在议复时对以后是否续派海外游历也无信心，故表示待"现在游历人员期满后，再由臣衙门酌覆情形，奏明办理"①。1889年游历使回国后，曾有准备从海军衙门、神机营人员中选拔续派游历使之议，但后来又停止了续派。1892年12月4日，总理衙门大臣恭亲王奕訢等上奏中写道："臣衙门因派员出洋游历需费浩繁，议将出使东西洋各国大臣及西洋参赞领事翻译随员等俸薪酌减十成之二……现在游历各员暂停续派，出使经费尚可挹过。臣等公同商酌拟请将出使西洋各国大臣及参赞、领事、翻译、随员薪俸加复一成，武弁、供事、学生薪数本属无多，均加复二成，庶于体恤之中仍寓樽节之意。"② 由此可见，海外游历使的确停止续派了，驻外人员的薪俸也得到部分恢复。直到1895年甲午战争后兴起维新运动，又有人提出派遣海外游历使的新建议。1898年戊戌变法高潮之际，维新派极力主张派王公大臣出洋游历，礼部主事王照甚至上书建议请光绪皇帝亲自游历日本，还引发了一场守旧势力与维新势力的激烈斗争。20世纪初，经过了义和团运动、八国

---

① 中国第一历史档案馆编．光绪朝朱批奏折［M］．北京：中华书局，1996：112．
② 中国第一历史档案馆编．光绪朝朱批奏折［M］．北京：中华书局，1996：112．

联军战争，清政府内外交困、统治风雨飘摇，在各种压力之下被迫实行新政改革。其后出现了官员出洋游历考察的高潮。1905年甚至派亲贵王公载泽等五大臣出洋考察外国宪政，这段历史已有不少论著和研究成果了。

历史是一面镜子，回顾历史，可以温故知新，鉴往开来。晚清时代，清政府于1887年选拔派遣了12名海外游历使，分赴四大洲几十个国家游历考察，成为晚清中国人走向世界一时之盛举，呈现一度之辉煌。可是由于当时历史条件、政治制度、社会环境以及种种具体原因的制约，导致这次海外游历没有达到应有的效果，游历使的才能和著述也没有发挥应有的作用。而且这段历史却逐渐被淡化和埋没，甚至几乎被遗忘。今天重新发掘和探讨1887年海外游历使的历史，认真总结晚清中国人走向世界的经验教训，可能对于当代中国人走向世界和实现中华民族伟大复兴会有一定的借鉴和启示意义。

（原载于《清史论丛》2007年号）

第二节　傅云龙的拉丁美洲之行

文明因交流而多彩，文明因互鉴而丰富。本节重点讲述中国与拉丁美洲文化交流的先驱者、清朝海外游历使傅云龙的事迹。他在130年多前，奉光绪皇帝之命，赴日本与南北美洲游历考察。在游历了日本、美国、加拿大之后，又先后游历了拉丁美洲的古巴、巴拿马、秘鲁、智利、巴西等十多个国家，并撰写了有关拉美各国国情的调查报告、游记、诗文等二十多卷。傅云龙的拉美之行可以说是中拉文明在19世纪的一次历史性的相遇与互鉴，在中国与拉丁美洲交流史上具有开拓性意义。可惜他的事迹长期被遗忘和埋没，很少为人知晓。

一、傅云龙的生平与海外游历的机遇

傅云龙究竟是何许人？他为什么能在一百多年前就有机会环游南北美洲呢？这首先要回顾他的生平和清政府首次派遣海外游历使的经过。

傅云龙，字懋元，浙江省德清县人，生于鸦片战争爆发同年的 1840 年 5 月 5 日（清道光二十年四月初四）。其祖父是一位乡村医生，父亲做过云南省地方小官，为官清廉却受上司排挤，以至于愤而辞职，不久病故。此时傅云龙才 16 岁，因家庭经济困难，19 岁就去替官员当幕僚，28 岁才以监生资格捐了一个候补京官，抽签分到兵部，做了十几年小京官，任五品兵部候补郎中。

傅云龙自幼熟读经史，又爱好地理、军事与文物。在兵部任职的公务之余，仍好学不倦，勤奋著述，撰写了许多关于经学、史学、地理学、金石学方面的著作，还参与了《光绪顺天府志》的编纂。可是，如果没有那次考试，他恐怕始终不过是一个埋头钻研传统学问的普通士大夫而已。

这次考试就是 1887 年中国近代史上破天荒第一次选拔出国游历官员的考试。此事起源于 1884 年御史谢祖源给皇帝的一个奏折，建议从中央六部（礼、户、吏、刑、兵、工）中选拔科举出身的官员出洋游历，以培养国家的外交人才。光绪皇帝批示总理各国事务衙门（简称总理衙门，总管外交事务）议复，并命各部迅速保举属下官员。总理衙门制定了《出洋游历章程》14 条，规定了考试选拔方式和选派人数、经费、期限、待遇、报销等具体细则。于是，1887 年 6 月 12 至 13 日，在北京总理衙门里举行了一场选拔海外游历使的别开生面的考试。与以往科举考试不同，既不考四书五经，也不考八股诗文，而只作有关边防、史地、外交的论文。由总理衙门大臣曾纪泽等人出题与阅卷。两天内分别参加考试的共有六部保举的 54 名官员。笔试结果录取 28 人，傅云龙名列第一。上海《申报》特地在第一版刊登了他的试卷《记明代以来与西洋各国交涉大略》，报社加编者按语将该文"照登报首,愿与留心世事者共击节赏之"①。

笔试录取的 28 名六部官员,先由总理衙门大臣面试后,再向皇帝引见,最后由光绪皇帝亲自圈定兵部郎中傅云龙等 12 人为钦派海外游历使,派遣他们分成 6 个组,分别游历亚洲、欧洲与南北美洲几十个国家。其中傅云龙与刑部主事顾厚焜两人一组奉命游历日本、美国、加拿大、古巴、秘鲁、巴西等国,是其中路线最长、任务最重的一组。当时中国清政府虽然已经派遣公使常驻日本和欧美主要国家,但是一下子派遣那么多官员分赴亚洲、欧洲和南北美洲各国游历考察,这是中国有史以来第一次,他们游历的路程之远和所到国家之多,更是史无前例。

傅云龙本来就喜好史地又胸怀大志,这次能奉皇帝圣旨以钦派海外游历使身份赴外国考察,觉得正是观察世界施展抱负的好机会。因此,他不像一般游历官员那样把游历当作例行公事应付差事,仅仅走马看花、游山玩水,以记录一些异国风情为满足,而是把它作为深入调查研究,认真考察各国国情,以著书立言帮助国人认识世界借鉴外国的"千秋大业"。所以在这批游历使中,傅云龙表现最为勤奋,成果也最为卓著。仅他一个人在游历期间及回国后所写的游历各国的调查研究报告(他称之为《图经》)、游记(称之为《图经余纪》)以及纪游诗集等,总数共达 110 卷之多,其中有关拉丁美洲的也有 23 卷。傅云龙在出国前就做了充分准备,如在天津、上海考察一些洋务企业,收集各种资料,询问中外人士、聘雇翻译仆役等,甚至还制作了出国交往时使用的名片,名片很大,上面写的是"大清特派游历日本、美利加、秘鲁、巴西、古巴、英属地(加拿大)知府用加三品衔兵部郎中傅云龙拜"长长一行字。

二、傅云龙拉美之行的经历和见闻

傅云龙一行于 1887 年 11 月 12 日从上海出发,至 1889 年 10 月 21 日

---

① 《申报》,光绪十三年九月十二日.

回到上海,出国游历差不多近两年时间(同行的顾厚焜因病提前回国)。其游历路线为:先从中国上海乘船渡海到日本,然后从日本乘船横渡太平洋到北美洲的美国,再由美国到加拿大。返回美国后又乘船抵中美洲古巴,然后经加勒比海的海地、牙买加和中南美洲的哥伦比亚、巴拿马、厄瓜多尔到秘鲁。再绕道南美洲的智利、阿根廷、乌拉圭到巴西。然后经西印度群岛回美国,最后再经日本回到上海。全程约12万华里(6万公里),据其日记统计为120844华里(60422公里)。下面主要介绍傅云龙拉美之行的经历和见闻,以此可以看到当年中国与拉丁美洲文明如何相遇和相鉴。

(一)古巴游历

1888年12月4日,傅云龙一行从美国佛罗里达州出发,赴拉丁美洲游历。因火车误点,到坦帕码头,轮船即将启航,"急步而登",[①] 开船后遇到风浪,"身转如丸,汗不克止"。12月5日到达古巴首都哈瓦那,由中国驻美使馆随员李之骐接待过海关,住旅店。第二天先逛书店,买古巴图册,游览哈瓦那大花园。傅云龙还向中国领事馆人员、古巴官员和当地人士询问了解古巴的电线、邮政、火车、铁路、炮台、兵船等情况。12月21日,正值冬至日,应谭乾初总领事相邀到中国驻古巴领事馆行礼,因半夜无车只得与翻译卢阿昌步行前往。为了安全,领事馆请了一位古巴警察随行保护,那位古巴警察听说傅云龙是中国的官员,惊讶地对翻译说,这么早穿着官服在大街上走,傅先生真是第一人!他在古巴共逗留了17天,由于受到各种条件限制,实地考察的收获并不算太大,但也收集到不少资料、地图、统计表,为其撰写《游历古巴图经》积累了素材。

(二)巴拿马见闻

12月22日,傅云龙一行乘船离开古巴哈瓦那,绕过与海地岛之间的向风海峡,26日泊古巴山地亚低港(今圣地亚哥港),27日经加勒比海的

---

① 傅云龙. 游历古巴图经余纪 [M] //傅云龙. 傅云龙日记. 杭州:浙江古籍出版社,2005:170.

英属惹美加岛（今牙买加岛），29日经哥伦比亚（当时称新加拉那大国）的大其那（可能是今巴兰基利亚）。1888年12月31日泊中美洲巴拿马的果龙港（今科隆港）。这一天时逢阳历除夕，"夜半船钟竞鸣，有爆竹声，云来自华，有童叟欢呼声，街车达旦"。① 傅云龙远在拉丁美洲的巴拿马迎接1889年新年的到来，耳听到据说来自中国制造的鞭炮声，亦聊以自慰。在果龙登上火车，途中因发生事故停车，幸亏有当地华侨前来问候，称他为游历该地的第一位中国官员，并热情招待他吃饭喝茶。

1889年1月2日，傅云龙游历巴拿马城，描写其"居岩石颠，堂院插霄，卉木怒发"，"一街横贯半岛，舔海达海"，拉美名胜"罕有其匹"。② 他指出巴拿马之所以繁荣，是由于美国加利福尼亚和哥伦比亚发现金矿，而此地为人员往来的交通要津，而且当时正在开凿连通大西洋和太平洋的巴拿马运河。他还见到当地一位姓曾的华侨商人，自称参与过美国南北战争，现在无用武之地。傅云龙也为其叹惜。

1月3日，傅云龙一行乘船离开巴拿马，泊埃瓜度国（今厄瓜多尔）之博龙。他赞美当地风景奇花异草，别开生面。中午泊厄瓜多尔第一大港瓦基亚（今瓜亚基尔），此地地处赤道附近，为南美洲第一海湾，当地华侨热情导游。傅云龙十分关心拉美各国华侨状况，特地走访瓜亚基尔的华侨会馆惠庆公司，当地华侨听说中国官员到此，纷纷前来见面。其中有个华侨名叫徐四林，是浙江杭州人，自称当年在太平军攻陷杭州时出城，年仅12岁，后来流荡海外，从美国旧金山到此卖酒糊口。还有个华侨姓李，是江西人，从秘鲁贩米到此，据说获利不小，但征税太重。

（三）游历秘鲁

1889年1月8日，抵秘鲁境内，傅云龙所乘之船先泊秘鲁北部第一良

---

① 傅云龙. 游历古巴图经余纪[M]//傅云龙. 傅云龙日记. 杭州：浙江古籍出版社，2005：175.
② 傅云龙. 游历秘鲁图经余纪[M]//傅云龙. 傅云龙日记. 杭州：浙江古籍出版社，2005：177.

埠派塔。他上岸游览,见到市场里鸡蛋很便宜,一角钱可买50枚,当地水果也很丰富。10日泊八嘎羊押(今帕卡斯马约),华商梁文琪为他买到一个印第安人古陶器,称为"芝渣哈罗",即盛粥的瓶子。他很感兴趣,记载道"此四百年前物,今复出土,文纹外拙,形类葫芦,然上节环管曲通,即出粥处"①。12日抵秘鲁首都利马。

1月19日,傅云龙在中国驻秘鲁使馆林代办陪同下,拜访了秘鲁外交部长阿耳沙抹纳和总统尼古拉斯·彼罗拉。总统见面握手问好,并邀请他次日与各国使节一起乘坐世界上最高的高山铁道火车游览基格纳山。这次游览相当隆重,由秘鲁外长和各部部长陪同,宾主乘第一节车厢,另一节载乐队,"车停乐作,礼也。"该铁路长435华里(217.5公里),最高处达15658尺(5100多米),经过39个隧道,于1872年建成。高山上空气稀薄,呼吸困难,连"勇于游"的德国公使"亦觉不支",而傅云龙不仅能坚持下来,还能记下该铁路的路况和各种数据,并得出结论:修铁路不见得"必直必平也"。② 21日,他又参观了华侨会馆中华通惠总局,并为其题匾与写对联。22日,还应邀参观了天主教修道院及其附设女子学校。该修道院有修女70人,女学生240人。他指出女子学校并非学做修女,而是以修女为师也,学习家政、文学、绘画、音乐、针织等课目。23日,又考察了甘蔗园,听华工介绍甘蔗制糖的方法。他游兴甚浓,还借了一匹马骑上奔驰了20里地。

1月31日是阴历光绪十五年的春节,傅云龙是在秘鲁度过的。早上起来先到使馆拜万岁牌行臣子礼,回来后,中华通惠总局的董事带着华商数十人来访,来者都穿着中国服装,说中国话,十分亲切。他走在利马的唐人街上,看到许多中国店铺,几乎忘了这是在遥远的拉丁美洲。街上鞭炮

---

① 傅云龙.游历秘鲁图经余纪[M]//傅云龙.傅云龙日记.杭州:浙江古籍出版社,2005:183.
② 傅云龙.游历秘鲁图经余纪[M]//傅云龙.傅云龙日记.杭州:浙江古籍出版社,2005:188.

声响个不停，直到晚上点灯时，求他写春联的华商还络绎不绝。

(四) 考察智利，过麦哲伦海峡

2月1日，傅云龙离开利马，乘智利客轮抵智利阿列格（今阿里卡），华商见到中国官员都很兴奋，请其登岸吃饭。回船时智利省长还亲自到码头握手告别，9位华商则一直送他到船上。同船乘客中有一位美国驻玻利维亚公使，傅云龙乘机向他打听玻利维亚的国情。6日泊意基克（今伊基克），此地有世界著名的硝矿，当地居民4万多，有华人600多。华商谭芝龙等7人上船拜访，除一位福建人外都来自广东。傅云龙利用和他们一起吃饭喝酒的机会，了解当地华侨的情况。

智利当时虽然尚未与中国建交订约，也不在傅云龙指定游历6国任务之内，但他抓住路过的机会，仍对智利进行了认真考察和细致记录，并看望智利华侨。他还专门写了《智利国记》，指出"按五大洲舆图，无狭而长如智利者"[①]。他在给总理衙门的信中说：智利华人有一千几百人，"数十年生聚，几与土著等，而云龙等此来，观者如堵，则以向未见中华衣冠也"[②]。智利政府也很重视傅云龙的来访，虽是"无约之国"，仍给予隆重接待。2月13日，在首都圣地亚哥，智利总统何塞·曼努埃尔·巴尔马塞达亲自接见，握手问好。傅云龙说："遵朝谕游历，得见甚幸。"总统答道"远来得见，甚欢"，还指示各部门给予方便，只是行期太短，来不及"相助畅游耳"。总统的母亲和子女也围坐周围，有时还插话。总统临走还握手曰"阿利约"，即再会，第二天又派人送来自己签名的照片相赠，傅云龙也回赠了本人的照片。当天还有美国商人来访，请他在纪念册上题名并合影，又有智利日报记者采访和智利官员的访谈。以后，傅云龙还参观了智利军队、税关，又为华侨的中华会馆题匾并书对联："六万里日月所昭，

---

① 傅云龙. 智利国记 [M] //傅云龙. 傅云龙日记. 杭州：浙江古籍出版社，2005：199.

② 傅云龙致总理衙门信，手稿抄件。

149

会异地弟兄，同乡父老；三百年衣冠初睹，计游洲两美，历岁重周。"①

离开圣地亚哥乘英国轮船沿智利海岸南驶，经达果洼罗（今塔尔卡瓦诺）、洛达（今洛塔）等地，2月25日到达南美洲南端麦哲伦海峡入口。傅云龙在船上用铅笔写下了《游麦哲伦海峡记》，考证了麦哲伦海峡的地理位置、经纬度与历史沿革，并引用外人记载，"狂风迅烈，昏雾迷漫，涛袭猛恶，倍于大浪山。舟过，额手喜若更生。"② 船只安全过了麦哲伦海峡，全船的人都拍手庆贺，如同重获新生命一样。

（五）巴西游历

傅云龙一行经过南美洲南端的麦哲伦海峡后，沿阿根廷（当时称拉巴拉他国）海岸向北航行，3月2日至乌拉圭首都蒙得维的亚。3月7日到巴西国都里约热内卢海湾。当时巴西正值黄疫（黄热病）流行，船上的各国旅客都不敢下船登岸，只有中国游历使傅云龙一行，为完成皇帝交给的巴西游历使命而毅然上岸。同船的外国乘客十分钦佩其勇气，脱帽摇巾以送。

因当时中国在巴西尚未设立使馆，华侨也较少，因此傅云龙一行上岸时无人来接，只好自找旅舍，而且巴西讲葡萄牙语，他的英语翻译只能"兼习与转通而已"。傅云龙只得自己致信巴西外交部，"述游历大旨，相约见期"③。次日，他上街买了一本巴西地图，中午乘马车拜访巴西外交部长，约定明日见国王。3月9日，傅云龙赴王宫，见巴西国王伯德禄第二（佩德罗二世）。进入宫殿后，国王起立迎接，"立谈大旨，以远来得见为愿"。国王还能说英语，"问来去路，并及矿工"。临别国王握手言再见，曰"古拜"。他描写巴西国王佩德罗二世"鹤发童颜，佩宝星，年六十有

---

① 傅云龙. 游历秘鲁图经余纪 [M] //傅云龙. 傅云龙日记. 杭州：浙江古籍出版社，2005：198，204.
② 傅云龙. 游麦哲伦海峡记 [M] //傅云龙. 傅云龙日记. 杭州：浙江古籍出版社，2005：206.
③ 傅云龙. 游历巴西图经余纪 [M] //傅云龙. 傅云龙日记. 杭州：浙江古籍出版社，2005：210.

四,在位五十载,与民主异"。① 当时巴西尚是君主制,不过就在这一年内,巴西也取消君主制,改为共和制了。

从王宫回旅店,店主导游大花园,当时天色已晚,"本禁夜游",但门卫一听说是来自中国的官员,破例点灯导游。次日还到街上古玩商店观赏所谓中国瓷器古玩,但经文物专家傅云龙的鉴别,原来都是些日本货。另外,还路过当地图书馆和皇家医院,当时里约热内卢流行时疫,每天病死者二百多人,他估计是霍乱病,并认为治疗不善,医未得法。

3月12日午后,有四位巴西人士来访,一位名爱度摆度喀各,曾到中国立约通商,在北京住过两年。一位叫彭德思,当过驻上海副领事,1887年回国。还有一位是巴西富商,经营公司,并邀请傅云龙游览他开的动物园。傅云龙对一些从未见过的新奇飞禽走兽很感兴趣,如对食蚁兽等一一详细记载。14日他又游览了植物园,初次见到了热带树木瓜果,如面包树等多种植物。17日还参观了博物院,看到了陨石和土著人的图腾柱等,感到大开眼界。

傅云龙很关心巴西华侨状况,并注意考察巴西华工的工作和生活。他了解到巴西华侨的中华会馆共有三家,即广府公司、海南公司与客家公司。听说巴西华侨原来有一千多名,现在只剩二百名。他见到一位华侨李浞棠,是江苏人,其祖父和父亲曾在贵州做过官,哥哥仍在广东,而他自幼出洋至美国旧金山,后又赴古巴、巴西,今为当地厨师。傅云龙劝他回国,他只是"漫应而去"。另一位华侨叫郑东秀,曾在前中国驻美公使陈兰彬的公使馆工作过,现在巴西开饭馆。他考察了巴西华工状况,了解到最初巴西种茶由20多个华工管理,现无华工,茶园遂荒。当时巴西的园林、农田、矿山都迫切需要劳动力,并认为华工"价廉可用"。因此,傅云龙在致总理衙门的信中报告"巴西矿与土多未开辟,是以招工意切。据

---

① 傅云龙.游历巴西图经余纪[M]//傅云龙.傅云龙日记.杭州:浙江古籍出版社,2005:211.

151

华人言,其待华工尚宽,非古巴秘鲁比,其茶种与制皆籍华人为居多"①。

傅云龙冒着巴西流行瘟疫之危险,登岸作十余天实地考察调查,认为"非此无以得其要领"。但是由于"炎疫逼人",国都日毙二三百人,而且赴美国船期仅一月一次,旅费也快用完,"不能不速游速回"。终于在3月18日登上美国轮船返美。路上又经过巴西沿海城市巴希亚(今巴伊亚州首府萨尔瓦多)、伯能不谷(今伯南布哥州首府累西腓)、亚马逊(今马拉尼昂州首府圣路易斯)等地。4月2日,亚马逊州长与海关长还特地到船上问候,热情邀请他登岸参观当地工厂,但因船将开动而罢。傅云龙颇受感动,赠送以酒,并与他们"握手交臂而别"。4月4日,乌拉圭驻巴西的一位领事上船,见傅云龙正在用毛笔写字笺,便向他讨字,并说要藏入本国博物馆。路途中还有乘客因瘟疫病死,风浪又大,但傅云龙仍在这样艰苦又危险的环境下,抓紧时间奋力写作调查报告,甚至"稿不脱不寝也"②。

4月5日,傅云龙所乘美国轮船驶出巴西亚马孙河口,在大西洋中朝西北前进。4月9日泊西印度群岛的巴别突司岛(今巴巴多斯),当时为英国属地。11日泊先塔卢斯(可能是今维尔京群岛中的圣克鲁斯岛),当时是丹麦属地。这些地方可能在他之前很少有中国人到过。傅云龙在日记中关于当地地形、土产等的记载,也可能是中国人第一次对这些加勒比海上拉美岛屿亲历描述的文字。傅云龙经历大风大浪,在拉丁美洲进行了长达三个半月的艰险旅行,终于又回到美国纽约港。回到寓所,认识他的人都说他更瘦了。然后傅云龙又在美国作第三度考察,再横渡太平洋对日本做第二度考察,最后于1889年10月21日回到中国上海。

三、傅云龙拉美之行的著述和诗文

傅云龙在拉美之行期间与之后,还写了大量关于拉美的调查研究报

---

① 傅云龙致总理衙门信,手稿抄件。
② 傅云龙. 游历巴西图经余纪 [M] //傅云龙. 傅云龙日记. 杭州:浙江古籍出版社,2005:218.

告、游记和诗文，总计有 23 卷。他每到一个游历国，即进行实地考察，深入调研，收集各种资料、地图、统计表、询问有关人员，并在此基础上撰写调查研究报告。他称之为游历某国图经，即采用中国传统史地书籍图经的体裁，力图以精确清晰的地图和具体翔实的统计表及简明扼要的文字叙述，向清政府和中国人提供该国的真实国情资料。傅云龙拉美之行写的图经主要是奉旨重点游历考察的三个国家，即《游历古巴图经》2 卷、《游历秘鲁图经》4 卷、《游历巴西图经》10 卷。另有海外游历日记，他称为图经余纪，有《游历古巴图经余纪》1 卷、《游历秘鲁图经余纪》2 卷、《游历巴西图经余纪》1 卷。这些日记具体记录了他的拉美之行的旅程、行踪、活动、交往和见闻、议论。实际上"图经"为记事体，"以地为主"，而"余纪"是编年体，"以日为主"，可以互相补充。还有第三类是纪游诗。傅云龙每到一游历国，常常有感而发，即兴写了不少诗篇，回国后加以整理修改，编为《不易介集诗稿》，其中关于拉丁美洲的有《游古巴诗董》1 卷、《游秘鲁诗鉴》1 卷和《游巴西诗志》1 卷。这些诗篇有叙事，也有咏史、抒情，可与图经、余纪对照来读，相映成趣。以上傅云龙拉美之行写的著述、诗文加起来就有 23 卷之多，下面分别对三部图经和部分诗歌作简要介绍。

（一）《游历古巴图经》

傅云龙的《游历古巴图经》共 2 卷，有光绪十五年（1889 年）的刊本。这是他游历古巴 17 天的调研成果。全书分为 2 卷 9 类 37 目，首先指明古巴的地理位置，然后作中国古巴时差表，并简述古巴的历史沿革。该书分门别类介绍了古巴的各方面国情，如地理形势、城市、岛屿、河流、疆域、风俗、人口等。他在 1888 年调查统计时古巴人口已达 1598980 人。并指出近 42 年，华工来古巴不下 12 万，还有 17000 人未能登岸，丧生途中。书中还介绍了古巴的物产、钱币、税收、贸易、银行、矿业、工业、铁道，以及军事、陆军、海军、炮船、炮台、官制、法律、艺文和金石（文物），等等。他还写了 32 首古巴纪游诗，其中最引人注目的是记述华工悲惨命运的诗篇，如《招工船》《田寮工》等，还有一些描写古巴民俗风情，如关于斗牛、斗鸡的诗。

（二）《游历秘鲁图经》

傅云龙的《游历秘鲁图经》共4卷，刊行较晚，约在光绪二十七年（1901年）。该书介绍了秘鲁的历史、地理、自然、政治、经济、风俗等方面国情，如秘鲁的沿革、部落名称、人口、物产、货币、国债、国计、商务、铁道、外交、法律、邮政，等等。书中着重叙述了华工在秘鲁的境况。他统计当时秘鲁人口总数为2621924人，其中华侨有59000人。他指出华工以糖厂工人为主，生活境况悲惨，直到中国在秘鲁设领事馆后，处境才有所改善。他还记载了秘鲁华侨会馆的情况，认为保护华工，"责在领事"，而"相助相扶则在会馆"。在《游历秘鲁图经余纪》中，他还附有顺路考察智利后写的《智利国记》。

傅云龙在秘鲁游历时还写了纪游诗40首，其中一首名为《不饮》，描写了自己辛勤写作时的情景和心态，"图经余纪纪游诗，不墨不丹笔一枝。酒责独无诗责有，已非心醉六经时"[①]。表示他的兴趣和用心，已从儒家经典转移到海外调查研究。

（三）《游历巴西图经》

傅云龙的《游历巴西图经》共10卷，也是光绪二十七年（1901年）的刊本。笔者在北京大学图书馆见到的是当年京师大学堂藏书楼的藏书。有意思的是卷首还刻印了一篇当时上海地方官苏松太道保护该书版权不准翻印的告示——"书贾人等一体遵照，毋得翻印渔利，倘敢故犯，定行查抄究罚不贷。"可见，当时这类书已有盗版私自翻印的现象和保护知识产权的萌芽意识。

《游历巴西图经》对巴西的国情进行了全面详细的介绍论述，堪称中国人对巴西进行调查研究的开山之作。全书共10卷，卷一天文，包括经纬

[①] 傅云龙. 游秘鲁诗鉴[M]//傅云龙. 傅云龙集：第七册. 杭州：浙江古籍出版社，2018：2154.

表、中国巴西较时里差表和气候表。卷二地理，包括巴西的地理总图及巴西沿革、形势表、部落表、邑表、山表、岛表、水表、通舟河道表等。卷三国系，追溯巴西历史，1822年之前是葡萄牙国属地，后独立为君主之国，称巴西帝国。而当时"易君主为民主之议起"，傅云龙认为无论巴西最终成为君主国还是民主国，仍"不独为南阿美利加洲第一大国，且为五大洲大国之一也"。① 实际上，巴西恰好在他去游历的当年即1889年取消了君主制，改为共和制，改名巴西合众国。他见过的国王伯德禄一世也去国不返了。

卷四讲巴西风俗，傅云龙批评了过去一些中外史书上对巴西民俗的不实记载，如妇女生子即起而由其夫坐月子、喜啖人肉等，指出耳听为虚，眼见为实。卷五食货。他记载当时巴西人口已达1323万人，其中华人侨居巴西首都者约有五百。傅云龙描述巴西有许多特产，"瑰奇之宝，羽毛之美，草才之蕃，论者谓五大洲之冠"。他认为巴西自然条件很好，"其地腴宜农，其矿厚宜工"，可惜钻研技术的人不多。书中还详细介绍了巴西的各种农作物、动植物与矿产品、工业品，以及交通、银行、进出口贸易、海关关税、国债等，并指出巴西"地广人稀"，因此移民政策较宽松。卷六考工。他认为巴西政府对工业"既重视之，复宽待之"，并总结其劝工之法有五条经验，即优以利权，或免当兵，出口免税，购买外国机器免税，独出心裁发明给以专利。看来傅云龙认为巴西政府鼓励和促进工商业发展的这些政策措施是值得中国借鉴的。

卷七兵、卷八政事，叙述了巴西的军事、政治、外交制度。如陆军有"额兵募兵之分，额兵之责在战，募兵之责在守"。他介绍巴西"国权分四：曰律政、监督、行政、按察"。当时巴西实行君主立宪制度，"律政（立法）之权操自国会，分立上下议院"，行政分七部。法律保护国民权益，"凡百工行商坐贾，非于国民有碍之事，不得禁之。""其国赏功罚罪，

---

① 傅云龙. 游历巴西图经 [M]. 北京大学图书馆藏书.

官民一体，无异视也。选拔官吏只论人才贤能，不拘出身之贵贱。国用按民产之丰落，定赋税之多寡，无免征亦无苛敛。"① 可见，傅云龙对巴西政府的许多制度和政策是相当肯定和赞赏的。他还叙述了巴西的外交，尤其是与中国建交立约与招募华工等问题。

卷九文学，叙述巴西的文化教育。他介绍了巴西各类学校与图书馆、博物馆、天文台等情况，统计1889年巴西学校总数为5890所，学生211342人。卷十自序，追述了他游历巴西的经过和写作巴西图经的宗旨。他认为自己是中国第一个奉旨游历巴西的官员，决不能人云亦云，应付差事，也不能只记琐屑而略要领，惧怕危险而忘利弊损益，而应该"以目证耳，以今较皆"，对巴西进行深入的调查研究，并与中国文明互学互鉴。他指出巴西宜农为五大洲之冠，但耕作技术不如中国，因此回国后曾一再向清政府提出有关华工赴巴西等南美国家问题的建议。

傅云龙在巴西游历期间写了85首纪游诗。其中有一首题为《宝山空回非空回》的诗很有意思。诗中写道："有客问我来巴西，身入宝山应目迷。倪得奇珍见未见，不然石饱金刚携。应曰否否空疑猜，所宝非宝心为裁。从吾所好学不厌，宝山空回非空回。"② 其大意是说有人问我去了巴西国，身入宝山一定眼花缭乱，有没有看到奇珍异宝，或者带回金刚钻石。我回答说不对不对，你们不要瞎猜，究竟什么是宝贝要用心来裁定。我所追求的是学而不厌的知识，从宝山空回并非毫无收获。他到巴西游历虽然没有得到什么值钱的珍宝，却获得对巴西实地考察的第一手资料和感性认识。他所撰写的《游历巴西图经》及游记与纪游诗，为中国人提供了了解和认识巴西这个遥远的拉丁美洲国家的有历史价值和借鉴意义的宝贵资料，也是中拉文明相遇相鉴的生动写照。

---

① 傅云龙.游历巴西图经［M］.北京大学图书馆藏书.
② 傅云龙.游巴西诗志［M］//傅云龙.傅云龙集：第七册.杭州：浙江古籍出版社，2018：2179.

<<< 第四章　傅云龙研究：走向世界的海外游历使

结语

　　傅云龙是中国与拉丁美洲文化交流的先驱者，也可能是中国历史上第一位环游北美洲和中南美洲的中国官员。他的拉美之行，游历和途经拉丁美洲的国家之多、路线之长，也是史无前例的。其中有一些拉美国家和地区，恐怕是中国官员的首次到访，因此在中国与拉丁美洲交流史上具有开拓性意义，也是19世纪中国文明与拉丁美洲文明的一次历史性的相遇与相鉴。

　　傅云龙在拉美之行中，对游历国家和途经地区进行了认真的实地考察和调查研究，写下了23卷调研报告（《游历图经》）、游记（《游历图经余纪》）和纪游诗，这是近代中国人对拉丁美洲国家的地理、历史、社会、文化较早较详细的真实记载和具体介绍，对中国人了解和认识拉丁美洲和中拉文化交流有着重要意义。

　　可惜由于当时清政府的保守腐败和缺乏世界眼光与人才意识，傅云龙游历回国后，清政府并没有利用其海外阅历和国际交往经验任命他担任外交官职务发挥其作用，而只是被分派到北洋大臣李鸿章手下当差，先是任天津机器局会办（副厂长），甲午战争后升任总办（厂长），却又遭人陷害而被撤职，于1901年5月病逝，终年62岁。他写的包括拉丁美洲多国图经在内的外国调查研究报告，送交总理衙门后，也未得到重视，而被束之高阁。以致傅云龙海外游历包括拉美之行的事迹和成果逐渐被遗忘和埋没，长期以来各种历史著作和教科书上几乎都没有记载。笔者曾花了20多年时间，努力收集、发掘史料，进行梳理、考证和研究，撰写了有关论文和专著，力图重现这一段不该被遗忘的历史，弘扬傅云龙等海外游历使的历史功绩和调研成果，促进中国与拉丁美洲及世界各国的友好关系与文化交流。

（初稿原载《拉丁美洲研究》2018年第1期）

第五章

汪荣宝研究：清末钦定宪法的起草者

第一节 《汪荣宝日记》与清末制宪

北京大学图书馆珍藏汪荣宝亲笔手书的宣统年间日记稿本（从宣统元年至宣统三年，即1909年年初至1912年年初），共三册一千多页，是中国近代史和近代法制史的重要史料。尤其为研究清末政局的变化以及当时政坛上各种人物台前幕后的具体活动、相互关系及其思想心态的变化，提供了相当翔实的第一手资料，具有很高史料价值。这部日记，不仅披露了中国第一部官方宪法草案——清末《钦定宪法》草案的起草经过，而且生动地记载了汪荣宝等清末政坛活跃人物在这个大变动年代的种种表现和心态变化，使读者能感受到辛亥革命前后中国历史发展的潮流和社会变动的脉搏。

《汪荣宝日记》在1987年10月曾作为《北京大学图书馆馆藏稿本丛书》的第一种，由天津古籍出版社影印刊行。当时仅印刷了100册，后来1991年6月第二次印刷又添印了100册，都很快售完，不少中外学者因未能购到该书深感遗憾。1991年，台湾文海出版社曾据此丛书影印本翻印，收入《近代中国史料丛刊》第三辑，但不够清晰。本人作为北京大学历史学系教授，在《汪荣宝日记》正式影印出版前就曾认真研读过稿本，并在

<<< 第五章 汪荣宝研究：清末钦定宪法的起草者

1989年第一期《历史研究》上著文《清末政坛变化的写照》加以介绍和剖析。

一、汪荣宝生平及其宣统年间的日记

汪荣宝是一个在清末民初历史上颇有影响却又鲜见论述的人物。他作为清末钦定宪法的起草者、京城立宪派的核心骨干以及袁世凯智囊团的要员，曾活跃于辛亥革命前后的中国政治舞台上。然而，在以往清末民初历史论著中却甚少提及，更缺乏专门研究。汪荣宝，字衮甫，号太玄，江苏吴县（今已撤销）人，生于1878年。据其墓志铭、日记及其他资料记述，其父汪凤瀛，曾任长沙府知府。汪荣宝自幼熟读经史，以拔贡生参加朝考，任兵部七品小京官。1900年入南洋公学为师范生。1901年赴日留学，曾在东京早稻田大学和庆应义塾学习史学及政治、法律。归国后任京师译学馆教员。1908年任民政部右参议，后升迁左参议、左丞，并兼职于修订法律馆与宪政编查馆。1910年任资政院敕选议员，1911年任协纂宪法大臣，还被指派为《法令全书》总纂。他在辛亥革命前后北京的政治舞台上十分活跃，交接各方人士，积极鼓吹君主立宪，并且是清政府钦定宪法草案和一系列法律法令的主要起草者，可以算得上是京城立宪派的核心人物之一。武昌起义之后，他投靠袁世凯，曾为其起草南北交涉电稿与优待清室条件奏稿等重要文件。民国初年，充任临时参议院议员与国会众议员。1915年为中华民国宪法的起草委员，后出任中国驻瑞士公使，1922年至1931年长期担任中国驻日本公使。1931年辞职后居住北京著书立说。1933年去世。著作有《清史讲义》《法言疏证》《法言义疏》等。

北京大学图书馆收藏的汪荣宝亲笔手书日记稿本共有三册，分别为宣统元年（己酉1909—1910年年初），宣统二年（庚戌，1910—1911年年初），宣统三年（辛亥，1911年—1912年年初）的日记，共一千多页。用的是上海商务印书馆印制的"学堂日记"和"官商通用日记"，这是一种在当时很时髦的三十二开精装日记本。除每页标有阴阳历月、日、星期外，还附有课程、名言、交际、通信等栏目。

汪荣宝写日记相当认真，字迹工整，少有涂改。有时当天来不及记，日后立即补上，并注明补写某日日记。他每天的活动、交往、随感以至所写的诗词及起草的奏稿、电稿、信函之大意，尽记于其中。这些日记既是汪荣宝言行的可靠记录，又是其思想情感的真实流露。

在这三册《汪荣宝日记》（以下简称《日记》）中，记载最多的内容是关于清末预备立宪活动，包括汪荣宝参与起草宪法和各种法律的过程，以及宪政编查馆、法律修订馆和资政院的情况。日记对辛亥前后北京政坛上发生的许多重大事件记述颇详。如轰动一时的汪精卫炸摄政王案，汪荣宝作为民政部官员参与审理，记录不少内幕。至于武昌起义，各省独立，袁世凯出山、宣统逊位、南北和谈以及汪荣宝等京城立宪派的应变活动和心态，在他辛亥年的日记中均有反映。日记所载汪荣宝经常交往的人物里，有不少是朝廷权贵、社会名流、立宪派要员与袁世凯亲信，如肃亲王善耆、贝勒载涛、贝子溥伦、李家驹、章宗祥、曹汝霖、陆宗舆、杨度、徐世昌、梁士诒等人。在他们之间的密谈中常常涉及种种政坛秘闻与内幕。连汪荣宝自己也认为他的日记"可作清季稗史观也"（1912年2月11日《日记》，本文以下引文，凡未注明出处者，均引自《汪荣宝日记》）。因此，《汪荣宝日记》不仅对于研究汪荣宝其人，而且对于研究清末民初历史，都是具有很高史料价值的资料。

二、清末钦定宪法草案的起草过程

清末立宪派竭力鼓吹和争取的两大目标是制定宪法和召开国会，汪荣宝在这两方面都扮演了重要的角色。在以往的中国近代史、法制史以至宪法史著作中，在谈到清末制宪问题时，一般只提到清政府于1908年9月颁布的《钦定宪法大纲》和1911年11月公布的《宪法重大信条十九条》。可是，前者只是清政府拟定宪法条文的一些原则，而后者则是清廷为应付兵谏而匆忙抛出的若干宪法要点。在清末清政府究竟有没有进行宪法全文的起草工作？其主要执笔人是谁？草宪过程到底怎样？这些问题都可以从汪荣宝的日记中找到答案。其实，在宣统年间，可称为中国第一部官方宪法草案的《钦定宪法》的条文已经全部起草完毕，只是来不及最后钦定与颁布，清王朝就覆灭了。而这部宪法的主要执笔者之一就是汪荣宝。

清政府为了抵制革命和拉拢立宪派，于1906年9月1日颁发上谕，宣布"预备仿行宪政"。可是预备无期，这道上谕不过是一张空头支票而已。1907年，设立宪政编查馆，才开始"调查各国宪法，编制宪法草案"。1908年8月27日，颁布了由宪政编查馆与资政院拟订的《宪法大纲》共二十三条，分两大部分，正文是君上大权十四条，规定皇帝万世一系，神圣不可侵犯，"有统治国家之大权，凡立法、行政、司法，皆归总揽"。它基本上抄自日本帝国宪法，却删去了日本宪法中限制天皇权力的条款。关于臣民权利义务仅为附录，且只有空泛的九条，还强调皇帝有权"得以诏令限制臣民之自由"①。慈禧太后夸奖它"条理详密，权限分明，兼采列邦之良规，无违中国之礼教。要不外乎前次迭降明谕，大权统于朝廷，庶政公诸舆论之宗旨"。而且下令以后正式编纂宪法全文"即以此作为准则，所有权限悉应固守，勿得稍有侵越"②。在与《宪法大纲》同时公布的预备立宪《逐年筹备事宜清单》上，规定宪法9年以后才能正式钦定公布，因此宪法全文的起草工作也一再拖延。直到1910年11月5日，清廷在立宪派的强烈要求下，才不得不颁布上谕，任命皇族亲贵、贝勒衔贝子、资政院总裁溥伦与贝子衔镇国公、度支部尚书载泽两人为纂拟宪法大臣，命其"悉心讨论，详慎拟议，随时逐条呈候钦定"③。1911年3月20日，又命度支部侍郎陈邦瑞、学部侍郎李家驹与民政部左参议汪荣宝三人为协同

---

① 故宫博物院明清档案部. 清末筹备立宪档案史料：上册 [M]. 北京：中华书局，1979：56-59.
② 故宫博物院明清档案部. 清末筹备立宪档案史料：上册 [M]. 北京：中华书局，1979：67.
③ 故宫博物院明清档案部. 清末筹备立宪档案史料：上册 [M]. 北京：中华书局，1979：79.

纂拟宪法大臣。汪荣宝在得知任命以后，感到这是一个十分艰巨的任务，连忙向自己的顶头上司、民政部尚书肃亲王善耆请教。善耆叮嘱他"草宪谨慎秘密"①。汪心领神会，特地在日记中记上，并在"谨慎秘密"四个字旁加了圈。1911年7月3日，溥伦、载泽、陈邦瑞、李家驹、汪荣宝五人开始在武英殿西庑焕章殿办公，处理纂拟宪法事务。

宪法草稿的实际执笔者是汪荣宝与李家驹两人。李家驹，字柳溪，《日记》中有时称其为"柳公"，汉军正黄旗人。1906年任京师大学堂监督，学部右丞。1907年任出使日本大臣，次年改派考察日本宪政。1909年为内阁学士、学部侍郎。1911年除了兼任协同纂拟宪法大臣外，还一度担任资政院的副总裁和总裁。从《日记》上看，他们两人关系密切，曾数次结伴登山，在山上僻静处秘密进行宪法的起草工作。

1911年7月6日，汪荣宝与李家驹一同前往京郊十三陵，8日开始草拟宪法。他们首先"商榷纂拟义例"，并起草了"凡例六条"。接着又拟定宪法的章目，共分十章："（一）皇帝；（二）摄政；（三）领土；（四）臣民；（五）帝国议会；（六）政府；（七）法院；（八）法律；（九）会计；（十）附则。"可以看出，这个体系基本上是仿照日本帝国宪法，只不过当时清政府存在着摄政王执政的特殊情况，故又专门加上"摄政"一章。然后，他们就开始起草各章具体条文。在十三陵，他们面对明陵史迹，吟诗抒怀，"但使君臣同一体，更无来者吊兴亡。"幻想君主立宪政体能挽救清王朝的衰亡。

回到北京以后，他们于7月13日向溥伦、载泽汇报。李家驹报告纂拟凡例与章目，汪荣宝"陈说大意"。溥伦、载泽"均以为然，拟即呈递监国（摄政王），恭候训示"。此后，汪荣宝便潜心起草宪法各章条文及报告。每拟一部分便请诸大臣议论修改，然后进呈摄政王载沣审批。

到9月初，已起草到宪法第六章。9月12日，汪荣宝又与李家驹同赴

---

① 汪荣宝. 汪荣宝日记［M］. 影印本. 天津：天津古籍出版社，1987. 以下日记引文均见该书，不再一一加注。

<<< 第五章 汪荣宝研究：清末钦定宪法的起草者

山东泰山，继续拟订宪法条文。据《日记》所载，9月15日，他们"将第三章（领土）修正，又草第八章（法律）成"。看来进展不慢。9月20日，汪荣宝已把最后一章（附则）修正，并与李家驹"商榷全稿"，"全部凡八十六条，一百十六项"。至此，终于把这部可称为中国历史上第一部由官方制定的宪法草案起草出来了。他们踌躇满志，在泰山作诗唱和："大地风云今变幻，中原文物几凋零。此行不为林泉癖，磐石基安待勒铭。"

清末钦定宪法的两位主要执笔者汪荣宝与李家驹，一个曾留学日本，专攻政治法律；一个曾出使东瀛，奉命考察宪政，他们主张效法日本式的二元制君主立宪制度，而不是英国式的虚君制君主立宪制度，因此，决定采用天皇享有大权的日本帝国宪法作为起草大清帝国宪法的蓝本，并以日本法律专家的著作和学说作为主要依据。早在1910年6月，汪荣宝在为肃亲王草拟的《敬陈管见折》中，就向摄政王叙述了日本制定宪法的过程，并特别强调日本天皇的决断和伊藤博文的解释。他还多次与友人讨论"日本变法与中国变法历史之异同"，"日本预备立宪时代与现在中国情形之异同"。在起草过程中，他们也曾参照对比各国宪法，但最终往往还是采择日本宪法。如去十三陵草拟第一章第八条皇帝的命令权时，汪荣宝起初"拟采普鲁士等国宪法主义，不取独立命令，而略采俄罗斯宪法之意，加入委任命令一层"。但是，经过与李家驹反复讨论，最后还是决定"采日本宪法主义，而条件加严"。在起草宪法第四章时，李家驹因汪荣宝没有采入日本宪法第四条而"颇有疑义"。汪即解释准备采取伊藤博文诸人的学说而加入第一章作为第二十条。"柳公大以为然，因酌拟条文彼此商定而罢。"从《日记》中还可以看到汪荣宝常常查阅日本法律学家的各种论著，并吸收为所拟宪法条文。诸如"阅副岛氏宪法论关于条约与立法关系，颇与余意见相合，即采其意，拟成条文"。可是，也有尽管翻遍群书也难以下笔的时候，如"以宪法十六条二项颇多挂漏，思加修正。遍检清水、织田、美浓部，上杉诸氏著书阅之，酌拟条文，终苦不当"。有时甚至特地向日本法律专家请教，也仍然不能解决，如9月8日访日本法学家冈田朝太郎，"质以关于司法权解释之异同，亦颇不了了"。因此，他常常为推敲宪法条文及词句而煞费苦心。8月29日《日记》记载："连日钻研宪法，方寸萦回，跬步不忘，梦寐皆是。"

汪荣宝等拟订的宪法草案分批进呈摄政王审查，虽常被删改，然而，"大抵以日本宪法为依据，不致有所出入也"。可见，他们起草的这部采用日本模式的宪法，虽然与清王朝最高统治者的意愿还不完全吻合，但基本上可以为他们所接受。然而，汪荣宝自己也怀疑这样"依样画葫芦"，是否就能挽救清王朝的"颓运"。他在1911年8月31日的《日记》中写道："以他人行之数十年而犹未惬意者，我乃方思学步。即一一摹拟惟肖，已不免为学人所嗤。况复袭其皮毛而遗其精意，期已挽回颓运，岂可得哉？掩卷深思，百忧交集！"历史的发展正如汪荣宝所忧虑的，清政府的预备立宪，无论是下令仿效日本，改革官制，起草宪法，或是开谘议局，设资政院，都不能阻挡革命风暴的到来和清王朝覆灭的命运。汪荣宝等人好不容易把钦定宪法草案全文起草出来，还来不及全部送摄政王审阅，10月10日便爆发了武昌起义。10月12日，他们还在忙着准备再进呈一批条文，由溥伦亲自填写正文，汪荣宝与李家驹装订圈点。10月30日上谕仍著溥伦等"迅速将宪法条文拟齐，交资政院详慎审议，候朕钦定颁布"①。然而，11月2日驻守直隶滦州的新军统领张绍曾便发动"兵谏"，提出"政纲十二条"，要求立即召开国会，并由国会仿照"英国之君主宪章"制定宪法，否则就要进兵北京。摄政王慌忙表示接受其要求，并命令资政院立即拟定君主立宪的重要信条。资政院当天就匆匆制定和通过了作为宪法要点的《宪法重大信条十九条》。它虽然在一定程度上限制了皇帝的权力，扩大了国会的权力，并规定宪法由资政院起草议决，国会修正，皇帝颁布，"皇帝之权以宪法所规定者为限"，但是仍然强调"大清帝国皇统万世

---

① 故宫博物院明清档案部. 清末筹备立宪档案史料：上册 [M]. 北京：中华书局，1979：97.

不易"，"皇帝神圣不可侵犯"，① 而对人民的民主权利却只字未提。汪荣宝等起草的大清帝国钦定宪法因此而未能正式出笼。尽管如此，它毕竟是中国近代历史上第一部由官方制定的宪法草案，因而也是清末民初历史上特别是宪法史上一个值得重视的问题。

三、资政院内外的风波

清政府为搪塞舆论与拉拢立宪派，在被迫宣布筹备立宪以后，于1907年9月12日颁布谕旨："立宪政体取决公论，上下议院实为行政之本。中国上下议院一时未能成立，亟宜设资政院以立议院基础。"② 这个所谓作为中国议会之基础的资政院，实际上只不过是个咨询性质的机关，并没有资产阶级议会所具有的职权。然而，它毕竟是清朝末年把资产阶级代议制政治制度移植到中国的最初尝试，也是当时立宪派在京城活动和发表政见的主要舞台。资政院内的风波反映了当时政坛的动向。汪荣宝曾经参与起草修订资政院院章和开院的筹备工作，以后又担任钦选议员和许多议案奏章的执笔者，是资政院的骨干人物之一。他与资政院历任总裁溥伦、李家驹等人关系密切，参与过不少幕后活动。因此，在他的日记中有许多关于资政院活动的具体史料。

汪荣宝曾在宪政编查馆与章宗祥、曹汝霖等人修订资政院院章。在1910年7月21日资政院的筹备会上，汪荣宝向议员演说"日本第一期帝国议会历史"；8月9日的筹备会上，他又演讲了"日本第二期议会历史"。他希望资政院能以日本帝国议会为榜样，真正成为中国议会的基础。

根据资政院院章的规定，资政院的议员定额200人，其中一半是钦选议员，包括王公贵族48人，各部院衙门官吏32人，社会名流即所谓"硕学通儒"与"纳税多额者"各10人。汪荣宝就是从部院官员中钦定的议

---

① 故宫博物院明清档案部. 清末筹备立宪档案史料：上册 [M]. 北京：中华书局，1979：102-103.
② 清末筹备立宪档案史料：下册 [M]. 北京：中华书局，1979：606.

员。另一半是由各省谘议局议员中互选后经该省督抚审定的所谓"民选议员"。其中大多为立宪派人士。议员中曾到外国留学的有28人,绝大部分为留日学生。

1910年10月3日起,资政院正式举行第一期年会。在这届会议的各种议案中,讨论最热烈、最能反映当时政局和立宪派心态的,莫过于速开国会一案。这在汪荣宝的日记和北京大学图书馆收藏的《资政院会议速记录》中有十分生动具体的记载。

清政府在1908年8月曾宣布以9年为期公布宪法与召集国会。立宪派认为9年太长,纷纷上书请愿要求提前召开国会。各省谘议局及海外华侨等甚至派代表进京向资政院呈送速开国会的说帖。1910年10月22日,在资政院全体会议上,罗杰等立宪派议员提出速开国会的动议,获一致通过。在《资政院会议速记录》中记载:当议长宣布"赞成请开国会者起立"时,"全体议员应声矗立,鼓掌如雷",并三呼万岁,"全场震动"。[①]汪荣宝在当天日记中有更生动的描写:"讨论国会问题,经三数人演说之后,即付表决,满场一致,无不起立,拍手喝彩,声震屋瓦。"当时汪荣宝心情非常激动,竟带头三呼万岁:"余以得意之极,大呼'大清国万岁!今上皇帝陛下万岁!大清国立宪政体万岁!'众和之。楼上旁听之内外国人亦各和之。"他认为这是资政院开院以来"第一次有声有色之举矣!"会上还决定由汪荣宝等六人为此议案奏章的起草员。次日,他先去劝说军谘大臣、贝勒毓朗,"以不能不速开国会之理由详细剖陈"。还把《国风报》所载《国会同志会意见书》送给毓朗看。然后又到财政学堂出席国会问题研究会,演说"国会制度与资政院制度之比较"。他认为,"资政院为一院制之国会,与近世国会主义不合,故改资政院为国会,与谓为利民,宁谓为利政府"。竭力表白主张速开国会是为了维护清王朝的统治,以求得清政府的支持。

[①] 资政院会议速记录(宣统二年第一次常年会)[M].北京:北京大学出版社,1989.

<<< 第五章 汪荣宝研究：清末钦定宪法的起草者

10月26日，资政院又举行会议。会前，总裁溥伦曾对部分议员声称"国会问题大有圆满解决之望"，并出示汪荣宝等所拟奏稿，"嘱转告同人安心毋躁"。在下午的全体会议上，首先由秘书长金邦平朗读请旨速开国会奏稿，接着由汪荣宝"说明奏稿要义所在"。他指出："设立国会是立宪政体题中应有之义。""民心难得而易失，事机一去而不返。现在已经到了十分危险的时候，若从此赶紧设立，还可以巩固国家大局，不然就有难言之隐。"① 随即表决，又是"满场一致通过"。第二天，汪荣宝又与议员于邦华等到总裁溥伦处，要求他在向摄政王面奏时，"请以宣统四年为召集国会之期"。汪还听说"各省督抚本日电致外部，请速设内阁、国会，词理详尽，外部将于明日代递"，因此，他在日记中满怀信心地写道："此事上下一心，机会成熟，以理度之，应有圆满之结果矣。"10月30日，他与章宗祥、曹汝霖等人已经在一起"研究国会问题解决后之进行"了。

尽管立宪派如此积极活动，处处为维护清政权着想，并自以为经过几年请愿运动和资政院的奏议，提前到1912年开国会，已是水到渠成、理所当然的了。可是，清朝最高统治集团并不愿轻易放松自己的权力，做出哪怕是微小的让步。摄政王召集会议政务处王大臣商议，仍然决定最早只能在1913年开国会，甚至连立宪派所恳求的再提前一年也坚决不肯答应。11月3日，立宪派议员在资政院听到这个消息后不禁大失所望。溥伦召集汪荣宝等钦选议员，要他们"设法镇定，毋再反对"。并让他们"密探民选诸君意见"。会后，汪荣宝即与民选议员中的骨干分子藉忠寅、罗杰、易宗夔、雷奋等会谈，探听他们的反应。晚上回到家中，又写信给满族贵族延鸿，"力请设法再行提前一年"召开国会，他在信中反复剖析利害关系，"略言今日危急存亡之际，朝廷政策以鼓舞人心为第一要义。又言多一日豫备，不过多一日敷衍。又言安危之机在此一举，若发表之后再有变动，则朝廷之威信尽失，即大权之根本不坚。与其诒悔于将来，何如审机于此

---

① 资政院会议速记录（宣统二年第一次常年会）[M]. 北京：北京大学出版社，1989.

日。又言若坚持五年，必令花团锦簇之举消归乌有，决非得策"。但是，这种用心良苦的劝说以至哀求仍无效果。第二天，延鸿告诉他，虽然谒见摄政王时"已竭力敷陈"，可是，摄政屈于群议，亦无如何。他"改向军机大臣等力争，应者寥寥"。

资政院请速开国会的奏折呈报以后，清廷于1910年11月4日正式宣布于1913年开设国会，而且申明"一经宣布，万不能再议更张"①。同一天，清政府还下令解散各省来京请愿代表。汪荣宝闻讯忧心忡忡，又听说民选议员将在全蜀馆集会，担心冲突激化，于是在11月5日的日记中写了一首表达其悲观失望情绪的诗——"风雨萧萧满八荒，秋心漠漠恻肝肠。已看金虎成终始，空向蓍龟较短长。一往深情馀逐日，百年至计只扬扬。杜陵汪解吟梁甫，岁晚登楼亦自伤。"

1910年11月7日资政院开会时，江苏、浙江两省谘议局居然还拍来电报祝贺和谢恩，表示"天恩高厚，感激涕零"，甚至还说什么"请愿有效，感佩无极，初三诏下，万众欢呼"。② 当时会场上就有人愤怒抗议，据汪荣宝日记所载："忽闻议场南面发出一种悲凉之声谓国会开设年限乃可吊之事，非可贺之事！"《资政院会议速记录》也记载议员李素甚至尖锐指出："倘我中国有幸到宣统五年（1913年）仍是完全无缺之中国，尔时致贺犹不为迟。"③ 清廷的顽固不化使得那些原来抱着"报效朝廷，尽忠之忱"的立宪派议员也失望至极，有些人已经敏锐地预感到，大清帝国恐怕等不到1913年就要垮台了。

武昌起义以后，立宪派的应变活动和心态变化是辛亥革命史上需要深入研究的重要问题。过去的史籍和论著对各地立宪派的表现叙述较多，而对京城立宪派的反应却记载甚少，汪荣宝的日记为我们了解京城立宪派的应变活动提供了一个活生生的典型材料。详细内容可参看下一节"汪荣宝

---

① 中华民国档案资料汇编：第一辑［M］．南京：江苏人民出版社，1979：129.
② 《政治官报》，电报类，宣统二年十月初六，第1091号。
③ 资政院会议速记录（宣统二年第一次常年会）［M］．北京：北京大学出版社，1989.

与清末京城立宪派"。

1912年2月19日,汪荣宝在宣统三年日记的扉页上写下了"革故鼎新"四个大字。中华民国终于代替了大清帝国,辛亥革命成就了中国历史上这一伟业。从汪荣宝的日记中,人们可以感受到历史潮流浩浩荡荡不可阻挡,革故鼎新乃大势所趋;同时也可以看到汪荣宝如何由幻想以君主立宪挽救清王朝,到逐步对清政权失望以致完全绝望,最后投靠袁世凯,赞成共和的思想变化轨迹。

(初稿原载《历史研究》1989年第1期,最后一部分有删节)

第二节 汪荣宝与清末京城立宪派

关于清末新政与清末立宪运动的历史,已为国内外学术界所关注,也取得了不少研究成果。然而以往对清末立宪派群体和个案的研究,大多集中在京外各省及海外的立宪派士绅、立宪派团体与各省谘议局议员等。尤其是江浙、两湖、两广、四川、云贵、东三省等地区的立宪派士绅及其代表人物。至于清朝中央政府的预备立宪活动,则较多集中于朝廷亲贵大臣及资政院方面。[1]

那么,在清朝中央政府所在地北京,是否也有一批具有官绅身份的立宪派人士在活动呢?这在以往的著作和论文中很少提及。笔者通过对北京

---

[1] 关于清末立宪派与立宪运动的研究著作,较系统的有台湾地区学者张朋园的《立宪派与辛亥革命》(台北商务印书馆,1969年第一版;吉林出版集团有限责任公司,2007年最新版),张玉法的《清季的立宪团体》(台北近代史所1971年初版,1985年再版)。大陆学者胡绳武、金冲及的《论清末的立宪运动》(上海人民出版社1959年),李时岳的《张謇与立宪派》(中华书局1962年),韦庆远、高放、刘文源的《清末宪政史》(中国人民大学出版社,1993年),候宜杰的《二十世纪初中国政治改革风潮》(人民出版社,1993年)等。

大学图书馆珍藏的《汪荣宝日记》手稿等史料的深入研究分析①，认为实际上在清末北京的政治舞台上也有一批立宪派人士十分活跃，而且对推动清末宪政改革产生了不小的影响。这批人的身份、经历，以及思想、活动具有许多共同特点，而与京外的地方立宪派士绅又有不少差别，因此我们不妨把这个群体称之为"京城立宪派"。

本节试图以汪荣宝等人为中心，论述京城立宪派的构成和代表人物，其活动特色和影响，以及他们在辛亥革命前后的应变态度，来补充以往立宪派研究中的一个薄弱环节。

一、清末京城立宪派的构成和代表人物

立宪派顾名思义是主张君主立宪的一个政治派别。它是在20世纪初清政府实行清末新政和预备立宪的背景下，由鼓吹君主立宪、参与宪政改革、推进立宪运动的人士所组成。

以往立宪派研究的对象，主要是各省主张君主立宪的绅商、立宪团体或国会请愿团体的成员、各省谘议局议员和中央资政院内各省民选议员，还有鼓吹君主立宪的海外团体和成员。

有的研究也涉及清政府主张或支持君主立宪的亲贵大臣、地方督抚和驻外使臣。如曾做过出洋考察政治或宪政大臣的载泽、端方、戴鸿慈、李盛铎、达寿，资政院总裁溥伦，部院大臣善耆、毓朗、袁世凯、徐世昌、张百熙，驻外使臣孙宝琦、汪大燮、胡惟德等。但这些人处于清王朝统治集团的上层，有的属于清政府筹备立宪的决策者、执政者，并非严格意义上的立宪派，也不是本节所要论述的构成京城立宪派的主要成分。

---

① 《汪荣宝日记》为北京大学图书馆珍藏稿本，共三册（宣统元年至宣统三年，即1909年至1912年年初），一千多页。（影印本见北京大学图书馆馆藏稿本丛书．第一册［M］．天津：天津古籍出版社，1987．）（最初的介绍和研究成果见王晓秋．清末政坛变化的写照：宣统年间《汪荣宝日记》剖析［J］．历史研究，1989（1）：73-84.）

第五章 汪荣宝研究：清末钦定宪法的起草者

严格意义的立宪派，主要是指那些不属于清朝统治集团上层或者是在野的，而且一定程度上能反映中国资产阶级利益要求的士绅、商人、官员等人士。例如，我们常视为立宪派典型代表人物的张謇、汤化龙、汤寿潜、谭延闿、蒲殿俊等人。张謇一人就兼有士、商、官、绅等多重身份。而各省的立宪派骨干、谘议局议员、资政院民选议员，也大多是具有一定功名（如秀才、举人、进士）、一定社会地位（往往有官职或官衔）、一定资产（有的开办企业或商店）的地方士绅、官商名流。可是与上海、天津、汉口等工商业城市以及江浙、两广、两湖等地区不同，在北京这类绅商名流的人数并不多，而且他们的社会影响和在政坛的活动能量也不太大。因此，这类人士也很难成为京城立宪派的核心和骨干。

那么所谓京城立宪派的核心、骨干，究竟是一些什么人物呢？笔者通过对《汪荣宝日记》及其他史料的认真分析，发现活跃在清末北京政坛上的京城立宪派骨干主要是以下一类人士。他们大多是归国的留日学生，而且多数学过政治、法律。他们大多是清政府中央各机关的中层官员，而且多数在与宪政改革有关的机构中任职。他们共同主张君主立宪，努力推进宪政改革，而且之间有着密切的交往、联系和政治活动。他们不仅是君主立宪的大力鼓吹者，还是宪政改革的实际操作者。在辛亥革命前夕他们基本上都投靠了袁世凯，民国初年成了北洋政府的高官。

这一类京城立宪派的核心骨干和代表人物主要有汪荣宝、曹汝霖、章宗祥、陆宗舆等人。提起他们的名字，尤其是曹、章、陆，人们可能立即会想起在五四运动时，他们作为北洋政府对日交涉的要员，被北京的学生们痛斥为三大"卖国贼"。但是人们可能很少了解或研究过他们在清末时期作为京城立宪派代表人物的经历和活动。因此下面先介绍和比较一下他们的生平，尤其是清末时期的职务和经历。

汪荣宝，字衮甫，号太玄，江苏吴县（今已撤销）人，生于1878年。他早年肄业于上海南洋公学，1901年赴日本留学，曾在东京早稻田大学和庆应义塾等学校学习政治、法律和史学。1904年归国后任京师译学馆教

171

员。1908年任民政部右参议，后升左参议、左丞，并兼职于修订法律馆与宪政编查馆。1910年任资政院钦选议员，1911年任协纂宪法大臣，还被指派为《法令全书》总纂。他在清末北京的政治舞台上十分活跃，交接各方人士，积极鼓吹君主立宪，并且是清政府钦定宪法草案和一系列法律、法令的主要起草者。武昌起义后他投靠袁世凯，曾为袁起草南北交涉电稿和优待清室条件奏稿等重要文件。民国初年充任临时参议院议员、国会众议员、宪法起草委员，后任中国驻瑞士、日本等国公使，1933年去世。

曹汝霖，字润田，上海人，生于1877年。1900年赴日本留学，先后入早稻田专门学校、东京法学院（今中央大学）学习政治、法律，鼓吹君主立宪。1904年归国，任商务部商务司行走。1905年通过留学生特科考试，获进士出身，授商部主事。后任外务部右参议、右侍郎。民国后曾任参议院议员、外交部次长，参与对日二十一条谈判。后任北洋政府交通总长兼财政总长。晚年迁居上海、香港，以及日本、美国，1966年死于美国。

章宗祥，字仲和，浙江吴兴人，1879年生。1899年赴日本留学，初入第一高等学校，后转入东京帝国大学法科。在日留学期间与曹汝霖结为好友。1903年毕业回国，1905年获进士出身，任北京进士馆教习。继任法律修订馆纂修官，1905年与董康合译《日本刑法》并编纂商法。后任农工商部主事、民政部提调、宪政编查馆编制局副局长。1909年任北京内城巡警厅丞，又任法律编纂局编修、内阁法制院副使等职。辛亥革命后投靠袁世凯，参加南北议和，1914年任北洋政府司法总长并代农商总长，段祺瑞内阁司法总长。1916年任驻日公使，后迁居青岛、上海，1962年死于上海。

陆宗舆，字闰生，浙江海宁人，生于1876年。1899年自费赴日本留学，入早稻田大学政治经济科。1902年回国，曾任进士馆教习、警官学堂教习。1905年任巡警部主事，随载泽出国考察政治。1907年任奉天洋务局总办，1909年任宪政编查馆馆员，1910年选为资政院议员，1911年任印铸局长。民国后为参议院议员，1913年任驻日公使，1918年任印制局总裁，1941年死于天津。

比较一下他们四个人的生平，特别是在清末时期的经历，我们可以发现许多共同点。例如：他们的年龄相近，当时年龄都在30岁左右；籍贯都是江浙地区；他们都在1900年前后赴日本留学，而且均在日本学过法律、政治；回国后都曾在清末宪政改革机构任职，都曾参与起草清朝宪法或各种法律的工作；清末他们都曾担任过清政府中层官员；在辛亥革命前后他们都投靠了袁世凯，民国初年成为北洋政府要员，而且都参与过对日外交。由于他们之间有这么多共同点，特别是年龄相仿、学历相同、意气相投、主张相近、地位相似，因此他们往来频繁密切，拉帮结伙，形成一股政治势力。在《汪荣宝日记》中可以查到大量他们交往、聚餐、集会、密谈的记录。曹汝霖在其回忆录中也说："我与汪衮父（汪荣宝）、章仲和（章宗祥）、陆闰生（陆宗舆）四人，每逢新政，无役不从，议论最多，时人戏称为四金刚。"[①] 与他们来往密切的还有杨度（字皙子）、金邦平（字伯年）、良弼（字赉臣）等一批归国留日学生，构成了活跃在北京政坛上的一股政治势力——京城立宪派。

二、京城立宪派的活动特色和影响

京城立宪派的核心骨干成员由于其出身、学历、思想、地位、职务等种种因素影响，他们的活动方式和作用影响具有自己的特色，并与京外、海外立宪派有着明显的差别。

第一，京外、海外立宪派主要通过著书立说、报刊舆论、组织立宪团体、发动请愿运动等活动方式，并以各省谘议局为主要活动舞台。而与其不同，京城立宪派则主要通过实际参与清政府各种立宪立法活动的方式，以宪政编查馆、法律修订馆和资政院作为他们的主要活动舞台。

主张君主立宪这是所有立宪派共同的思想基础，而京城立宪派的骨干

---

① 曹汝霖. 曹汝霖一生之回忆［M］. 北京：中国大百科全书出版社，2009：62.

几乎都是日本留学生，在日本学过政治、法律。他们希望中国能走日本明治维新的道路，在维持清王朝君主政权的前提下，仿效日本的君主立宪制度，自上而下地实行宪政改革。他们回国后正值清政府开始清末新政，实行预备立宪，并设立各种宪政改革机构。他们的学历和学识受到清政府的重视，很快都被网罗到这些机构内，并赋予重任，有的还身兼数职。而他们也认为有了用武之地，便运用自己在日本学到的政治法律知识，积极投入清末官制改革、宪法起草和法律、法规制订等活动中去，企图以此推动中国的君主立宪进程，维护和巩固清王朝的统治。

早在1905年载泽、端方等五大臣出洋考察日本和欧美政治之时，京城立宪派骨干如陆宗舆等就充当他们的随员，为他们调查采访和编译资料。陆宗舆回忆自己"随端、泽两专使放洋"，到德国考察宪政、法律，常参考"所携之日本国法学诸书，颇有译自德国者，资为借鉴，莫不奉为至宝"①。而当时正在日本的杨度等人，更是为五大臣起草考察报告，鼓吹"仿行宪政"出了大力。

清政府在清末新政和预备立宪期间曾成立了一系列推行法制和宪政改革的机构，而京城立宪派成员则是这些机构的中坚力量和许多法律、法规的起草者。

最早成立的是设立于1904年5月15日的修订法律馆，由刑部（后改法部）左侍郎沈家本主持。他聘用了一批东西洋归国留学生，首先翻译各国法律书籍，如日本、德国、法国等国的刑法、民法、商法等。1907年，沈家本任修订法律大臣，修订法律馆脱离法部独立，并开始以编纂新律为主要工作。同年11月25日，沈家本奏调"法学精研或才识优裕"之36名入馆办事，其中就有章宗祥、曹汝霖、陆宗舆等人。1908年10月28日，法律馆又奏请选派12名咨议官，包括汪荣宝、金邦平、良弼等人。从1907年至1911年，修订法律馆修订、编纂了不少法律，其中京城立宪派

---

① 陆宗舆. 陆闰生先生五十自述 [M]. 北京：北京日报承印，1925：4.

<<< 第五章 汪荣宝研究：清末钦定宪法的起草者

成员起了重要作用。如汪荣宝是修订法律馆第二科总纂，参与了《大清新刑律》《大清民事诉讼律草案》《大清刑事诉讼律草案》《法院编制法》等法律、法规的编纂。章宗祥、陆宗舆等对这些法律的编纂和修改，也起了重要的作用。曹汝霖还参与了《大清商律》的编纂。可以说京城立宪派对中国最早的近代法制建设，做出了很大的贡献。

其次是考察政治馆，它是1905年11月为配合五大臣出洋考察政治而设立的，其职责是"延揽通才，悉心研究，择各国政法之与中国治体相宜者，斟酌损益，纂订成书，随时呈进，候旨裁定"①。其馆务由政务处王大臣主持，而具体立法起草等则主要是由馆员汪荣宝、曹汝霖、章宗祥、金邦平等承担。

随着1906年9月1日清廷颁布上谕，宣布"预备仿行宪政"，宪政改革进入了具体操作阶段。

官制改革是宪政改革的第一波。1906年9月6日，清廷设官制编制馆于海淀朗润园。先由和硕庆亲王爱新觉罗·奕劻主持，后由直隶总督袁世凯主持，下设起草、评议、考察、审定四课。其中汪荣宝、曹汝霖、金邦平等为起草课委员，陆宗舆等为评议课委员。曹汝霖回忆，他们当时对清廷此举"期望很深，以为有行宪希望"②。因此宿于朗润园中，每日赶拟说帖，附以条例，然后呈袁世凯阅定。11月2日，官制编制馆向清廷呈递了《厘定中央各衙门官制缮单进呈折》，提出以立宪国三权分立原则来改革中央官制，裁撤军机处，设立责任内阁等。结果遭到朝廷权贵和保守派官僚的反对，被清廷否决。参与起草的留日学生甚至还遭到守旧御史的攻击和谩骂。"窃惟我国有大变革，有大制作，岂藉一二部日本缙绅或委与十数名留学生所能订定？"③

---

① 设立考察政治馆参酌各国政法纂订成书呈进谕［M］//故宫博物院明清档案部．清末筹备立宪档案史料：上册．北京：中华书局，1979：43．
② 曹汝霖．曹汝霖一生之回忆［M］．北京：中国大百科全书出版社，2009：59．
③ 御史赵炳麟奏新编官制权归内阁流弊太多折［M］//故宫博物院明清档案部．清末筹备立宪档案史料：上册．北京：中华书局，1979：443－444．

175

1907年8月13日，奕劻奏请将考察政治馆改为宪政编查馆，成为清末筹备立宪的枢纽机关。宪政编查馆由军机王大臣奕劻管理，下设总务处、编制局、统计局、官报局和译书处。其职责主要是"议覆奉旨交议有关宪政折件及承拟军机大臣交付调查各种；调查各国宪法、编制宪法草案；考核法律馆所订法典草案，各部院、各省所订各项单部法；调查各国统计颁成格式，汇成全国统计表及各国比较统计表"①。根据1907年档案记载，宪政编查馆职员中有41位留日学生，其核心机构编制局共有职员21人，留日学生占16人。如章宗祥担任副局长，汪荣宝、曹汝霖、恩华担任正科员，胡棪泰、嵇镜等为副科员。②1909年陆宗舆也调任宪政编查馆馆员。1909年1月又在宪政编查馆内设立考核专科，考核京内外筹备立宪事宜的进展。杨度、章宗祥等任会办，汪荣宝等任帮办。

1908年宪政编查馆起草《资政院院章》，汪荣宝与章宗祥、曹汝霖等人是主要的草拟者和修改者。《汪荣宝日记》对此有详细记载。如1909年3月21日记载："与润田（曹汝霖）同往仲和（章宗祥）家，商资政院章。"③而据8月28日日记，《资政院议员选举章程》也主要是由汪荣宝与章宗祥两人所拟。

起草宪法是筹备立宪中最重要的工作。1908年7月22日谕旨令宪政编查馆王大臣先将"君主宪法大纲"编定，作为将来编纂正式宪法的准则。奕劻等人首先确定了"巩固君权"的编纂原则，然后让汪荣宝等留日学生参考日本帝国宪法"拟就各节"，其中以"汪荣宝、杨度所拟居多"，最后由奕劻等人"再三考核，悉心厘定"。1908年8月27日，正式公布《钦定宪法大纲》共二十三条，这基本上是一个保障君权的文件。

汪荣宝还是清末钦定宪法草案的主要执笔者。《汪荣宝日记》详细记

---

① 宪政编查馆办事章程［M］//故宫博物院明清档案部.清末筹备立宪档案史料：上册.北京：中华书局，1979：49.
② 宪政编查馆职员衔名及出身表［M］//尚小明.留日学生与清末新政.南昌：江西教育出版社，2003：160.
③ 汪荣宝.汪荣宝日记［M］.影印本.天津：天津古籍出版社，1987.

第五章 汪荣宝研究：清末钦定宪法的起草者

载了过去鲜为人知的钦定宪法草案的起草过程。《钦定宪法大纲》公布后，宪法全文的起草工作却一直被拖延，直到1910年11月5日，清廷在立宪派的强烈要求下，才不得不颁布上谕，命贝勒溥伦与贝子载泽二人为纂拟宪法大臣。1911年3月20日又命度支部侍郎陈邦瑞、学部侍郎李家驹与民政部左参议汪荣宝三人为协同纂拟宪法大臣。7月3日以上五人开始在皇宫焕章殿办公，处理筹拟宪法事务。宪法草案的实际执笔者则是汪荣宝与李家驹两人，他们在7月6日一起前往京郊十三陵，8日开始草拟宪法。首先起草了凡例六条，接着又拟订宪法章目，共分十章，其体系基本上是仿照日本帝国宪法，只不过当时清政府存在着摄政王执政的特殊情况，故又专门加上"摄政"一章。在十三陵，汪荣宝面对明陵史迹，吟诗抒怀，"但使君臣同一体，更无来者吊兴亡"①，幻想君主立宪政体能挽救清王朝的衰亡。回到北京后，他们于7月13日向溥伦等汇报，"均以为然，即呈递监国（摄政王）恭候训示"。此后，汪荣宝与李家驹便潜心起草宪法各章具体条文，每拟一部分便请诸大臣议论修改，然后进程摄政王载沣审批。至9月20日已基本上把钦定宪法"全部凡八十六条，一百十六项"起草完毕。然后陆续定稿和进呈。10月12日他们还在忙着准备再进呈一批条文，由溥伦亲自填写正文，汪荣宝与李家驹装订圈点。10月30日上谕仍著溥伦等"迅将宪法条文拟齐，交资政院详填审议，候朕钦定颁布"②。然而两天后的11月2日，驻守直隶滦州的新军统领张绍曾发动"兵谏"，要求立即召开国会，并仿英国之君主宪章制定宪法，否则就要进兵北京。摄政王慌忙表示接受要求，并命资政院当天就匆匆制定和通过了作为宪法要点的《宪法重大信条十九条》，因此汪荣宝等人起草完成的大清钦定宪法最后未能正式出笼。

综上所述，京城立宪派充当了清末推动和操作各项宪政改革的重要力

---

① 汪荣宝.汪荣宝日记［M］.影印本.天津：天津古籍出版社，1987.
② 著溥伦等迅拟宪法条文交资政院审议谕［M］//故宫博物院明清档案部.清末筹备立宪档案史料：上册.北京：中华书局，1979：97.

量,是清末一大批法律、宪政改革法规文件以至钦定宪法草案的主要执笔者。对清末宪政改革做出了重要贡献。同时他们毕竟不是执政者和决策者,在各种法律、法规尤其宪法的起草过程中仍处处受到清廷最高统治者保障君权的制约。

第二,与京外立宪派主要为地方绅商,难以见到清廷中央权贵,至多运动地方督抚不同。京城立宪派由于其所处地位、条件,往往能以立宪言论当面劝说清廷上层亲贵大臣,以至最高统治者。他们活跃于清末京城政坛,交接各方,对上联络京内王公贵族大臣,对下交往京外地方立宪派人士和各省资政院民选议员。这在《汪荣宝日记》中也有大量记载,他们往往能起到地方立宪派人士难以起到的作用。

1907年年初,曹汝霖曾获慈禧太后和光绪皇帝召见,当面陈说立宪主张,慈禧太后询问他日本立宪、开国会的经过,并问日本的宪法是什么宗旨?日本国会的议员是怎么选举的?还问他听说日本国会里有党派,是否时常有吵闹的事?曹汝霖回答,日本有政友会、进步党等党派,"在开会时,因政见不同,时有争辩,但临到大事,朝议定后,两党即团结起来,没有争论了。臣在日本时,适逢对俄开战问题,争得很厉害,后来开御前会议,日皇决定宣战,两党即一致主战,团结起来了。"太后听了,将手轻轻地在御案上一拍,叹了一口气说:"唉,咱们中国即坏在不能团结。"曹汝霖听了乘机进言:"以臣愚见,若是立了宪法,开了国会,即能团结。"太后听了很诧异,高声问道:"怎么着,有了宪法国会,即可团结吗?"曹说:"臣以为团结要有个中心,立了宪,上下都应照宪法行事,这就是立法的中心。开了国会,人民有选举权,选出的议员,都是有才能为人民所信服的人,这就是领导的中心。政府总理,或由钦派,或由国会选出再钦命,都规定在宪法,总理大臣有一切行政权柄,即为行政的中心……臣故以为立了宪,开了国会,为团结的中心,一切行政,都可顺利

<<< 第五章　汪荣宝研究：清末钦定宪法的起草者

进行了。""太后听了，若有所思，半顷不语。"①

汪荣宝等人也与不少王公大臣密切交往，鼓吹立宪，而且由于他们的学识和谋略，颇受权贵们的器重，视为智囊。从《汪荣宝日记》中可以看到汪荣宝经常出入肃亲王善耆王府，善耆任民政部尚书，是他的顶头上司，而且倾向和支持君主立宪。当汪荣宝得知自己获协同纂拟宪法大臣的任命后，连忙向善耆请教。善耆叮嘱他"草案谨慎秘密"。汪心领神会，特地记入日记，并在"谨慎秘密"四个字旁加了圈。与汪荣宝等人经常交往的还有资政院总裁、贝勒溥伦和军谘大臣贝勒毓朗、贝子延鸿等满族亲贵。汪曾劝说他们支持立宪和早开国会，甚至请延鸿等人去劝说摄政王，缩短开国会期限。

在1910年7月21日资政院的筹备会上，汪荣宝向议员演说"日本第一期帝国议会历史"。8月9日的筹备会上，他又演讲了"日本第二期议会历史"。他希望资政院能以日本帝国议会为榜样，真正成为中国议会的基础。资政院议员的定额共200人，其中一半是钦选议员，包括王公贵族48人，各部院衙门官吏32人，硕学通儒与纳税多额者各10人。另一半是由各省谘议局议员中互选后经该省督抚审定的所谓民选议员。汪荣宝即作为从部院官员中钦定的议员，又是与京外民选议员有着较多共同语言的立宪派人士。他在资政院台前幕后十分活跃，常常起到上下沟通、左右折冲的作用。

在1910年10月22日资政院全体会议上，一致通过了速开国会的决议，当时汪荣宝心情非常激动，情不自禁带头三呼万岁。"余以得意之极，大呼'大清国万岁'！今上皇帝陛下万岁！大清国立宪政体万岁！众和之，楼上旁听之内外国人亦各和之。"他认为这是资政院开院以来"第一次有声有色之举矣！"这也是京城立宪派在资政院政治舞台上的一次有声有色的精彩表演。但是尽管资政院通过了提前到1912年召开国会的决议，各地

---

① 曹汝霖. 曹汝霖一生之回忆 [M]. 北京：中国大百科全书出版社，2009：67，68.

立宪派也发动了多次国会请愿运动。可是清朝最高统治集团仍不肯放松自己的权力，哪怕是做出微小的让步。摄政王召集会议政务处王大臣商议，仍然决定最早只能在宣统五年开国会。11月3日，立宪派议员在资政院听到这个消息后不禁大失所望。溥伦召集汪荣宝等钦选议员，要他们"设法镇定，毋再反对"，并让他们"密探民选诸君意见"。会后，汪荣宝即与民选议员中的骨干分子藉忠寅、罗杰、易宗夔、雷奋等会谈，探听他们的反应。晚上回到家中，又写信给满族亲贵延鸿，"力请设法再行提前一年"召开国会。他在信中反复剖析利害关系，"略言今日危急存亡之际，朝廷政策以鼓舞人心为第一要义"。但是这种用心良苦的劝说以至哀求仍无效果。第二天延鸿告诉他，虽然谒见摄政王时"已竭力铺陈"，可是"摄政屈于群议，亦无如何。"① 京城立宪派企图通过劝说清廷统治集团上层推进宪政改革的希望最终都落了空。

三、京城立宪派在辛亥革命前后的应变态度

京城立宪派原希望通过学习日本明治维新，推进中国宪政改革，制定各种宪政文件、法律、法规，实现立宪法、开国会的君主立宪政体目标，来维护和巩固清王朝的统治。可是清廷统治集团上层的顽固，使他们一次次地失望。而革命派发动的武装起义，更使他们感到忧虑。武昌起义后，他们探听消息，见风使舵，周旋于清廷权贵和各种势力之间，进行种种应变活动和幕后策划。汪荣宝的日记为我们了解京城立宪派的应变态度，提供了十分具体生动的史料。②

1911年10月10日武昌起义的消息传到北京，汪荣宝就在当天日记中写道"闻湖北兵变，武昌已陷"。次日又闻"汉阳陷"。他急忙四处打听消息，"夜间以电话询诸宪、报馆，则云果然"。13日他又到官报局查询新闻，"闻有湘、豫、皖三省同时响应鄂乱之说"，"各处传来乱耗，多言长

---

① 汪荣宝. 汪荣宝日记 [M]. 影印本. 天津：天津古籍出版社, 1987.
② 以下加引号未加注者，均引自《汪荣宝日记》，天津古籍出版社影印本, 1987。

沙已陷,长江流域均有摇动之势。"汪荣宝不禁惊叹:"中原鼎沸,大乱成矣!"他继续探听消息,晚上又打电话问曹汝霖,曹答未闻长沙失守。接着又打电话给吴禄贞,吴说据长沙法国领事来电报告之,长沙已于昨晚失守。夜里又接到冯梦华的电报,"谓安庆芜州等处岌岌可危"。

10月15日,汪荣宝见到"京师市面萧条,不胜杞忧"。他和一些同乡"聚谈乱耗",惶惶不可终日。当时北京谣言纷传,往往一天里能听到各种相关消息,令人不知所措。总之,这一段时间,汪荣宝等人主要是探听消息,观察形势。他们虽然已看到形势对清政府很不利,但对其挽救危局的能力尚抱一线希望。10月26日,清廷发布关于四川保路风潮的上谕,"大略谓惩治肇乱地方官,释放无辜被拘诸神"。他认为"有此二事,亦足以挽回人心一半矣"!又见到"本日上谕盛宣怀革职永不叙用,斯足以伸国论而平公愤矣"!

在1911年10月27日资政院的会议上,立宪派议员纷纷为清政府出谋献策,提出种种对付革命的"弭乱案"。经过讨论后,通过三项决议:第一,罢免亲贵内阁;第二,将宪法交资政院协赞;第三,解除党禁。议长又指定汪荣宝等起草议案。汪不愿担当,力辞而易人。散会后他就去找陆宗舆、章宗祥,谈道"日来京师谣言甚多,或云民政大臣将勒令内城汉民移往外城,或云禁卫军队将对于汉人起暴动,以致人心惶惶,纷纷迁避。如不设法镇抚,恐生意外"。他们又与曹汝霖一起,"商议运动政府明降谕旨,解释辟疑"。

1911年10月30日,汪荣宝见到清政府同意资政院三项要求与摄政王引咎自责的上谕,对清政府仍抱有幻想。"窃意朝廷既有悔祸之意,流血惨祸或可免乎?"但是到晚上,汪荣宝一家人已经对北京的安全不放心,聚议如何避难,决定由其弟媳等先行,"分携子孙辈,赴津暂避"。

11月2日,由于滦州张绍曾部举行兵谏,提出政纲十二条,清廷为救危急,仓皇命资政院立即起草宪法信条。汪荣宝觉得自己几个月来起草宪法所花的功夫都白费了,不由得感到灰心丧气,"未及散会,先行退出"。

181

次日，见到立即颁布宪法信条的上谕，感叹："朝廷如此让步，是亦可以已矣！"曹汝霖也批评道："回想当年代表团请愿，驱逐出京，今者统帅兵谏，立即照准宣誓，早知今日，何必当初？由此政府威信坠地，政治等于儿戏。"①

此后，汪荣宝等京城立宪派对局势越来越悲观，对清政府和资政院也越来越不信任。11月4日汪荣宝在日记中写道："观各处来电，日来外间舆论，对于资政院之举动，颇致不满。自汉口虐杀事件起，南中民情益愤，无论如何调停恐终无效。"当天闻"上海已有革命军占据制造局，并焚烧官署。"第二天又听说"杭州亦已被占"，"夜间闻苏州亦不守"。11月7日，传闻"保定失陷"，又听说山西巡抚吴禄贞被刺，众人相顾失色，惊呼"北方大局将不可收拾矣！"吃饭时，又"闻吏部衙门起火，益惊骇"。汪荣宝决定次日就带家属到天津避难。因为"出京者纷纷"，"车中拥挤，已无立足之地"，"勉强就道，狼狈不堪言"。

11月12日，汪荣宝在天津听说"南京确已无事，并闻武昌有和平解决之说"。资政院新总裁李家驹也来信说"京师现在无事，大局颇有转机"，请各议员早日回京开会。汪荣宝又出来活动，与杨度、陆宗舆等人商议组织一个政治团体，"名为国事共济会"，并向资政院提出陈情书，"请召集国民议会解决近日纷争之问题"，仍幻想以国民会议调停大局，渡过危机。

11月14日汪荣宝回到北京，此时袁世凯已按宪法信条出任内阁总理，资政院议员推汪荣宝等四人到锡拉胡同谒见袁世凯。袁"首述主张君主立宪大宗旨及理由，次述对于信条上种种疑问，次言对内对外各种困难情形，末言辞职之意"。汪荣宝等便一一为之解释，并劝其"当以天下为己任，不可固辞"。

满族亲贵们对形势反应也不相同。肃亲王善耆是强硬派，他贬低革命

---

① 曹汝霖. 曹汝霖一生之回忆 [M]. 北京：中国大百科全书出版社，2009：94.

>>> 第五章 汪荣宝研究：清末钦定宪法的起草者

势力，竟然认为"东西各省之纷扰殆同儿戏，倘中央政府立定脚跟，各省自然瓦解"。他劝汪荣宝"镇定毋自惊扰"。而贝子延鸿则已丧失信心，当谈到汪荣宝当年写信请他力促提前召开国会一事，"谓君等未尝负大清，大清实负君耳！言之惨然"。

革命形势发展很快，11月下旬南京已被革命军攻克，"于是长江流域全入民军之手矣"。然而资政院开会时，"尚有多数议员主张痛剿者"。汪荣宝讥讽他们"真可谓至死不悟矣！"此时他的思想已有变化，当徐佛苏向他鼓吹"南北分立说"时，他认为"所言亦颇有理由"。11月26日，他就到日本人开的理发店里剪去了辫子。这时离发布剪辫上谕还有十多天，这说明他已经对清王朝表示绝望。

与此同时，汪荣宝等京城立宪派进一步向袁世凯靠拢。11月29日，汪荣宝与袁世凯谈了一个小时，"告以大势之所趋及国民意向之所在，不宜过事拂抑"。袁也对他"极言外交危急"，"现在总以赶速平和了结为要"。汪认为袁的话"持之有故"。袁的亲信徐世昌也来找汪荣宝，声称革命党在东北奉天、大连的举动有日本人相助。一旦革命党发动，日本就会乘机出兵占领奉天；另外英国将进兵广州，法国将进兵云南，"如再不解决，必召瓜分之祸"。希望汪荣宝"设法将此意宣告国民，先将奉天暴动暂行按住，徐商和平解决之策"。汪答应到天津与曹汝霖等商办。他当天下午就赶往天津，次日便向曹汝霖、杨度等人转告徐世昌之意，共商对策。12月8日，他们听说南北双方在汉口开和平会议，又商议组织团体，相机辅助。

12月11日，曾广为奉湖北军政府之命进京游说袁世凯，请汪荣宝牵线，并向他介绍武昌的情况。"言彼党宗旨，愿以共和之名，暂行开明专制之精神，项城（袁世凯）如果有意，决无人愿与争总统之一席。"汪荣宝准备通过蔡廷干介绍曾广为去见袁世凯，"一探其意见"。后来虽与蔡接洽，却遭袁拒绝接见。

12月12日，汪荣宝在天津草拟了南北媾和条款九条。他认为以共和

183

制代替君主制，中华民国取代大清国已是大势所趋，不可抗拒，只能在此前提下竭力为清王室多争取一些特权与利益，并以约法形式确保下来。他向陆宗舆、曹汝霖建议，以此条款游说徐世昌并转呈袁世凯。陆宗舆表示反对，而曹汝霖则看到"南方坚持共和"，"川陕均有电告急"，"外债又无从借贷"，断定清王朝已无法维持，因而支持汪荣宝将这些条款"转达东海（徐世昌），忠告项城（袁世凯）"。汪立即写信，把私拟条款寄给徐世昌。后来袁世凯采纳其主张，修订为向清廷逼宫和与南方革命势力交涉的所谓清室优待条件。

1911年12月30日，孙中山被各省代表选为中华民国临时大总统，袁世凯便唆使段祺瑞、冯国璋等北洋将领通电反对共和，向革命势力施加压力。汪荣宝担心和谈破裂，"似此情形恐成南北分治"。其实，他上了袁世凯的当，以为"袁相虽力主和平，而军队激昂联名请战，'内阁'无法弹压如何？"因此惴惴不安，"慨念前途，忧惶无措矣"！

在这段时间汪荣宝等京城立宪派的心态、感情也有变化，不再骂革命党为"乱逆"，而是给予同情甚至赞扬。1912年1月15日，汪荣宝在日记中叙述上海来信，"此次革命几乎万众一心，各以死自誓，虽妇孺走卒并无不踊跃赞成"。1月15日，他看到日本报纸《大阪朝日新闻》译载的南京临时政府的一份报告，竟大加赞誉，甚至称其"光明俊伟，可与美洲宣布独立文（指美国独立宣言）并传矣"！

汪荣宝对于皇族顽固派和北洋将领反对共和十分愤慨，决定辞职。他以为如果能按他的建议实现请帝退位，"如此和平的解决，岂非国家之福"？然而，皇族会议"仍不得要领""又生波折"。"连日廷议，多数反对共和。""京师人心极为恐慌"，"暗杀叠出，危机四伏。若大局再不解决，悲京津之乱即在目前"。他愤怒斥责："年少皇族之肉岂足食乎！"

袁世凯见以武力压迫革命势力让步的目的已经达到，又指使一个多月前誓死反对共和的那批北洋将领反过来通电要求共和。汪荣宝看到通电，开始觉得"殊举出人意之外"，转而恍然大悟，明白这些举动都是袁世凯

第五章　汪荣宝研究：清末钦定宪法的起草者

的安排，顿时心悦诚服："项城布道，着着进步，机会已熟，解决不难矣！"然后又看到袁世凯对清廷封侯的辞表，"语极敏妙"，更是钦佩不已，称袁"真天下英雄也"！他终于看清了风向，决心投靠袁世凯。曹汝霖也十分佩服袁世凯之"手段灵敏"。"从没有露出不臣态度，对南示以可战之力而不用武力，俟水到渠成，自然达到目的，避免篡夺之名，而得篡夺之实，其手段可谓敏且妙矣！"①

2月5日，袁世凯的心腹梁士诒和阮忠枢写信给正在天津的汪荣宝，转达袁世凯的命令，催促他赶快回京"襄理阁务"。第二天，他立即乘快车回到北京，直接到内阁见梁、阮，梁士诒召集袁的谋士幕僚商量请帝退位之后"应办各事"，"请人各就所见言之"。梁一一记下，预备着手办理。从此，汪荣宝就成为袁世凯智囊团的要员，忙于为袁起草各种善后文件和南北交涉电稿。

2月9日，南方立宪派首领张謇听说汪荣宝已辞职，就请他回来南方商谈国事。他打电报回答"国体将决，此间正在准备，稍缓即归"。到内阁后，梁士诒以南方激烈反对优待条件，"恐生枝节，亟需设法疏通"。汪荣宝便给张謇去电，"讲述东三省情形，毋再以虚文惹起反动"。希望张謇督促南方革命派接受袁世凯的优待清室条件。南北商定清室优待条款后，梁士诒让汪荣宝起草正式奏章，并转述袁世凯的各点修改意见。他立刻动笔，下午"四时须脱稿"交梁，准备第二日逼宫时进呈。当天晚上汪回到天津，第二天内阁又来电话催促汪荣宝与陆宗舆速回北京，因清帝退位诏书马上就要发表，"应办文牍甚多，故项城命促余等速回也"。当天，他就为袁世凯起草了电稿与信稿各7件。

2月12日，国务大臣请旨发表清帝逊位声明，汪荣宝等人都到内阁静候，"惴惴恐有中变"。至中午，"各大臣到阁，一切照办矣"！汪荣宝在日记上大发议论："大清入主中国，自顺治之年甲申年至今宣统三年辛亥，

---

① 曹汝霖. 曹汝霖一生之回忆［M］. 北京：中国大百科全书出版社，2009：97.

凡历十帝二百六十八年，遂以统治权还待国民，合满汉蒙回藏五大民族为一大中华民国，开千古未有之局。因由全国志士辛苦奔走之功，而我隆裕太后尊重人道，以天下让之，盛心亦当今我国民感念于无极矣！"而且感慨："自古鼎革之局，岂有如今日之文明者哉！"既喜庆共和之成功，又感恩于清廷之让位，害怕暴力革命，拥护袁世凯掌权，这就是当时汪荣宝等京城立宪派的心态。

孙中山为了限制袁世凯的势力，要求袁到南京就职。袁的亲信幕僚又纷纷活动。汪荣宝除了给南方参议院议员杨翼之等去电外，还专门发电报给上海的汪精卫，"均言明袁公不能离京之故，嘱其设法调停"。另外，由陆宗舆致张謇电，"词意略同"。他们还用如果南方"坚执不变"，"必致彼此龃龉，又生波折"，相威胁。2月15日，南京参议院选举袁世凯为中华民国临时大总统。汪荣宝认为"众望所属，决难推辞，虽有少数人反对，无足轻重也"！袁世凯还假惺惺表示要发电辞谢，周围亲信"均立持不可固辞"，"乃允暂时担任"。于是，由汪荣宝拟电报数封，交孙中山、黄兴及南京临时参议院。

1912年2月17日，正是农历除夕，汪荣宝的心情相当愉快，早起走上北京街头，"一路见五色旗飘扬空际，气象一新"。次日春节，汪荣宝、曹汝霖、章宗祥还到总统府向袁世凯贺年。2月19日，他在辛亥年日记的扉页写下了"革故鼎新"四个大字。从汪荣宝的日记中，人们可以感受到历史潮流浩浩荡荡不可阻挡，革故鼎新乃大势所趋。同时也可以看到汪荣宝等京城立宪派如何由幻想以君主立宪挽救清王朝，到逐步对清政权失望以至完全绝望，最后投靠袁世凯，赞成共和的变化轨迹。

（原载于《北京社会科学》，2009年第2期）

第六章

林则徐、魏源研究：近代开眼看世界的先驱者

第一节 林则徐是近代中国开眼看世界的第一人

中国近代第一位民族英雄林则徐是近代中国开眼看世界的第一人，为什么这样说呢？这是有史实和史料根据的。林则徐为了谋求祖国的独立富强，抵御西方的侵略，敢于率先睁开眼睛看世界，努力了解外国的新情况、新事物、新知识，成为近代中国人认识世界的先驱者。

长期以来，清王朝封建统治者对外实行闭关锁国政策，闭目塞听，妄自尊大，总认为中国是"天朝上国"，其他国家都是"蛮夷之邦"，应该向自己朝拜进贡，乾隆皇帝给英王的敕书中就说"天朝统驭万国，一视同仁"，而把英使来华当作"朝贡"，宣布"朕于入贡诸邦，诚心向化者，无不加之体恤，用示怀柔"①。在乾隆和嘉庆年间所修的两部《大清会典》中，竟把西方各国，包括英国、荷兰、意大利、葡萄牙等都算作自己的"朝贡国"。英国发动大规模侵华的鸦片战争时，满朝文武还"实不知其来历"。道光皇帝临时抱佛脚，急忙打听对手英国"究竟该国地方周围几许，所属国共有若干"？甚至询问英国"与俄罗斯是否接壤"？英国到新疆"有

---

① 大清高宗纯皇帝实录：一四三五卷［M］. 北京：中华书局，1986.

无旱路可通"?① 可见其对世界地理和国际形势多么的不了解。

林则徐原来也不太了解西方的情况,但他到了广东以后,实际斗争的迫切需要,使他认识到必须放眼世界,了解外情。为此,他冲破了闭关自守、华夷之防的旧传统,实行"凡以海洋事进者,无不纳之,所得夷书,就地翻译"的开放方针,如饥似渴地追求新知识。林则徐不顾官场禁忌,下令广泛收集外国人在广州、澳门用中文或外文出版的各种报刊、书籍,并在钦差大臣行辕组织班子,进行翻译。英国外交官德庇时曾指出,凡是教会出版的小册子,中国《时事月报》、商业性论文,有关英美等国的叙述以及世界地理和西洋枪炮制造书籍等资料,林则徐都组织人加以选译,或摘要删节译出。英国人办的《广州周报》也报道林则徐指挥二三十人,各处打听西方国家的情况,并向外国人购买英文书籍。他们"将打听出来之事,写在日记上,按日期呈递,登于簿上"②。

为了翻译外文书刊,首先需要一批翻译人才。林则徐不拘一格,选拔招聘了一批懂得英文的翻译人员,其中有华侨青年袁德辉,曾经进过马来西亚槟榔屿的天主教学校和马六甲的英华书院,学过英文和拉丁文,原任北京理藩院翻译,被林则徐招来成为钦差衙门翻译班子的骨干。还有中国第一个华人牧师梁发的儿子梁进德,是广东番禺县人,从小跟随美国传教士裨治文学习英语和希伯来语,还到过新加坡,也被林则徐不避忌讳特地请来当翻译。再有一位曾在印度塞兰普尔学过英文的北京四译馆译员,另一位是在美国康涅狄格州的康华尔住过几年的华侨学生。此外,林则徐还招募了曾在外国商馆中服务过的中国厨师和在美国传教士开办的医院工作过的人协助收集外国情报和资料。

外文报纸刊物是获得外国新闻消息的主要来源,因此林则徐十分重视,他从1839年春天开始就组织翻译《澳门新闻纸》。主要译自外国传教士主办的《广州周报》和《广州纪事报》,该报于1839年7月迁澳门出

---

① 筹办夷务始末·道光朝:卷四十七 [M]. 北京:中华书局,1964:18.
② 中国史学会. 鸦片战争:第二册 [M]. 上海:上海人民出版社,1957:412.

版。少数译自《新奇坡新闻纸》即《新加坡自由报》，印度的《孟买新闻纸》《孟阿拉新闻纸》和英国的《兰顿新闻纸》即《伦敦新闻纸》。转载的新闻还包括印度的《加尔吉打（加尔各答）新闻纸》和澳大利亚的《腮呢（悉尼）新闻纸》。尤其注意这些报刊上关于中国和鸦片问题、中英关系的报道和评论。并命人编译《论中国》《论茶叶》《论禁烟》《论用兵》，以及《论各国夷情》等专题资料，编辑成《澳门月报》。林则徐通过阅读这些译稿，开始了解西方情况，特别是英国的对华政策和鸦片贸易方面的动向和情报。有时他还将《澳门月报》中的部分译稿寄呈给道光皇帝或送给别的大臣阅览。林则徐认为通过翻译外国报刊，"其中所得夷情，实为不少。制驭准备之方，多由此出。虽近时间有伪托，然虚实可以印证，不妨兼听并观也"[1]。

为了解世界形势和各国地理历史知识，林则徐命人翻译了英国人慕瑞所著的《世界地理大全》一书。这是一部1836年伦敦出版的新书，是由美国传教士、马礼逊教育社负责人勃郎牧师赠送给林则徐的。译员梁进德翻译后，由林则徐亲自加以文字删改润色编辑成书，并命名为《四洲志》，该书简明扼要地介绍了世界五大洲三十多个国家和地区的地理、历史、政治、文化概况，包括许多中国人闻所未闻的新知识，这是近代中国人自己翻译编辑的第一部世界史地著作或近代世界百科全书。它大大开阔了林则徐的视野，加深了他对世界的了解，并成为后来魏源受林则徐之托编撰《海国图志》的重要素材和蓝本。《海国图志》中引用了《四洲志》全文和林则徐组织翻译的《澳门月报》《华事夷言》等资料。

林则徐很注意外国人对中国问题的评论和看法，特地命人摘译了长期担任英国东印度公司驻广州负责人德庇时的著作《中国人》，这也是1836年伦敦刚出版的新书。书中涉及英国对华贸易与鸦片问题等内容，林则徐把译稿题为《华事夷言》。另外还摘译了英国伦敦1839年出版的最新书籍

---

[1] 林则徐. 答奕将军防御粤省六策 [M] // 魏源. 海国图志: 下册: 卷80. 长沙: 岳麓书社, 1998: 1950.

《在中国做鸦片贸易罪过论》，这是英国剑桥大学三位一体学院布道士地尔洼（塞尔瓦尔）写的批评鸦片贸易的小册子。书中指责"鸦片贸易给英国国旗带来了莫大的侮辱"，反映了英国正义人士的呼声。此外还翻译了美国传教士裨治文写的《镇口销烟参观记》。这些书籍和文章对林则徐领导禁烟斗争都很有参考价值。

由于对英外交斗争的需要，特别是发生了英国人在尖沙咀杀害中国村民林维喜的案件后，林则徐急需了解外国法律，以便在外交斗争中有所依据。他便命袁德辉和美国传教士伯驾摘译了瑞士人滑达尔所著的《国际法，运用在行为和民族与主权事务的自然法则的原则》一书，定名为《滑达尔各国律例》，内容涉及战争与封锁禁运等条款，林则徐可以说是中国引进国际法的第一人。

为了加强国防和进行反侵略战争，林则徐还组织翻译外国人编写的军事技术著作，如关于西式大炮的操作瞄准、发射技术的《大炮瞄准法》以及一些武器制造、应用方面的书籍。他还精心收集各种外国军舰的资料，如《花旗战船图》《安南国师船图》《车轮船图》等。

林则徐甚至还让人翻译外文的图章和广告，如英国领事义律、副领事参逊，荷兰总管番巴臣，美利坚总督士那等人的外文图章。还有伦敦商人加利造卖地球仪的广告，称之《地球招牌》，以及盼哩出售新出地理志、全球总图和欧罗巴、亚细亚、美利坚地图的广告，称之《地图招牌》。表现了林则徐探求新知识的高度热情。

由于林则徐大力倡导"翻夷书，知夷事，筹夷情"，以致当时在广东出现了一个"海外图说毕集"的局面。他收集的大量有关外国的资料，后来曾把一部分交给魏源编写《海国图志》，还有一些带到西北陕甘总督任上，其亲信幕僚陈培德曾阅读并抄录了80多页，辑成一册，取名《洋事杂录》。据陈培德的跋语，这仅是林则徐关于外国资料的"千百之一"而已。其中还记录了林则徐如何向归国华侨了解国外情况，如归侨容林是广东香山县南屏村人，曾到过英国。归侨温文伯也是广东人，曾在印度孟加

<<< 第六章 林则徐、魏源研究：近代开眼看世界的先驱者

拉住过。林则徐曾请容林和英国医生史济泰一起"同述"有关西方各国史地以及英国向东方扩张和在印度各地种植加工鸦片的情形。①

林则徐还敢于放下"天朝大吏"的架子，利用各种机会，派人或亲自向外国人了解情况，并向他们宣传禁烟运动的正义性。1839年6月15日，他利用外国人到虎门参观销烟的机会，亲自接见了美国传教士裨治文、商人查理经夫妇、副领事弁逊等，向他们询问各种鸦片的名称、价格以及英国海军和汽船的情况。还向他们提出两个问题："为什么英国人都离开了内河？同英国女王通信以什么方式最好？"并告诉他们："中国政府对今后走私鸦片，必予以最严厉的惩处，而对于从事正当贸易的外商，则将给予恩惠，且走私决不容牵累合法贸易。"② 当印度孟加拉人沙律、沙洁两人因遭风遇险而由福建送来广州时，林则徐知道孟加拉是鸦片主要产地，便让怡良派人去找他们了解鸦片如何栽种、制造？每箱鸦片成本多少？交税多少？

林则徐与在广州开设眼科医院的美国传教士伯驾也有多次交往。最初是在1839年7月，林则徐派人给伯驾送去《滑达尔各国律例》一书的某些章节，请伯驾帮助翻译，并要求他谈谈对鸦片的看法，以及对那些已染上烟瘾的人的一般治疗方法。后来又派人向伯驾要过戒烟药和治疗自己所患疝气的药物。还请伯驾帮助将林则徐所拟的致英国女王照会译成英文。伯驾也曾赠给林则徐一本地图集、一部地理书和一架地球仪。林则徐常用它们来查找地名和核实各国之间路程。③

林则徐与外国人谈话最长的一次是接见英国医生喜尔等人。1839年10月12日，英国三桅船杉达号在海南岛附近遇难沉没，幸存者只有十余人，林则徐获讯，即命令地方官把他们护送到广州，并给予很好的待遇。12月

---

① 林则徐辑，陈德培手抄，林永俣彭金兴校点. 林则徐《洋事杂录》[J]. 中山大学学报（哲学社会科学版），1986（3）：14-34.
② 《中国丛报》可见中国史学会. 鸦片战争：第二册[M]. 上海：上海神州国光社，1954：412.
③ 爱德华·V. 古利克. 伯驾与中国的开放[M]. 桂林：广西师范大学出版社，2008.

191

16日上午，钦差大臣林则徐亲自在广州天后宫接见了杉达号船上的英国人加力臣、喜尔等15人，并与他们进行了长时间的谈话。林则徐对他们这次不幸沉船遇难表示慰问，并指示地方官吏给予周到的招待，使这些英国人深受感动。林则徐还利用这个机会向英国人当面宣传禁烟政策，严肃而又耐心地向他们说明中国禁烟完全是由于英国鸦片贩子违背中国禁令在中国贩运毒品而引起的。"我奉皇帝命令到广东来，决心不顾一切危险，扑灭鸦片！"喜尔写道，林则徐"对于英国人并无丝毫仇隙，只是痛恨那些贩运鸦片的英国人，如果捕获带有鸦片之人，不分英国人或中国人，一律同罪"①。林则徐还向他们调查各种鸦片的产地，让喜尔把这些地名写下来。在会见过程中，林则徐还请他们帮助修改一份致英国女王的照会。这份照会是他亲自起草，已经袁德辉和英国商人威廉享德及美国传教士伯驾等多次翻译修改，但他仍不放心，再请喜尔等人检查一遍，又改正了几个不妥之处。这份照会的英文译本，后来于1840年1月18日交英国船担麻士葛号带往伦敦。

林则徐与喜尔等英国民间人士谈话时，完全不摆天朝大官的架子，站着与他们谈笑风生。当提到喜尔等人是否在广州听到他病重的谣传时，不禁大笑起来风趣地问，你们看我身体如何？听到喜尔等人说他很健康时非常高兴。他还仔细察看了英国人穿的西服和军官服，甚至戴起眼镜来细细端详。最后林则徐还希望喜尔等人回国后，向英国人介绍自己在中国的见闻。这次会见充分表现了林则徐既坚持反对鸦片侵略的正义立场，同时又区分英国鸦片贩子与正当商人和一般英国人民，实行"奉法者来之，违法者去之"的区别对待政策。他对外国人以礼相待、亲切友好的态度，给这些遇险者留下极为深刻的印象。

林则徐询访外人的记录除上述记载外，在《洋事杂录》中还有《夷人在广口述中国月份》《夷人在该国口述月份》，葡萄牙管理澳门事务夷官委

---

① 中国史学会. 鸦片战争：第五册 [M]. 上海：上海人民出版社，1957：321-326.

<<< 第六章 林则徐、魏源研究：近代开眼看世界的先驱者

利哆对中葡关系的介绍，英方翻译罗伯聃叙述英国和印度的政治、经济、金融、货币情况，还有英国随军牧师斯坦顿的供词，涉及英国来华水陆路线、日程，英国离俄罗斯途程等问题。林则徐甚至还通过汉字注英语读音来学习英语，如《洋事杂录》中有关于月份、数字、官员职称姓名、外币名称以及一些日常用语的英语汉字读音，反映了他学习新知识的热情。

林则徐放眼世界探求外国知识的行动表现了他的远见卓识，是那班腐朽愚昧的清朝贵族官僚所无法比拟的，虽然其对世界的认识还受到历史的局限，但毕竟走出了睁开眼睛看世界的第一步。因此我们可以说，林则徐既是伟大的反侵略的爱国者、民族英雄，又不愧是近代中国人认识世界的先驱者、近代中国开眼看世界的第一人。

（初稿原载王晓秋著《民族英雄林则徐》，河北教育出版社 1992 年）

第二节　林则徐笔下的清代西北丝绸之路

古代西北陆上丝绸之路，自西汉张骞出使西域，开辟了中国通往中亚、西亚的交通路线之后，逐渐成为中国与西方通商贸易和交往的主干道。这条路线大致是从汉代首都长安（今西安）出发，经甘肃河西走廊，进入西域（今新疆及中亚），然后经西亚到达欧洲地中海沿岸。这条陆上丝绸之路经过两汉、魏晋南北朝时期的经营发展，到隋唐时期出现空前繁荣景象。宋元时期，海上丝绸之路兴盛发达起来。至明清时期，由于航海与造船技术的进步，特别是东西方新航路的开辟，海运更为便捷安全，东西方交通贸易逐渐转变为以海路为主。因此有清一代，西北陆上丝绸之路已经丧失中西交通主干道地位，加上受自然条件变迁、战乱频繁以及中国政治商贸中心东移的影响和政府管理不善、基础建设落后等原因，而日趋衰败没落。但是，它毕竟仍是内地与西北陕甘、新疆地区交通的必经之

193

路。那么，清代西北丝绸之路的真实面貌究竟如何呢？当时人对此鲜有记载，更少有人专门去做实地考察，然而道光二十二年（1842年），林则徐在流放新疆途中所写的日记，却正好为后人留下了翔实、具体、生动的记录。

清代中叶，西北丝绸之路旧道，是京师经陕甘到新疆的官道。清政府在官道上设置军台、驿站，并配备一定数量的驻守官兵、马匹、车辆和食宿必需物资，主要供递送军情命令、奏报，接应往来官员、差役，以及押送军流人犯、遣送获罪官员所用。

林则徐在鸦片战争前期，领导广东军民进行反对英国鸦片侵略和武装侵略的英勇斗争，为维护国家主权和民族尊严立下了卓越功勋。可是却遭到投降派的诬蔑陷害，道光皇帝竟斥责林则徐禁烟抗英"办理不善""别生事端"，以至"糜饷劳师"，而将其撤职查办。1841年6月28日更下旨将他"从重治罪"，流放新疆伊犁。尽管中途曾受命协办河南开封黄河筑坝工程，但在大坝合龙之日，却接旨"仍往伊犁"效力赎罪。林则徐由于"河工积劳"，身染疾病，1842年5月至7月，暂留西安调治。病愈后，于1842年8月11日（道光二十二年七月初六）从西安出发，踏上前往新疆伊犁的漫长戍途，同时也开启了对西北丝绸之路长达四个月的实地体验与考察。

我们先来看看林则徐流放的路线和行程。根据《大清会典》等资料，自京师至新疆伊犁的官道，计程约11000多里，途经155个驿站。而林则徐从西安出发，至1842年12月10日（道光二十二年十一月初九）抵达流放地伊犁，约有8000里路程，途经100余个驿站。其间总共在西北丝绸之路旧道上跋涉了四个多月即125天之久。林则徐每天都写日记（又称《壬寅日记》或《荷戈纪程》），详细记录每日行程和路线，现据中华书局《林则徐集·日记卷》排列其具体行程地点和日期（为查阅方便起见，仍用日记原稿的农历月日)。①

整个行程可分三大段,第一段是从陕西西安到甘肃兰州。林则徐一行于道光二十二年七月初六出西安城,过渭河,经咸阳县(今咸阳市)、醴泉县(今礼泉县),初八日到乾州。经永寿县,十二日到邠州。然后渡泾河,经长武县,十五日到甘肃泾州(今甘肃泾川),十七日进平凉府城。二十日过六盘山,经隆德县(今属宁夏),二十一日至宁静州,二十三日过会宁县城,二十九日到甘肃省会兰州府。

第二段是从兰州经河西走廊至新疆哈密。林则徐于八月初七离兰州,过黄河浮桥,经平番县,过乌稍岭,经古浪县城,十四日到凉州府城(今甘肃武威市)。再经山丹县,二十八日至甘州府城(今张掖市)。九月初一经抚彝,初二经高台县,初五到肃州城(今酒泉市)。初八出嘉峪关,初十经玉门县(今玉门市),十四日到安西州。十八日过星星峡,进入新疆地界,二十三日到新疆哈密城。

第三段是从新疆哈密到伊犁。到哈密后林则徐选择了天山"小南路"的路线。他在日记中详细解释道:"新疆南北两路皆此分途,天山横亘其中。"北路去伊犁,本应从达般、巴里坤走,南路去喀什,应从吐鲁番走。但此时新疆已是冬天,北路达般其寒彻骨,而且"雪后路径难辨,倘有迷误,即陷于无底之雪海。故冬令行人虽往北路,亦多由吐鲁番绕道"。可是偏偏南路吐鲁番道上又有十三间房为古之黑风川,若起大风,能把车马吹到空中,亦行人所惮。幸亏还有一条小南路,由哈密西280里之瞭墩再分途往北,"既避北路达般之雪,又避南路十三间房之风"。于是,林则徐一行九月二十七日至瞭墩,十月初六入奇台县城,十一日至阜康县(今阜康市),十三日进乌鲁木齐城。然后经昌吉县城、绥来县城,过玛纳斯河,

---

① 本文引用的林则徐日记原文,主要根据侯官林氏所藏林则徐道光二十二年壬寅日记原稿抄本排印的《林则徐集·日记卷》,北京中华书局1962年版,引文不再一一加注。坊间另有光绪三年宣南寓斋刻本《荷戈纪程》,因内容文字比原稿本有所改动和减少,故不以为据,特此说明。

二十二日至乌兰乌苏军台。二十五日经库尔喀喇乌苏，二十九日入精河土城。十月初三经托霍木图军台，过赛里木湖、塔尔齐山，十月初九终于抵达流放地伊犁（今伊宁市）。共计行程八千余里，历时125天。

当时西北官道上使用的交通工具仍是以马、牛、骆驼等畜力运输为主。林则徐从西安出发时，由三子聪彝与四子拱枢陪同，雇用了马车七辆，随带行李除日用品外还有许多书籍和为人写字用的宣纸等物。据其日记记载中途换过二次车，到甘肃凉州（今武威市）换雇大车七辆直至乌鲁木齐。但由于路况不好颠簸厉害，在肃州把车轮都换了长辋，"左右车轮离车厢一尺"，才减轻颠簸。到新疆乌鲁木齐后，又另雇赴伊犁车辆，"共大车五辆，飞车即太平车一辆，轿车二辆"。

那么，当时的路况、气候、环境和食宿条件又如何呢？观林则徐日记，可见历尽艰苦磨难。刚出西安不久到乾州就遇到"大雨如注"，"旅馆积水成渠，滚入床下"，"墙屋多圮，不能成寐"。在赴泾州途中"忽起西北大风，余轿中玻璃破一片，凉甚"。出平凉城后，"一路涧水汹涌"，车夫、纤夫叫苦连天。过永昌、山丹一带，小石满路，风雨大作，"须臾雨变为雪，寒冷异常"，"毫无可避风雪之处"。出甘州城"涉河十余道"，水深有至马腹者。经高台盐池驿，道路"多深沙，又系上坡，马力几竭"，当地人称之戈壁。出了嘉峪关，"一望皆沙漠，无水草树木"。进入新疆，过星星峡，"向为宿站，而无旅馆，仅大小两店，皆甚肮脏，借隔邻土屋喫饭，夜在车宿"。"西北风大，出峡皆石路，且多自上而下，车颠甚。""夜大雪，积厚四五寸"，日记中常有不得不"夜宿车中"的记载。出哈密，"皆碎沙石路，车甚颠簸"。路上积雪，辙迹不辨，高低不平，"峡路蜿蜒欲迷者屡矣"。过奇台后，"是日天暖，雪融成泥，路滑多水"。至阜康后，路更难走，融雪泥泞，"己费马力，且路多坎窝，车每陷入"。只要一辆车陷入后面车也只得停行，而且车辆常发生折轴脱辐事故，各种艰难，"不一而足，殊累人也"。快到伊犁时，经历了途中最惊险的一幕。林则徐一行驱车过塔尔奇山，"约二里许至其巅，而狂风大作，几欲吹飞人马,雪又缤纷,扑入车内。欲停车则山巅非驻足之所,欲下岑则陡坡有覆辙之虞"。面对如此险境,林则徐只得舍车而徒步,牵着儿子之手"连袂而下",直到步行二里多,坡不太陡时才又上车。读着林则徐的日记,我们如身临其境,跟着他走过这一条风吹飞沙,雨雪交加,道路泥泞,高低不平,车辆颠簸,人困马乏,夜无宿处的西北丝绸之路上的漫长戍途。

林则徐在日记中对西北丝绸之路途中的山水、城乡、民俗、民生见闻,也有不少生动具体的描写。尽管历尽艰辛,仍有不少乐观风趣的文字。如写当时的兰州黄河浮桥,"计二十四舟,系以铁索,后有集古草巨缆联之,车马通行,此天下黄河之所无也"。经平番县十里苦水驿,"沿途皆极荒陋,将至驿则山树皆绿,始有生趣"。"自入高台境内,田土腴润,涧泉流处皆有土木小桥,树林葱蔚,颇似南中野景。其地向产大米,兼多种秋,顷已刈获,颇为丰稔",好似河西走廊上的塞外江南。经过安西马连井,林则徐尚有雅兴下车捡石头,"见东南一带山石多白色,旷野乱石亦往往白如明矾,检数拳,颇可玩"。甚至还带儿子去看淘金,"晚饭后与两儿同往作坊观之,乃知精金固由千磨百炼尽力淘汰而后成也"。到新疆哈密,他除了考证其历史,还赞美"今其地土润泉甘,田多树密,可谓乐土"。在塔西河,他记载清代在新疆移民遣犯屯田之事。"此地民居甚盛,闽中漳泉人在此耕种者有数百家,皆遣犯子嗣,近来闽粤发遣之人亦多分配于此。"至精河军台又见"此地安插遣犯约二百余名,皆令种地及各营中服役,闽粤人尤居其半"。经过离伊犁不远的塔尔奇山下果子沟时,林则徐对该处景色赞不绝口,他写道:"祁鹤皋先生《行记》称此处为奇绝仙境,如入万花谷中。今值冬令,浓碧嫣红,不可得见,而沿山松树,重叠千层,不可计数。雪后山白松苍,天然画景,且山径幽折,泉流清冷,二十余里中步步引人入胜,若夏秋过此,诚不仅作山阴道上观也。"反映了林则徐宽阔豁达的心态和对祖国大好河山的热爱。

林则徐最可贵之处还在于他虽然人在戍途,身处逆境,历尽艰难,但仍然关心国家的安危和民生的冷暖。年已58岁的林则徐在离开西安踏上流放路之前，曾给家人写下了两首留别诗，其中有"苟利国家生死以，岂因祸福避趋之"①的名句。八月上旬在兰州时，在给友人的信中说："自念祸福生死，早已度外置之，惟逆焰已若燎原，身虽放逐，安能诿诸不闻不见。""愈行愈远，徒流忧心如焚耳。"②八月十五日，林则徐在凉州给朋友的诗中写道："关山万里残宵梦，犹听江东战鼓声。"③流放路上连做梦也思念着抗英前线的战事。九月五日，在肃州写给也因抗英被流放新疆的原两广总督邓廷桢的诗中，则表示"中原果得销金革，两叟何妨老戍边"④。以上这些林则徐在西北丝绸之路戍途上写的诗歌、书信，充分表现了林则徐为了国家与民族利益，毫不计较个人祸福荣辱的爱国主义高尚情操。

（原载《明清论丛》第 17 辑，2018 年）

第三节　魏源《海国图志》在日本的传播和影响

倘若要论 19 世纪中叶传入日本而且影响最大的一部中国书籍的话，魏源的名著《海国图志》应该是当之无愧的。《海国图志》在中国出版后不久即传入日本，仅仅数年之间，在日本竟出版了 20 余种翻印或翻译的选本，其速度之快、版本之多，在中外文化交流史以至世界出版史上恐怕都是罕见的。《海国图志》在日本受到广泛的传播和推崇，成为日本幕末一

---

① 林则徐. 赴戍登程，口占示家人[M]//林则徐. 林则徐全集：第 6 册. 福州：海峡文艺出版社，2002：209.
② 林则徐. 致姚木春王柏心函[M]//林则徐. 林则徐全集：第 7 册. 福州：海峡文艺出版社，2002：304.
③ 林则徐. 子茂簿君自兰泉送余至凉州，且赋七律四章赠行，次韵奉答[M]//林则徐. 林则徐全集：第 6 册. 福州：海峡文艺出版社，2002：214.
④ 林则徐. 将出玉关，得嶰筠前辈自伊犁来书，赋此却寄[M]//林则徐. 林则徐全集：第 6 册. 福州：海峡文艺出版社，2002：216.

代的维新志士争相传诵的启蒙读物，甚至被誉为"无与伦比"的"天下武夫必读之书"，对日本的开国和维新都产生了很大的影响。

《海国图志》究竟如何传入日本？在日本有哪些版本？为什么会引起日本人那样大的兴趣？对幕末日本和明治维新到底产生了什么影响？本节试图依据笔者在中国和日本各图书馆和文库搜集到的各种中日文资料，对这些问题进行具体的考察和探讨。

一、《海国图志》的成书和传入日本

魏源（1794—1857），字默深，湖南邵阳人，是中国鸦片战争时期著名的爱国进步思想家。他一生著述丰富，《海国图志》则是其最重要的著作。这部书是在鸦片战争的刺激和林则徐的建议之下写成的。

在鸦片战争之前，中国的封建统治阶级妄自尊大，闭目塞听，对世界形势茫然无知。1840年鸦片战争的炮声像一声惊雷，打破了中国封建统治者的迷梦。英国舰队兵临城下，可是清政府却"实不知其来历"。道光皇帝临时抱佛脚，急忙打听英国究竟在什么地方，有多大，"是否与俄国接壤"[①]？战争的失败以至丧权辱国的结局说明了清政府腐朽落后又对世界形势愚昧无知的可悲。受到鸦片战争的刺激，中国地主阶级知识分子中一批爱国开明的有识之士开始睁开眼睛看世界，了解国际形势，研究外国史地，总结鸦片战争失败的教训，寻找救国的道路和御敌之良策。正如魏源所说，这些都是"凡有血气者所宜愤悱，凡有耳目心知者所宜讲画也"[②]。鸦片战争以及战后闭关大门的开放，使他们能够通过搜集传入的外国报刊、书籍和地图，以及战争中审问英国俘虏和向外国商人、传教士直接询问等途径，获得较多西洋知识。

在这种背景之下，中国近代出现了第一批介绍和研究世界历史、地理及现状的著作，其中最早的一部是林则徐的《四洲志》。林则徐是当时领

[①] 筹办夷务始末：卷四七[M]．北京：中华书局，1964：18.
[②] 魏源．海国图志叙[M]//魏源．魏源集：上册．北京：中华书局，1976：208.

导禁烟、抗英斗争的民族英雄，又十分关心世界大势，堪称"近代中国睁眼看世界的第一人"。他在广东任钦差大臣期间，就组织人翻译西文书籍和报刊。《四洲志》便是他在1841年组织翻译英国人慕瑞的《世界地理大全》并亲自加以编辑取舍和文字修饰而成的，书中叙述了世界五大洲三十多个国家的地理历史，是中国近代第一部比较系统介绍世界地理的书籍。不过，该书基本上还只能算是一部译作。1841年6月，林则徐遭投降派陷害被革职流放北上途中，经过镇江，会见了好友魏源。两人同宿一室，彻夜对榻长谈。林则徐将自己在广州组织人搜集、翻译的一部分外国资料和《四洲志》的手稿，都交给了魏源，嘱托他进一步研究外国史地，编撰一部新书。① 魏源也早有此意，故欣然接受。

魏源在与林则徐会晤以后便开始酝酿《海国图志》的编著，到1842年夏《圣武记》脱稿后更集中力量写作，终于在道光二十二年十二月（1842年1月）编成《海国图志》50卷。② 刊有道光二十二年（壬寅）的邵阳魏氏古微堂木活字本。1844年又有重印的道光二十四年甲辰本。以后，魏源又陆续加以修订增补，1847年补充为60卷，即道光二十七年的丁未本。1849年再加以若干修改为道光二十九年的己酉重订本。1852年又增补到100卷，即咸丰二年（壬子）的古微堂重刊定本百卷本。历时十载的《海国图志》编著增补工作至此才宣告结束。以后百卷本在国内曾多次重刊，前后有近10种版本。

《海国图志》50卷本共57万字，另有地图23幅，洋炮图式8页。百卷本已增补到88万字，并有各种地图78幅，西洋船炮器艺等图式42页。《海国图志》百卷本主要包括以下内容：主体部分是关于世界各国的地理位置、历史沿革、政治制度、物产矿藏、宗教信仰、风土人情及中西历

---

① 魏源的《古微堂诗集》中有一首《江口晤林少穆制府》，诗后附注："时林公嘱撰《海国图志》。"见魏源. 魏源集：下册 [M]. 北京：中华书局，1976：781.
② 魏源在《海国图志自叙》中署称"道光二十有二载，岁在壬寅嘉平月"，嘉平月即十二月。见魏源. 海国图志 [M]. 长沙：岳麓书社，1998：3.

法、中西纪年对照表等的叙述,共占72卷,其中对英、法、美、俄等国介绍尤为详细。第二部分是《筹海篇》,虽只有4卷,却是全书重点之一,主要总结鸦片战争的经验教训,论述"师夷之长技以制夷"的主张和具体建议。第三部分是有关鸦片战争的奏折、上谕和林则徐组织编译的外文报纸上的资料,有《筹海总论》4卷和《夷情备采》3卷。第四部分是有关船、炮、枪、水雷等武器以及测量器具等制造和用法的资料、图样,共12卷。第五部分为《地球天文合论》5卷,介绍了地球运行、太阳中心说等近代自然科学知识。此外,还有世界地图和各地区、各国分地图78幅。因此,《海国图志》不仅是近代中国人自己编撰的关于世界史地的第一部重要著作,也是当时东亚一部内容最丰富的有关世界知识和海防以至总结鸦片战争史经验教训的百科全书。

魏源编撰《海国图志》的资料来源,首先,林则徐的《四洲志》,他把《四洲志》全文87000多字分别辑入各卷之首,作为基本资料,然后在此基础上增补其他材料,并注明:"欧罗巴人原撰,侯官林则徐译,邵阳魏源重辑。"其次,他还引用了历代史志14种,中外古今各家著述70多种,各种奏折30多件,以及一些亲自询问外人了解来的材料。历代史志中用得最多的是《元史》、《明史》、岛志与国外见闻录,如王大海《海岛逸志》、谢清高《海录》、陈伦炯《海国闻见录》等。百卷本中还引用了徐继畬的《瀛寰志略》。外人著作有艾儒略《职方外记》、南怀仁《坤舆图说》等二十余种,引用得最多的是英国人玛礼逊的《外国史略》和葡萄牙人玛吉斯的《地理备考》。书中的世界各国地图则来源于香港英国公司出版的《大宪图》。由于其资料的丰富和新颖,尤其是大量引用西方著作,"以西洋人谭西洋",使《海国图志》成为当时东亚水平最高的一部世界知识百科全书。

那么,《海国图志》又是怎么流传到日本去的呢?

明清两代到日本贸易的中国商船(日本人惯称为"唐船"),经常携带大批中国书籍到日本出售,有时一艘船就携有几百部之多。日本把这些书籍通称为"唐船持渡书"。幕府在长崎奉行所下设有"书物目利"一职，以精通汉籍的官员充当，专门负责进口中国书籍的事务。他们留下了大量的进口汉籍账目（书籍元账），上面详细登记年份、中国商船的编号、船主姓名以及进口汉籍的书名、部数、价格等，有时还注明此书被何人买走，对某些汉籍还做了内容提要（大意书），这些账本为研究中国书籍在日本的传播提供了非常具体、确切的资料。根据日本关西大学教授大庭修所整理出版的长崎图书馆所藏江户时代书籍元账，发现《海国图志》第一次传入日本的时间是1851年（日本嘉永四年）。那年由中国赴日贸易的二号商船带去《海国图志》3部，每部的价格是日币130目[1]（目是江户时代银货币单位，相当1两金货币的1/60）。当时长崎奉行所负责检查中国进口书籍的书物改役是向井兼哲，他发现《海国图志》中有介绍西洋情况与涉及天主教的文字，根据德川幕府发布的《天保镇压西学令》，这类书要交奉行所处理。向井兼哲便写了"大意书"，向奉行所请示。因此，这三部《海国图志》并没有进入市场，而是被上交到江户（东京）。最后的下落是由官方的御文库和学问所各征用一部，另一部则被老中（幕府将军以下最高级官员）牧野忠雅买去。[2] 1852年（嘉永五年）中国商船又带去一部《海国图志》，价格仍为130目，《书籍元账》上记载此书由长崎会所保存。1854年（嘉永七年）9月，中国一号船主陶梅一下子运去了12部《海国图志》，另一位商人姚洪也带去3部，这时价格已经提高到每部180目了。这15部书的下落是官方征用7部，在市场上出售8部。到1859年（安政六年）由于《海国图志》在日本市场上供不应求，因此价格上涨到了436匁一部[3]（匁也是江户时代日本货币单位，与目价值相等）。以上便是《海国图志》最初传入日本的大体情况。

---

[1] 大庭修. 江户时代唐船持渡书研究[M]. 大阪：关西大学东西学术研究所，1967：565.
[2] 大庭修. 江户时代日中秘话[M]. 东京：东方书店，1980：240.
[3] 大庭修. 江户时代唐船持渡书研究[M]. 大阪：关西大学东西学术研究所，1967：570，575，646.

二、日本出版的《海国图志》各种选本

魏源的《海国图志》传入日本以后，很快就受到日本有识之士的重视和欢迎，纷纷加以翻译、训解、评论和刊印。一时在日本出现了许多种翻刻本（按原文翻印）、训点本（在汉文旁边加上训读符号或假名）及和解本（日文译本），均为《海国图志》的选本。

为什么会出现这种现象呢？首先，由于《海国图志》的输入量有限，而且多数被政府机构和官员征用或买走，民间很难看到。日本文人赖醇在《海国图志训译序》中指出："独憾其舶载不过十数部，故海内希睹无书焉。"把它们训译翻印出来，可以"使海内尽得观之，庶乎其为我边备之一助矣"①。著名学者横山湖山在《亚墨利加总记后编》的跋中也说道："见近时夷情，思御侮之略，而《海国图志》一书，舶载极少，深藏秘府，人不易见。"② 因此，广大日本民间人士迫切希望通过翻印，大量传播，以满足民众渴望读到《海国图志》的要求。

其次，对于一般日本人来说，汉文仍然不太好懂，故而需要加以训点或翻译，以有助于各级官员与民众广泛阅读流传。学者正木笃在《澳门月报和解》的自序中就曾说明，他从事翻译是为了"让武卫国吏以国文（日文）阅读，比兰文（荷兰文）、汉文更容易理解"③。

再次，日本人士认为《海国图志》虽然十分有用，但是全书分量太大，于是便纷纷根据自己的选择和形势的需要，摘其精华或有关部分，进行翻印、训译，编成选本，并加以序跋，以抒发读后的感想和进行评论。

魏源的《海国图志》60 卷本于 1847 年刊行，1851 年传入日本，增补的百卷本 1852 年才出版，1854 年即输入日本。而在 1854 年，日本已经出现了若干种《海国图志》的翻刻本、训点本与和解本。这种翻译、出版中

---

① 赖醇. 海国图志训译·序 [M]. 日本关西大学增田文库藏书.
② 横山湖山. 亚墨利加总记后编·跋 [M]. 日本关西大学增田文库藏书.
③ 鲇泽信太郎. 锁国时代日本人的海外知识 [M]. 东京：原书房，1953：145.

国图书的速度之快是惊人的。据笔者访日期间在日本各图书馆寻访所见，并参考日本学者鲇泽信太郎的《锁国时代日本人的海外知识》等资料的不完全统计，仅仅在1854年至1856年的3年之间，日本刊印的《海国图志》的各种选本就有20余种之多。下面对这些版本一一加以简要介绍。

1854年（日本嘉永七年，同年底改元为安政元年），日本出版了由幕末著名学者盐谷宕阴和箕作阮甫训点的《翻刊海国图志》2卷2册，其内容主要是《海国图志》中的《筹海篇》。这部书为什么会出得这么快呢？盐谷宕阴在序言中说明："此书为客岁清商始所舶载，左卫门尉川路君（当时幕府负责海防外交的官员川路圣谟）获之，谓其有用之书也，命亟翻刊。原刻不甚精，颇多伪字，使予校之。其土地品物名称，则津山箕作庠西（箕作阮甫），注洋音于行间。"[1]可见，日本人士是把《海国图志》作为一部对日本了解世界形势和加强海防极其有用之书，急于加以翻刻训点，而首先刊印其中总结鸦片战争经验教训、论述海防策略的《筹海篇》，也正是这个缘故。

1854年还出了一种《澳门月报和解》1卷1册，由正木笃翻译。内容是《海国图志》中收录林则徐组织翻译澳门西文报刊所编的《夷情备采》部分，其中包括论汉土、论茶叶、论禁烟、论用兵、论各国夷情等篇。另一种由大槻祯译的《海国图志·夷情备采》，与上述《澳门月报和解》的内容差不多，于同年由蕉阴书屋刊行。

由于当时美国与日本交涉较多，尤其是1853年和1854年两年，美国培理舰队两次远征日本，并迫使日本签订了《神奈川条约》，敲开了日本锁国大门。因此，日本人迫切希望了解美国的历史地理，而《海国图志》中的美国部分就成了他们的重要参考资料。仅1854年内，翻刻、译解《海国图志》美国部分不同名目的选本就有8种之多，有一种名叫《海国图志·墨加洲部》，共8卷6册，翻刻者是中山传右卫门；另有一套3种是

---

[1] 盐谷宕阴. 翻刊海国图志·序[M]. 东京：江都书林，1854.

由学者广濑达所译，包括《亚米利加总记》1卷1册，云竹小居出版；还有《续亚米利加总记》2卷2册；《亚米利加总记后编》3卷3册。此外，正木笃也译了两种，即《美理哥国总记和解》（由常惺簃刊行，有1册本与3册本）和《墨利加洲沿革总记补辑和解》。此外，还有署名皇国隐士所译的两种：一种叫《新国图志通解》，4册，也是《海国图志》的美洲部分，"新国"即美洲新大陆之意。书中把原著里的中国年号改为日本年号，固有名词都用日本假名，以便日本读者阅读。另一种叫《西洋新墨志》4卷2册，内容与正木笃译的《墨利加洲沿革总记补辑和解》大体类似，也改为日本年号，并配有"西洋五层大军舰图"等11幅插图。

除了美国之外，当时与日本经常发生交涉摩擦的国家还有英国、俄国等国。因此，1854年日本也翻译出版了《海国图志》中有关英国、俄国史地部分的选本。关于英国的，一种是正木笃译的《英吉利国总记和解》1卷1册，由常惺簃刊行。译者在序中指出，俄美虽类虎狼，而英国更加"强悍狡黠，黩武极力于剽掠"①，因此必须加以提防。另一种是小野元济的《英吉利广述》2卷2册，游焉社出版。关于俄国的则有大槻祯译的《海国图志·俄罗斯总记》1卷1册。大槻祯在自序中认为，"俄罗斯在坤舆中，称雄大之邦，而北方与我虾夷仅隔一衣带水，其形势情状，不可不详也"。魏源的《海国图志》"详叙其国事，读之多所发明，独惜武夫俗吏之不能遽解"，故而翻译过来，可以"有补海防万分之一矣"。②

1855年（安政二年）在日本又有5种《海国图志》的翻刻、翻译本问世。服部静远训译的《海国图志训译》分上、下两册，主要包括原著中有关炮台、武器、火药、攻船水雷图说等部分。卷首有赖醇写的序，书上还盖有"买卖不许，三百部绝版"的官印。

南洋梯谦的《海国图志筹海篇译解》，3卷3册。该书基本上就是

---

① 正木笃. 英吉利国总记和解·序［M］. 日本：常惺簃刊，1854.
② 大槻祯. 海国图志俄罗斯总记·序. 鲇泽信太郎. 锁国时代日本人的海外知识［M］. 东京，原书房，1953：149.

1854年盐谷、箕作的《翻刊海国图志》的日文译本。

盐谷宕阴与箕作逢谷又翻刻了一部《翻刊海国图志鲁西亚洲部》，2卷2册，由青藜阁发行。盐谷宕阴在《再书俄罗斯图志后》一文中指出："讲究边防、最虑鄂房（俄国），与我接壤，大我数十倍，为患最深。"[①]他们合作的另一部书是《翻刊海国图志普鲁社洲部》，1卷1册，这是江户时代唯一的一部关于德国史地的书籍。

此外，关于法国的有大槻祯翻译的《海国图志·佛兰西总记》，1卷1册，由蕉阴书屋出版。

1856年（安政三年），又有两种《海国图志》的翻刻本出版。一种是盐谷宕阴和箕作逢谷翻刻的《翻刊海国图志英吉利国部》，共3卷3册，也是青藜阁刊行。盐谷宕阴在《题英吉利图志》中指出："清之与英，尝有鸦烟事（鸦片战争），故魏源氏纂是编于英夷特详。"他还认为："清人畏英如虎"，然而，"以余观之，英夷将不久而衰"。[②]

另一种是关于印度的，即赖醇训点的《海国图志印度国部附夷情备采》3卷3册。为什么要选择印度部分呢？家长政惇在《翻刻印度国志·序》中认为这是由于印度的地理位置很重要，"亦可谓五大洲之枢纽"[③]。书中还附有"东南洋各国沿革图""西南洋五印度沿革图""小西洋利末亚洲沿革图""大西洋欧罗巴各国沿革图"等四幅地图。另外，作为该书附录的《夷情备采》部分中收录了以前各书未录的"华事夷言""贸易通志""译出夷律"等内容。

笔者根据在日本各图书馆寻访所见，并参考鲇泽信太郎《锁国时代日本人的海外知识》等资料，将1854—1856年日本出版的《海国图志》选本列表如表6-1所示。

---

① 盐谷宕阴.再书俄罗斯图志后［M］.日本：青藜阁，安政二年（1855）.
② 盐谷宕阴.题英吉利图志［M］.日本：青藜阁，安政三年（1856）.
③ 家长政惇.翻刻印度国志·序.鲇泽信太郎.锁国时代日本人的海外知识［M］.东京，原书房，1953：143.

第六章 林则徐、魏源研究：近代开眼看世界的先驱者

表6-1　1854—1856年在日本出版的《海国图志》选本

出版年代	选本书名	卷册数	翻刻、训点、翻译者	内容
1854年 （嘉永七年 安政元年）	翻刊海国图志	2卷2册	盐谷宕阴、箕作阮甫训点	筹海篇部分
1854年	澳门月报和解	1卷1册	正木笃译	夷情备采部分
1854年	海国图志夷情备采	1卷1册	大槻祯译	夷情备采部分
1854年	海国图志墨加洲部	8卷6册	中山传右卫门翻刻	美国部分
1854年	亚米利加总记	1卷1册	广赖达译	美国部分
1854年	续亚米利加总记	2卷2册	广赖达译	美国部分
1854年	亚米利加总记后编	3卷3册	广赖达译	美国部分
1854年	美理哥国总记和解	1卷1册 3册	正木笃译	美国部分
1854年	墨利加洲沿革总记补辑和解	1册	正木笃译	美国部分
1854年	新国图志通解	4册	皇国隐士译	美国部分
1854年	西洋新墨志	4卷2册	皇国隐士译	美国部分
1854年	英吉利国总记和解	1卷1册	正木笃译	英国部分
1854年	英吉利广述	2卷2册	小野元济译	英国部分
1854年	海国图志俄罗斯总记	1卷1册	大槻祯译	俄国部分
1855 （安政二年）	海国图志训译	2册	服部静远译	炮台、武器、火药、攻船水雷图部分
1855年	海国图志筹海篇译解	3卷3册	南洋梯谦译	筹海篇部分

续表

出版年代	选本书名	卷册数	翻刻、训点、翻译者	内容
1855年	翻刊海国图志鲁西亚洲部	2卷2部	盐谷宕阴、箕作逢谷翻刻	俄国部分
1855年	翻刊海国图志普鲁社洲部	1卷1册	盐谷宕阴、箕作逢谷翻刻	德国部分
1855年	海国图志佛兰西总记	1卷2册	大槻祯译	法国部分
1856年（安政三年）	翻刊海国图志英吉利国部	3卷3册	盐谷宕阴、箕作逢谷翻刻	英国部分
1856年	海国图志印度国部附夷情备采	3卷3册	赖醇翻刻	印度部分华事夷言贸易通志译出夷律

从表6-1中可以看出，仅仅在1854—1856年3年之内，日本出版的关于《海国图志》的选本就有21种。其中翻刻、训点本有6种，日译本有15种。按选本的内容看有关筹海篇、夷情备采、武器图说等方面的有5种，关于美国的有8种，其他还有关于英国的3种，俄国的2种，法国、德国、印度的各1种，从中也反映出当时日本人对世界各国不同的关心程度。总之，像《海国图志》这样一部中国书籍在出版后的短短几年内，在另一个国家日本居然就有那么多种版本的翻印本和翻译本，这在世界各国文化交流史上恐怕也是十分罕见的。

三、《海国图志》对日本的影响

"百事抛来只懒眠，衰躯迫及铺縻年。忽然摩眼起快读，落手邵阳筹海篇。"[①] 这是日本江户时代末年著名诗人梁川星岩的一首诗，描写他在读

---

① 梁川星岩. 读海国图志后 [M] //梁川星岩全集：第2卷. 日本：梁川星岩全集刊行会，1957.

>>> 第六章 林则徐、魏源研究：近代开眼看世界的先驱者

到魏源《海国图志·筹海篇》时那种兴奋激动的心情。

《海国图志》为什么会引起幕末日本人士如此浓厚的兴趣，产生那样大的吸引力和启迪作用呢？

首先是《海国图志》使他们扩大了眼界，帮助他们了解世界各国的情况。

锁国时代，幕末日本人虽然已经翻译介绍了一些外国地理知识，但是毕竟只能从来长崎贸易的荷兰商人那里得知一点比较有限的世界知识，因此当日本遭到西方冲击而中国的鸦片战争又向日本敲起警钟时，日本朝野上下痛感世界知识之贫乏与了解外国情况之重要。学者大槻祯在《海国图志·夷情备采》的序中指出："海防之道，莫要于知夷情也。知夷情则强弱之势审，而胜败之机决矣；不知夷情，则事来乖错，变每出意测之外矣。故知夷情与不知夷情。利害之相悬，奚啻天渊哉！"他盛赞魏源的《海国图志》："其叙海外各国之夷情，未有如此书之详悉者也。"所以他"因译以刊行，任边疆之责者，熟读之得其情，则战以挫其锐，款以制其命。国势一张，折冲万里，虽有桀骜之资，彼恶能逞其伎俩哉？"[①]

盐谷宕阴在《翻刊海国图志序》中说，从前中国人视外国，"不啻犬豕"，对于外国地理政治，"懵乎如瞽瞍摸器"。然而《海国图志》一书，介绍世界各国形势，"采实传信"，"精华所萃，乃在筹海、筹夷、战舰、火攻诸篇"。"夫地理既详，夷情既悉，器备既足，可以守则守焉，可以战则战焉，可以款则款焉，左之右之惟其所资。名为地志，其实武经大典，岂琐琐柳书之比。"[②] 他还在《地理全志序》中强调了解世界知识的重要性，"今也夷欲罔厌，海运日熟。彼之来者岁益多，而我亦将有事于四瀛焉，则文治武德不得不俱资于地志也"。而在当时所有介绍世界舆地的书籍之中，他认为"以《海国图志》《瀛寰志略》为核实"。[③]

---

① 大槻祯. 海国图志·夷情备采·叙 [M]. 日本关西大学增田文库藏书.
② 盐谷宕阴. 翻刊海国图志·序 [M]. 日本：江都书林，1854.
③ 盐谷宕阴. 地理全志·序 [M]. 日本：爽快楼，1859.

正木笃介绍道："清魏源重辑《海国图志》若干卷。中有各国总记，实系欧罗巴人原撰而林则徐所译也。尝闻其所记载者，洋国政治风俗以及巧艺布帛飞潜动植之微，皆胪列而揭之。故欲知洋国之概，足以取证焉。"①

广濑达还指出，当今之人对于外国人或轻视傲然，或恐惧害怕，都是因为不了解海外形势的缘故。因此读《海国图志》"以了解海外形势"②，可以得到正在冲击日本的西方列强如美国、英国、俄国的许多具体情况，这样就有助于减少盲目性，采取正确的外交政策和海防策略，不至于像中国鸦片战争时的道光皇帝那样茫然无知、惊慌失措。

因此，中国近代第一部系统介绍世界史地的名著《海国图志》传到日本，对于幕末还不太了解世界形势的日本人来说，简直是天赐之宝书，这部书打开了他们的眼界，武装了他们的头脑。所以杉木达在《海国图志·美理哥国总记和解跋》中高度评价道："本书译于幕末海警告急之时，最为有用之举，其于世界地理茫无所知的幕末人士，此功实不可没也。"③

《海国图志》不仅向日本人提供了世界史地知识，而且还总结了中国鸦片战争的经验教训，提出了不少加强海防、抵御外敌的建议。这对于幕末面临西方列强侵略、急于加强海防的日本人来说，也有很大的启发与帮助。

学者南洋梯谦曾叙述自己阅读《海国图志》的感受。开始他以为魏源所述御夷之术，"自谓出韬略之右"，可能是自我吹嘘，"余以其为过情难信"。后来，他仔细读了《海国图志》，特别是其中的"筹海篇"，"谓水陆异战法，器械亦随变，惟巨舰大炮之尚。洋夷虽有英、佛（法）、俄罗、弥利（美）之别，而至器械则同，大舰与炮矣。于是有水手操麾弓马之将，就卒伍之势。"这才相信"魏氏之言不诬也！"并推崇《海国图志》是

---

① 正木笃. 海国图志·美理哥国总记和解：上册：自序 [M]. 日本：常惺簃，1854.
② 广濑达. 海国图志·亚米利加总记·自序 [M]. 日本：云竹小居，1854.
③ 杉木达. 海国图志·美理哥国总记和解：上册：跋 [M]. 日本：常惺簃，1854.

一部"天下武夫必读之书也。当博施以为国家之用"①。

幕末著名学者横山湖山在《英吉利广述序》中谈到自己对《海国图志》认识的转变过程，也很有意思。最初，他的学生小野元济译完《海国图志》的英国部分后，请老师一阅，却遭到横山的斥责："咄！讲经读史塾规具在，汝何骋奇好新之为也！"② 批评小野无济为了追求新奇，违反了讲经读史之道。然而，当横山认真阅读了小野的译稿，特别是看到魏源对英国侵略者狡黠的分析与所述海疆防御之策以后，十分佩服，不但改变了原来的看法，而且欣然亲自为小野元济译的《海国图志·英吉利广述》写了序言。

当时不少日本人士都盛赞《海国图志》对日本加强海防所起的作用。如赖醇指出："使海内尽得观之，庶乎其为我边防之一助矣！"同时，他又提醒："然各国殊势，俗尚异宜，有彼此可通用者，有彼便而我不利者，要在明识采择焉耳。"③ 对于外国科学技术，只有结合本国实际，加以选择吸收，才是明智的态度。

可以说，《海国图志》影响了日本幕末的一代知识分子，尤其是给予那些要求抵御外敌、革新内政的维新志士以启迪，从而推动了日本的开国与维新。故而，广濑旭庄在其《九桂草堂随笔》中赞叹《海国图志》是"无与伦比"的"有用之书"。④

四、《海国图志》与日本维新志士

中国近代著名思想家梁启超在1902年写的《论中国学术思想变迁之大势》一文中曾指出，《海国图志》"奖励国民对外之观念"，致使"日本之平象山（佐久间象山）、吉田松阴、西乡隆盛辈，皆为此书所刺激，间

---

① 南洋梯谦.海国图志·筹海篇译解·序[M].日本：再思堂，1855.
② 横山湖山.海国图志·英吉利广述·序[M].日本：游焉社，1854.
③ 赖醇.刻海国图志序[M]//海国图志训译.日本：关西大学增田文库藏书.
④ 尾佐竹猛.近世日本的国际观念之发达[M].日本：共立社，1932：52.

接以演尊攘维新之活剧"①。那么，佐久间象山、吉田松阴等日本维新志士究竟是如何受到《海国图志》影响的呢？对此应作具体的考察与研究。

佐久间象山是幕末日本著名的维新思想家，也是尊皇开国论的倡导者。他是信州藩人，1811年生于信浓国松代城，自幼聪明好学，成年精通朱子学，开办象山书院。鸦片战争后，他认为方今之世，光有和汉学问是远远不足的，"非有总括五大洲的大经纶不可"。因此他热心研究洋学，特别是炮学。1842年，佐久间象山曾向藩主上书，提出有名的《海防八策》，建议加强海防，铸造洋式大炮，训练海军，发展海运，起用各藩优秀人才，普及忠孝教育等。1851年，他在江户开办私塾，传授兵学与炮术，兼教汉学与洋学，融合东西学术，声名大振，有弟子500多人。1853年，佐久间象山又向幕府提出《急务十条》，重申加强海防、造舰、铸炮等建议。1854年，因鼓励其学生吉田松阴偷渡海外，而被牵连入狱7个月，在狱中写了《省諐录》。出狱后倡导尊皇开国论，严厉批判幕府的锁国和腐败无能，主张尊皇开国，加强海防，学习西方科学技术，改革内政，维护国家和民族的独立。1864年，被攘夷派刺杀。

佐久间象山在《省諐录》一书中，曾经谈到他读了魏源的著作《海国图志》和《圣武记》后的感想。他说，1842年（日天保十三年），信州松代藩主真田幸贯担任老中，管理海防之事。当时正值中国发生鸦片战争，"英夷寇清国，声势相逮"。象山感慨时事，便向幕府"上书陈策"（《海防八策》）。后来，他读到魏源的《圣武记》，原来也是"感慨时事之所著"。再看魏源写的《圣武记叙》，作于道光二十二年七月，仅比他十一月上书早4个月，"而其所论，往往有不约而同者"。象山不禁感慨万分，拍案称奇："呜呼！予与魏，各生异域，不相识姓名，感时著言，同在是岁，而其所见亦有暗合者，一何奇也，真可谓海外同志矣！"②

---

① 梁启超. 论中国学术思想变迁之大势 [M] //梁启超. 饮冰室合集：文集之七 [M]. 北京：中华书局，1989：97.
② 佐久间象山. 省諐录 [M] //象山全集：卷一. 长野：信侬每日新闻社，1934：12.

<<< 第六章 林则徐、魏源研究：近代开眼看世界的先驱者

佐久间象山虽然十分推崇魏源的著作，但他也不是盲目接受魏源的一切观点，而是结合日本的实际情况，提出自己的海防主张。他还对魏源的某些观点提出批评。如象山不同意魏源只强调坚壁清野、严密防守的战略，而主张讲究炮舰，主动出击敌人于外海。他指出："魏云自上世以来，中国有海防而无海战，遂以坚壁清野，杜绝岸奸，为防海家法。予则欲盛讲炮舰之术，而为邀击之计，驱逐防截，以制贼死命于外海，是为异耳。"他还批评《海国图志》一书中关于炮舰之学，谈得太粗浅。认为"海防之要，在炮与舰，而炮最居首。魏氏海国图识中，辑铳炮之书，类皆粗陋无稽，如儿童戏嬉之为"。并指出其原因是魏源没有深入研究炮学，"凡事不自为之，而能得其要领者无之，以魏之才识，而是之不察。当今之世，身无炮学，贻此谬矣，反误后生，吾为魏默深惜之"。①

佐久间象山与魏源的思想都是在19世纪中叶西方列强对东亚侵略的转折时期产生的爱国革新思想。两人分别成为中日两国维新思想的先驱，虽然身居东海彼岸，互不相识，却真可谓名副其实的"海外同志"。

受《海国图志》影响很大的另一位著名维新志士是佐久间象山的学生、尊皇攘夷论的倡导者吉田松阴。吉田是长州藩人，1830年生于长门国荻城，从小留意海防，16岁时就曾向藩主提出《异贼防御策》。之后到九州、江户游学，博览群书，并从佐久间象山习洋学。松阴在九州游学时，就曾从叶山左内处借阅了《圣武记附录》。他对魏源"夫制驭外夷者，必先洞察夷情"的观点产生强烈的共鸣，认为"不审夷情何驭夷？"1854年，他在佐久间象山的鼓励下，本着"察观万国情态形势，乃为规划经纬"的目的，企图利用美国培理舰队再次来日的机会，冲破锁国铁幕，乘美舰秘密偷渡去海外求学，可惜遭到美舰拒绝，不幸失败被捕，囚禁于野山狱中。

吉田松阴在狱中仍不忘探索救国之道，读了很多书，写下了《野山狱

---

① 佐久间象山. 省諐录[M]//象山全集：卷一. 长野：信侬每日新闻社，1934：12-13.

读书笔记》，其中多次谈到读魏源《海国图志》的体会。1854年11月22日，他在给梅太郎的信中称赞林则徐、魏源两人乃"有志之士"，勤于"蟹行字"（西学），著述出像《海国图志》这样的"好书"。① 他在狱中曾多次写信给朋友催买《海国图志》一书。1855年2月26日，他终于得到了《海国图志》，如获至宝，立即反复阅读钻研。

吉田松阴在读了《海国图志·筹海篇》以后写道："清魏默深的筹海篇，议守、战、款，凿凿中款。清若尽之用，固足以制英寇，驭俄法。"② 他还评论《海国图志》收录西人报刊《粤东月报》（《澳门月报》），"可见这等苦心思虑深远"③。松阴对《海国图志》一书给予高度评价，并说："方今俄、美、英、法，纷纷来我国，魏源之书大行于我国。吾读此记，深感于此。"④ 他利用《海国图志》提供的世界知识，结合日本实际，一方面尖锐批评幕府的锁国政策："不知外国的事情，徒守海岸，困于贫穷，诚为失策。英吉利、佛兰西等小国，能越万里远海统制别人，都是航海之益。"⑤ 另一方面提出了尊皇攘夷，维新改革的主张。他指出："万国环绕，其势如此，若我茫然拱手立于其中，不能察之，实在危险得很。"认为"只有爱民养士，慎守边围，善保其国，才能于群夷争聚之中，举足摇手"⑥。

与佐久间象山一样，吉田松阴对魏源的某些观点也提出了自己的不同见解。如关于西方列强之间的关系，魏源在《海国图志·筹海篇》中认为可以利用俄、美、法之力以遏英，即所谓以夷制夷的策略。松阴却对此提出批评，指出："此乃知其一而未知其二。凡夷狄之情，见利不见义。苟利则敌仇亦成同盟，苟害则同盟亦成敌仇，是其常也。"他还举例说如俄

---

① 吉田松阴．吉田松阴全集：第8卷［M］．东京：岩波书店，1935：298.
② 吉田松阴．吉田松阴全集：第4卷［M］．东京：岩波书店，1935：37.
③ 吉田松阴．吉田松阴全集：第9卷［M］．东京：岩波书店，1935：420.
④ 吉田松阴．吉田松阴全集：第4卷［M］．东京：岩波书店，1935：52.
⑤ 吉田松阴．吉田松阴全集：第5卷［M］．东京：岩波书店，1935：162.
⑥ 吉田松阴．吉田松阴全集：第1卷［M］．东京：岩波书店，1935：349.

<<< 第六章 林则徐、魏源研究：近代开眼看世界的先驱者

国与土耳其开战时，英法就曾一起援助土耳其（指克里米亚战争），恐怕"英法联合之事，也出于魏源考虑之外"。可见魏源的《海国图志》对世界形势的分析，仍有"不当之处"。① 在这点上松阴是要比魏源的认识更加深刻些。

幕末竞相争读《海国图志》的著名维新志士还有横山小楠、桥木左内、安井息轩等人②，他们具体受到《海国图志》的什么影响，还可以做进一步的深入研究。

总之，《海国图志》传入日本以后，得到广泛的传播，产生巨大的影响，成为幕末日本朝野上下尤其是维新志士的重要启蒙读物，对于日本的开国和明治维新，都起到了一定的推动作用。可是，《海国图志》在当时的中国，却没有受到清朝统治集团应有的重视，以至日本人士也为之扼腕叹息。盐谷宕阴在《翻刻海国图志·序》中感慨写道："呜呼！忠智之士，忧国著书，不为其君所用，而反落他邦。吾不独为默深（即魏源）悲矣，而并为清帝悲之。"③ 这确实是发人深省的。

（初稿原载于《中国典籍在日本的流传和影响》论文集，
杭州大学出版社1991年版）

---

① 吉田松阴. 野山狱文稿 [M] //增田涉. 西学东渐与中国事情. 东京：岩波书店，1979：42.
② 井上清. 日本现代史（中译本）：第1卷 [M]. 北京：生活·读书·新知三联书店，1956：215.
③ 盐谷宕阴. 翻刊海国图志·序 [M]. 日本：江都书林，1854.

第七章

综论

第一节 晚清中国改革先驱者的世界认识

一个自我封闭的国家，一个不认识世界的国家，是无法实现近代化的。晚清中国的改革先驱者们在认识世界和走向近代化的道路上，经过了漫长、曲折、艰难的历程。本节试图通过鸦片战争时期的魏源、洋务运动时期的郭嵩焘和戊戌维新时期的康有为这样几位晚清中国走向世界的杰出代表人物及其著作，勾画出19世纪下半叶，为争取中国的独立、富强和进步的改革先驱者们一步步认识世界和推动中国近代化进程的历史轨迹。

一、魏源与睁开眼睛看世界

长期以来，中国历代王朝的统治者都把中国看成是世界的中心，以"天朝上国"自居，而把其他国家视为野蛮落后的"夷狄"，应向自己朝拜进贡。清朝乾隆皇帝给英国国王乔治三世的敕书中就宣称："天朝统驭万国，一视同仁。"[①] 乾隆年间编纂的《皇朝文献通考》对世界的描述是："中土居大地之中，瀛海四环。"[②] 而乾隆与嘉庆年间所编的两部《大清会

---

① 大清高宗纯皇帝实录：卷一四三五[M]. 北京：中华书局，1986.
② 皇朝文献通考：卷二九三[M]. 上海：商务印书馆，1933.

典》中，竟把西方国家包括英国、荷兰、意大利、葡萄牙等，都算作中国的"朝贡国"。1840年，英国发动的鸦片战争，像晴空霹雳，惊破了中国封建统治者的迷梦。可是他们对驾着炮舰入侵的英国人，却"实不知其来历"。道光皇帝仓皇向大臣询问英国究竟在什么地方？到底有多大？他甚至连英国是大西洋岛国这样的地理常识都没有，居然提出英国是否与俄罗斯接壤这样荒唐可笑的问题。[①] 鸦片战争中国丧权辱国的结局，说明了对世界愚昧无知的可悲。

受到鸦片战争的强烈刺激，中国官僚和知识分子中间的一批爱国开明的有识之士开始睁开眼睛看世界，了解国际形势，研究外国史地，总结失败的教训，寻找救国的道路和御敌的方法。而鸦片战争及战后闭关大门的开放，也使他们能够通过收集传入的外国报刊、书籍、地图，以及战争中审问英军俘虏和向外国商人、传教士直接询问等各种方式，获得许多世界知识。

林则徐（1785—1850）可以算得上是近代中国睁眼看世界的第一人。他被道光皇帝派到广东领导查禁鸦片和抗英斗争时，就组织人翻译各种西方书刊。1841年，他组织翻译了英国人慕瑞的《世界地理大全》，并亲自加以修改润色，编成《四洲志》一书。书中叙述了世界五大洲30多个国家的地理历史，是中国近代第一部比较系统介绍世界地理的书籍。不过，该书基本上还只能算是一部译作。

林则徐在广东禁烟抗英有功，却遭到投降派的诬蔑陷害，竟被道光皇帝下令革职并流放新疆。1841年6月，林则徐在北上途中经过镇江会见了好友魏源。两人同宿一室，彻夜长谈。林则徐把自己在广州收集翻译的一部分外国资料和《四洲志》书稿交给了魏源，嘱托他进一步研究外国史地，编撰一部新书。魏源（1794—1857），字默深，湖南邵阳人，是当时著名的学者。他受托后立即埋头著述，除了引用《四洲志》全文外，还征

---

① 筹办夷务始末·道光朝：卷四十七[M].北京：中华书局，1964：18.

引了历代史志、中外著作、翻译书刊、奏稿文件等各种资料，终于在1843年1月编成《海国图志》50卷共57万字。之后又陆续加以修订增补，1847年补充到60卷，1852年又增加到100卷。百卷本全书约88万字，并有各种地图75幅、西洋船炮器艺图说42页。其内容除世界各国的历史地理以外，还有总结鸦片战争经验教训论述海防战略战术的《筹海篇》、翻译西人论述的《夷情备采》及西洋科技船炮图说等。这是近代中国人自己编撰的关于世界史地的第一部重要著作，也是当时东亚国家关于世界知识最丰富的一部巨著。当时中国人编写的其他关于世界史地的著作，还有徐继畲的《瀛环志略》、梁廷枏的《海国四说》等。

魏源的《海国图志》冲破了"中国中心""天朝上国"等传统旧观念，树立了中国并非世界中心而只是世界一员，并且应向外国的长处学习的新世界观念。他把香港英国公司绘制的地球全图放在全书之首，如实反映世界整体面貌和中国在世界上的位置及大小。书中强调"以夷人谈夷地"，利用外国资料，力图介绍世界各国的真实情况及各种近代自然科学知识。更可贵的是，他在《海国图志》中提出了"师夷长技以制夷"的思想，就是要了解世界形势，学习外国先进的军事和科学技术，以实现富国强兵，抵御外国侵略的目标，开创了中国近代向西方学习、探索近代化道路的时代新风，对以后的洋务运动、维新运动都具有重要的思想启蒙意义。

值得注意的是，魏源的《海国图志》很快就传入日本，广泛流传并引起强烈反响，推动了日本的开国与维新。据长崎进口汉籍账目档案，《海国图志》传入日本最早是在1851年，由中国赴日贸易商船带去3部。但被长崎奉行所官员发现书中有涉及天主教的文字，按德川幕府的《天保镇压西学令》上交幕府，最后由官方的御文库和学问所征用。以后仍不断有《海国图志》输入的记载，而且由于在市场上供不应求，书价不断上涨。《海国图志》受到日本有识之士的重视，纷纷加以翻印、研读、评论。据笔者在日本各图书馆调查所见，仅仅自1854年至1856年的3年之中，日本出版的关于《海国图志》的选本就有 21 种之多。其中按原文翻印的翻刻本和加训读符号的训点本有 6 种，日文翻译的和解本有 15 种。选本的内容有关《海国图志·筹海篇》《夷情备采》、武器图说的有 5 种，关于美国的有 8 种，关于英国的有 3 种，关于俄国的有 2 种，其他关于法国、德国、印度的各 1 种，从中也可以反映出幕末日本人对世界各国不同的关心程度。

中国近代第一部介绍世界史地和海防知识的名著《海国图志》传到日本，对同样面临西方列强冲击、急于了解世界和加强海防的幕末日本人士有很大的启发和帮助。因此当时日本学者杉木达高度评价道："本书译于幕末海警告急之时，最为有用之举。其于世界地理茫然无知的幕末人士，此功实不可没也。"① 学者南洋梯谦甚至推崇《海国图志》是一部"天下武夫必读之书也"②。幕末维新思想家佐久间象山、吉田松阴等都深受《海国图志》影响。佐久间象山甚至把魏源称作自己的"海外同志"③。松阴被囚于野山狱中仍潜心钻研《海国图志》。因此，中国近代著名思想家梁启超在一篇文章中认为："日本之平象山、吉田松阴、西乡隆盛辈，皆为此书所刺激，间接以演尊攘维新之活剧。"④

遗憾的是，《海国图志》在中国反而受到统治者的冷落。清朝皇帝和权贵们在鸦片战争后不仅不汲取教训亡羊补牢，改弦更张，反而迷信和议，苟且偷安，依然麻木不仁，不肯积极认识世界。正如魏源所揭露的那样，如果有人主张师夷长技造船制炮，则被斥为"糜费"，如果有人建议翻译洋书、了解外情，则必被指责为"多事"⑤。以至日本人士也为之扼腕叹息。学者盐谷宕阴感叹："呜呼，忠智之士，忧国著书，不为其君所用，

---

① 杉木达. 美理哥国总记和解跋 [M]. 日本：常惺簃刊行，日本安政元年（1854）.
② 南洋梯谦. 海国图志筹海篇译解：序 [M]. 日本：再思堂，1855.
③ 佐久间象山. 跋魏邵阳圣武记后 [M] //日本思想大系：55. 日本东京：岩波书店，1917：415.
④ 梁启超. 论中国学术思想变迁之大势 [M] //梁启超. 饮冰室合集：第 1 册文集之七. 北京：中华书局，1989：97.
⑤ 魏源. 海国图志·筹海篇 [M]. 长沙：岳麓书社，1998：26.

而反落他邦。吾不独为默深悲矣,而并为清帝悲之!"①

二、郭嵩焘与走出国门看世界

19世纪40至50年代最初开眼看世界的先驱者们尚未有机会走出国门。他们描述世界史地的著作,主要是参考西方人编著的书籍、地图和中国的史志、游记等资料编成。由于条件局限,基本上是依靠别人的知识和经验来间接地认识世界。对西方"长技"的认识,也仅停留在武器、科技等方面。

19世纪60年代开始,在太平天国农民起义和第二次鸦片战争的双重打击下,清朝统治集团为挽救自己的统治,进行了一场以"自强""求富"为目标的洋务运动。洋务运动以学习西方军事、工业、科技、教育为主要内容。为此,清政府开始陆续派官员出国游历考察,派外交官长驻外国,还派留学生出国留学。中国少数官僚和知识分子终于有机会跨出国门,通过自己的眼睛观察外国,主动地、直接地去认识世界。俗话说"百闻不如一见",这些人自然会产生新的世界认识,同时也会发生与传统保守势力的冲突。郭嵩焘就是这批洋务官僚知识分子中的佼佼者,同时又是一位孤独的先行者。梁启超曾经这样描写过他:"光绪二年,有位出使英国大臣郭嵩焘,做了一部游记。里头有一段大概说,现在的夷狄和从前不同,他们也有二千年的文明。哎哟,可了不得,这部书传到北京,把满朝士大夫的公愤都激动起来了,人人唾骂,日日奏参,闹到奉旨毁板,才算完事。"②

郭嵩焘(1818—1891),字伯琛,号筠仙,湖南湘阴人。19岁中举人,29岁成进士,历任翰林院编修,江苏道台,代理广东巡抚,兵部、礼部侍郎,跻身于封建士大夫上层。他曾在上海、广东接触过西人、西学,认为

---

① 盐谷宕阴.翻刊海国图志:序[M].日本:江都书林,1854.
② 梁启超.五十年中国进化概论[M]//梁启超.饮冰室合集:第5册文集之三十九.北京:中华书局,1989:43.

办洋务必先"通其情、达其理"。郭嵩焘虽然与曾国藩、左宗棠、李鸿章等洋务派首领关系颇深,却批评他们提倡的练兵、制器、造船、筹饷,都是"末也",而认为西方的"政教",即政治、法律、教育,才是"本也"。可见,他在出国前见识已超过同时代洋务派官员。

1876年,清政府任命郭嵩焘为"出使英国钦差大臣",这是近代中国向西方派遣的第一位驻外公使。在当时,多数封建官僚知识分子都自命清高,轻视涉外事务,甚至把出使外国视为放逐苦差,因此很多人都劝他辞谢使命,以保声名,有人还以为他"可惜""苦命"。连慈禧太后也对他说:"这出洋本是极苦差使","你须是为国家任此一番艰难"。① 郭嵩焘此时虽已年近六十,有病在身,但考虑国家多难,任重道远,而且可以进一步"通察洋情","探究西学和西洋政教",因此毅然受命。

郭嵩焘于1876年年底由上海出发,1877年1月21日抵伦敦,至1879年1月31日离英归国。他在英国虽然只有两年时间,但作为中华帝国出使西方世界的第一位高级官员,经过亲自观察与思考,对世界尤其是西方政治与文化生发出许多新的认识。首先是通过实际考察,他认为对西洋各国再不能以夷狄视之,指出"西洋立国二千年,政教修明,具有本末"。② 他敢于承认西方资本主义文明已超过中国封建文明,并列举大量事实说明欧洲国家的文明程度。如出席伦敦万国公法学术讨论会,见其"议论之公平、规模之整肃",③ 在中国从未见过。承认落后是进步的起点,郭嵩焘树立这种世界认识是需要很大的勇气和理智的。

其次,郭嵩焘对西方世界长处的认识不同于一般洋务派官员常说的练兵、制器(办工业),而更注重西方资产阶级民主的政治制度。他认为,"西洋所以享国长久,君民兼主国政故也"。④ 他对西方国家的议会制加以

---

① 郭嵩焘. 郭嵩焘日记:第三卷[M]. 长沙:湖南人民出版社,1982:49-50.
② 钟叔河. 郭嵩焘伦敦与巴黎日记[M]. 长沙:长沙岳麓书社,1984:66.
③ 钟叔河. 郭嵩焘伦敦与巴黎日记[M]. 长沙:长沙岳麓书社,1984:719.
④ 钟叔河. 郭嵩焘伦敦与巴黎日记[M]. 长沙:长沙岳麓书社,1984:156.

赞扬，不仅亲临会场旁听，而且向人询问并作笔记，还把心得写信告诉亲友，上奏朝廷，希望改革中国政治。他还参观西方监狱等司法机构，对其整洁严明赞叹不已。郭嵩焘批评李鸿章等洋务大员"专意考求富强之术，于本源处尚无讨论，是治末而忘其本，穷委而昧其源也"①。同时，他还提倡学习西方资本主义的经济、文化和教育。他一边实地考察西方国家的工厂、学校，一边探讨西方的经济、教育理论。他主张在中国发展民族企业，以利民政策达到民富的目的；并强调教育在建设近代文明中的重要作用，建议多办学校，多派留学生，学以致用。他还呼吁加强对西方文化学术的介绍和研究，使中国人了解世界，跟上世界发展潮流。他在日记中曾经详细地记述了希腊学术史和欧洲科学史，这可能是近代中国最早关于西方的介绍。

值得一提的是，郭嵩焘在英国还曾会见日本人士，与他们探讨近代化的途径，并对中日两国学习西方的情况加以比较。他在伦敦曾会见赴英考察的日本前大藏大辅井上馨，畅谈经济税收等问题，并询问井上馨读过哪些洋书，记下了亚当·斯密、约翰·穆勒等名字。他在日记中赞叹井上馨"所言经国事宜，多可听者。中国人才相距何止万里，为愧为愧！"他还比较当时中国在英国的留学生不过数人，而且全是学海军的，而日本在英国的留学生则有200多人，仅伦敦就有90人，学习各种技艺。郭嵩焘就亲自见过20余人"皆能英语"。有一位名叫长冈良之助，原是诸侯，也在英国学习法律。他深深感到日本全面学习西方，日新月异，连西方人也佩服其"求进之勇"，而中国人仍然"自以为安"，不禁"深为忧惧"。②

由于郭嵩焘的世界认识超过了前人和同时代人，竟遭到保守势力的诋毁和围攻。他出使之初，曾把途经新加坡、锡兰等地到伦敦的50天见闻写成《使西纪程》一书抄寄总理衙门刊印。因为书中赞扬了西方的政治和文化，并批评中国官员不明时势虚骄自大，立刻引起轩然大波，遭到保守势

---

① 郭嵩焘. 伦敦与巴黎日记 [M]. 长沙：岳麓书社，1984：995.
② 郭嵩焘. 伦敦与巴黎日记 [M]. 长沙：岳麓书社，1984：909.

力的围攻。李慈铭竟责问他"不知是何肺肝?"翰林院编修何金寿甚至弹劾他"有二心于英国"。以致清政府下令把《使西纪程》毁版,禁止刊印。

在出使英国期间,郭嵩焘又遭到顽固派副使刘锡鸿的诬蔑陷害。刘锡鸿向朝廷揭发郭嵩焘的所谓"三大罪",实际上非常可笑。第一件是说郭嵩焘参观甲敦炮台时披了洋人的衣服。他认为"即令冻死,亦不当披!"第二件是指郭嵩焘见到巴西国王时起立,认为"堂堂天朝,何至为小国主致敬!"第三件是揭发郭嵩焘到白金汉宫听音乐,取节目单是"仿效洋人所为"。① 刘锡鸿还抄录英国蓝皮书中称誉郭嵩焘的一段议论,作为其里通外国的证据。郭嵩焘上疏为自己辩解,反而遭到朝廷的斥责。国内保守势力也纷纷要求将他撤职查办,"以维护国体人心"。在这种形势下,郭嵩焘只得自行引退,奏请因病辞职,清政府很快另派曾国藩的儿子曾纪泽接任驻英公使。郭嵩焘回国后再也不受任用,甚至回到故乡湖南,还受到当地守旧士绅的敌视和谩骂。但他却坚定地表示"谤毁遍天下,而吾心泰然"②。这位近代中国第一位驻外公使,宁可做一个在认识世界和走向世界历程上充满悲剧色彩的孤独的先行者。

三、康有为与仿洋改制看世界

1894年至1895年的中日甲午战争在给中国带来巨大历史灾难的同时,也刺激了中华民族的觉醒。甲午之败、马关之辱和接踵而来的瓜分狂潮使中国人普遍产生了亡国灭种的危机感和难于立足于世界民族之林的耻辱感。先进的中国人开始把认识世界与顺应世界潮流变法维新、救亡图存紧密地结合起来。戊戌维新运动的领袖康有为就是其中杰出的代表人物。

康有为(1858—1927),名祖诒,字广厦,号长素,广东南海人。青年时代他除学习传统儒学外也钻研西学,了解世界大势和各国历史。甲午战争后康有为奔走呼号,陈述时势之险恶、救亡之危急。他对世界形势做

---

① 钟叔河.郭嵩焘伦敦与巴黎日记叙论[M].长沙岳麓书社,1984:43.
② 楚金.郭筠仙手札[J].中和月刊,1940,1(12):68-75.

了新的认识和判断，强调当今世界是一个列国竞争的世界，各国"争雄竞长，不能强则弱，不能大则小，不能存则亡"，而中国"既不能出大地之外，又不能为闭关之谋"，只有在竞争中求生存。康有为放眼世界，比较研究各国历史与政治，一方面看到亚非许多国家被西方列强宰割，都是"守旧不变，君自尊，与民隔绝之国也"①，说明守旧就会亡国，可作前车之鉴。另一方面他又看到欧美一些国家和日本通过资产阶级革命或改革走上富强之路，可做学习榜样。例如，俄国通过彼得大帝改革，"变政而遂霸大地"；日本经过明治维新，"改弦而雄视东方"。因此他得出结论：在当今竞争的世界上，要救亡自强，"舍变法外别无他图"。②

过去论者常常强调，康有为的"托古改制"即把儒家圣人孔子说成变法改制的祖师爷，为其发动维新提供历史根据。而笔者认为，康有为的"仿洋改制"才是其发动维新运动的最重要的理论根据，而且更集中地反映了他认识世界、要求向西方学习、走资本主义近代化道路的政治主张。也是他在戊戌维新期间花精力最多的一项工作。

在以康有为为首的维新派的大力宣传鼓动下，许多人认识到要救中国只有维新，要维新只有学外国，年轻的光绪皇帝也决心实行变法。可是，究竟怎么样学外国，外国有哪些变法经验教训呢？皇帝与大臣们都"不知万国情状"。因此，康有为决定下功夫编纂一批各国变政考进呈给光绪皇帝，介绍各国变法经过，"究其本原，穷其利弊"，总结历史经验教训，提出中国近代化的蓝图，以供中国变法维新借鉴采用。据康有为自编年谱，他在1898年戊戌维新期间，先后向光绪皇帝进呈了《俄彼得变政记》《日本变政考》《波兰分灭记》《列国政要比较表》及法国、德国、英国变政考等书。这些书除了《俄彼得变政记》外都没有刊印，以往一般认为经过戊

---

① 康有为. 日本变政考·序 [M] //康有为. 康有为全集：第四集. 姜义华，张荣华，编校. 北京：中国人民大学出版社，2007：103.

② 康有为. 上清帝第五书 [M] //康有为. 康有为全集：第四集. 姜义华，张荣华，编校. 北京：中国人民大学出版社，2007：6.

戌政变早已被销毁，难于再睹其真面目了。然而值得庆幸的是，除了英、法、德等国变政考尚无下落可能根本没写出来外，康有为当年进呈给光绪皇帝的《日本变政考》《波兰分灭记》《列国政要比较表》等书仍原璧保存于北京故宫博物院内。笔者于1980年年初在故宫发现《日本变政考》进呈原本后，曾在《历史研究》杂志发表长篇考证评介文章①。下面对康有为为仿洋改制而写的3部外国变政考略做一一介绍。

《俄彼得变政记》于1898年3月进呈光绪，并收入同年4月上海大同译书局出版的《南海先生七上书记》之中。康有为希望光绪皇帝"以俄大彼得之心为心法"，"以君权变法"②。他首先要求光绪学习彼得大帝顺应历史潮流树立变法决心。其次要求光绪学习彼得"破弃千年自尊自愚之习"，仿行"万国之美法"。最后，针对中国守旧顽固势力千方百计阻挠破坏变法，他希望光绪学习彼得大帝"乾纲独断"，雷厉风行打击旧势力。这部书对光绪皇帝下决心下诏维新起了很大作用。

《波兰分灭记》共7卷，是百日维新后期即1898年8月中旬进呈，其目的和重点是如何扫除变法的阻力把变法进行到底。康有为用这部书为光绪皇帝提供了波兰由于变法不及时、不果断，遭到守旧派破坏和外国干涉，以致变法失败被瓜分灭国的惨痛教训，作为中国的"前车之鉴"。光绪阅后很受刺激和启发，增强了变法的勇气，不久就采取了撤去礼部六大臣职务等打击守旧势力的重大行动。

康有为所写外国变政考中最重要的一部，也可以说是他的仿洋改制维新思想的代表作是《日本变政考》。这是他奉光绪皇帝旨意于1898年七八月间分卷陆续进呈的。笔者在故宫发现的进呈本正文共2函12卷，另有附录《日本变政表》1卷，共约15万字。《日本变政考》是一部编年体史

---

① 王晓秋.康有为的一部未刊印的重要著作：《日本变政考》评介［J］.历史研究，1980（3）：165-178.
② 康有为.上清帝第五书［M］//康有为.康有为全集：第四集.姜义华，张荣华，编校.北京：中国人民大学出版社，2007：26、27.

书,以明治元年至明治二十三年,按时间顺序分条记载日本明治维新后的大事和各项改革措施,并加上自己的按语,一方面分析日本政府采取此项改革措施的原因、方法和意义,论述其成效、利弊;另一方面则结合中国实际情况,提出中国变法维新的具体建议,集中体现了康有为的变法主张。可以说是一份中国通过变法维新向西方和日本学习实现近代化的蓝图。

康有为通过对世界的认识和对东西方各国历史的分析比较,选择了日本明治维新作为中国维新变法最理想的榜样。他认为日本经过明治维新达到富国强兵和甲午战争取胜的成效已足以证明变法的必要性和可能性,而日本明治维新的具体步骤措施也为中国变法指明了改革的途径和方法。日本变法的利弊曲折,则提供了借鉴的经验教训,可以"收日人已变之成功,而舍其错戾之过节"。康有为幻想依靠光绪皇帝像明治天皇一样亲掌大权发号施令,以君权在中国实现自上而下的资产阶级改革。而且日本与中国地理、风俗、文化相近,学习日本变法有许多方便条件和有利的心理因素。因此康有为在《日本变政考》的最后断然宣称:"我朝变法,但采鉴于日本,一切已足。"①

《日本变政考》不仅描述了日本明治维新改革的整个过程,也涉及中国戊戌维新所需变革的各个方面。康有为把自己仿洋改制的主张、建议,有时寓意于记载日本维新的史实之间,有时则直接阐发于自己所写的按语之中。他把这部书进呈给光绪皇帝,希望此书成为光绪皇帝变法的指南、实行戊戌维新和中国近代化的蓝图。所以他在书的跋语中对光绪说:"切于中国之变法自强,尽在此书,臣愚所考万国书,无及此书之备者。""我皇上阅之,采鉴而自强在此。若弃之不采,亦更无自强之法矣!"② 俨然有

---

① 康有为. 康有为全集:第四集 [M]. 姜义华,张荣华,编校. 北京:中国人民大学出版社,2007:274.
② 康有为. 日本变政考·跋 [M] //康有为. 康有为全集:第四集. 姜义华,张荣华,编校. 北京:中国人民大学出版社,2007:274.

欲以一部书救中国的气概。光绪皇帝见到《日本变政考》果然如获至宝，一卷刚进，又催下卷，"日置左右，次第择而行之"。百日维新期间光绪的许多新政命令诏书都参考了《日本变政考》的内容。但是，由于中国戊戌维新与日本明治维新的时代、国情、条件都有很大不同，尤其是中国新、旧势力力量对比太悬殊，1898年9月21日，以慈禧太后为首的强大守旧势力发动政变，百日维新迅速失败。光绪皇帝被幽禁于中南海瀛台，康有为、梁启超被迫流亡海外，连《日本变政考》等书也被长期打入冷宫无人知晓。中国近代化又遭到了一次挫折和延误。

近代中国人认识世界和走向近代化的道路尽管艰难曲折，却在不断前进。中华民族经过一个多世纪的努力奋斗，终于昂首走向世界，自立于世界民族之林，开创了现代化建设的新时代。

（原载于《光明日报》1996年1月30日）

第二节　晚清中国人走向世界的历史轨迹

在21世纪的今天，随着中国改革开放的发展和世界经济日益全球化，中国人走向世界，早已是极为普通平常的事情了。只要看一看北京首都机场的盛况，每天有多少中国代表团出访外国，又有多少中国游客赴海外旅行，便一目了然。

可是，当我们把目光回溯到100多年前的晚清时代，中国闭关锁国的大门刚刚被西方列强敲开的时候，走出国门、走向世界的中国人，尤其是政府官员，只是凤毛麟角，屈指可数，而且他们的脚步是那样蹒跚、踉跄。

那么，晚清中国人究竟是怎样一步一步地走向世界的呢？他们都是些什么人，通过什么途径走向世界的呢？他们在走向世界的过程中遇到了什么样的艰难遭遇和曲折故事呢？本节试图把晚清中国人走向世界的历程大致分为三个时期，简要描述其变化发展的历史轨迹。

一、19世纪40—60年代：华工、洋人雇员和最初的外交使团

鸦片战争前，清政府实行海禁政策和闭关政策，严格限制中国人出海贸易和旅行。1840年英国发动了鸦片战争，用军舰大炮敲开了中国的大门。1842年签订的中英《南京条约》开放了上海等5个沿海通商口岸，从此外国商人、传教士、外交官、军人、旅行家等大批涌入中国。但中国人出国的却为数很少。

19世纪40—60年代出国的中国人大致有以下几类人：

第一类是被西方殖民者诱拐贩卖的中国契约华工，当时被称为"苦力"或"猪仔"。厦门和澳门一度成为所谓苦力贸易的中心。外国洋行及其雇用的买办、掮客，诱骗华工签订契约搭乘外国轮船出洋，贩卖到急需劳工的古巴、美国、秘鲁、澳大利亚等地。据统计，1847—1852年，厦门已输出华工8281名，而1856—1864年，澳门每年送出的华工约有一二万人。这些华工在贩运途中和劳动场所，遭到非人待遇，被当作奴隶和牲畜一样残酷虐待，死亡和伤残率很高，生活极为悲惨。这与非洲黑奴贸易一样，根本不是正常的国际人员交往。后来还有一些华侨和华工出海来到东南亚各国开垦和移民。

第二类出洋的中国人是个别从事对外贸易的商人或替西方商人、洋行，外国外交、宗教、文化教育机构团体服务的买办、雇员、翻译。如福建人林鍼，受雇于厦门美商，1847年6月到美国，工作一年多后于1849年3月回国，他写了一部《西海纪游草》，是晚清中国人最早的美国游记。书中介绍了自己在美国的见闻，还记录了他在旅美期间援助被英人诱骗到纽约的26名华人打官司回国的故事。又如广东南海文人罗森，寓居香港时认识了英国传教士卫廉士，1854年由其推荐担任美国培理将军远征日本舰队的汉文翻译。随培理舰队到过日本横滨、下田、箱馆等地，参与了日美订约、开埠过程,回国后写了一篇《日本日记》,在香港发表,这是晚清中国人第一部日本游记。还有苏州文人王韬曾受雇于英国传教士在上海开办的墨海书馆。1867年应英国传教士理雅各邀请,赴欧洲访问。王韬曾在英国牛津大学讲演孔孟学说和中英关系,可以说是晚清第一位在欧洲大学讲坛上宣讲中国文化的中国学者。他还把自己携带的一批中文书籍赠送给大英博物馆。1870年回到香港后,办了《循环日报》,还写了《普法战记》。

第三类是由外国传教士带到西方留学的中国青少年。其中最有名的是1847年被美国传教士、香港马礼逊学堂校长布朗带到美国马萨诸塞州留学读书的容闳、黄宽、黄胜三人。容闳1854年在美国耶鲁大学毕业,成为第一个从美国大学毕业的中国人。后来他又曾带四批中国幼童赴美留学,被称为"中国留学生之父"。黄宽后来在英国爱丁堡大学医科毕业,成为经过欧洲医科大学正规训练的中国第一位西医。

第四类出洋的中国人则是由外国人士带领前往西方游历访问的少数中国官员。例如,1866年清政府海关总税务英国人赫德要请假回国结婚,总理衙门便派遣了前山西襄陵县知县斌椿与其子广英以及凤仪、德明、彦慧等3名同文馆学生,随赫德赴欧洲观光游历。他们在英、法、荷、德等9国游历了7个月后归国,这是晚清中国官员走出国门海外游历的第一次尝试。他们所写的游记如《乘槎笔记》《航海述奇》等记录了晚清官员对欧洲最初的见闻。还有1868年的蒲安臣使团。这是清政府向海外派遣的第一个肩负外交使命的正式外交使团,却偏偏要请一位外国人即刚卸任的美国公使蒲安臣来率领,并授予"办理中外交涉事务大臣"的头衔。为了维护面子和平衡列强关系,使团成员还包括两名清政府总理衙门的章京志刚、孙家谷,以及一名英国人柏卓安和一名法国人德善。使团自1868年2月出发,1870年10月回国,历时2年8个月,访问了欧美11个国家。使团基本上被美国人蒲安臣操纵了领导权,他四处包揽交涉、谈判,甚至擅自与外国缔约,而中国使臣几乎成了点缀品和观光客。近代中国政府第一个外交使团竟然由外国人率领和控制,使这次走向世界的行动抹上了屈辱的色彩。但是蒲安臣使团毕竟跨出了中国外交走向世界迈向国际社会的第一步。使团里的中国官员也通过出访大开眼界,接触了新事物、新思想,这可以从他们的游记,如志刚的《初使泰西记》、孙家谷的《使西述略》、张德彝的《欧美环游记》等书中看出来。

二、19世纪70—90年代:驻外使节、游历官员与官派留学生

19世纪70年代,清政府开始向外国派遣外交使节、独立的游历考察官员和官费留学生,中国人由完全被动到逐渐主动地走向世界。

1860年第二次鸦片战争结束之后,列强通过《北京条约》取得公使驻京权利。西方国家陆续派遣公使驻华,并在北京开设公使馆,在上海等地开设领事馆。而清政府直到19世纪70年代才开始派遣赴外使臣。最早在1870年派遣三口通商大臣崇厚为出使法国特使、钦差大臣,其使命只是为"天津教案"向法国道歉。1875年任命的出使英国钦差大臣郭嵩焘,最初的使命也是为了"马嘉理案件"赴英国道歉,然后才转为长驻英国的晚清第一位驻外公使。当时中国官员均以出洋为"畏途""苦差",郭嵩焘开始也以年老多病请辞,经慈禧太后亲自召见,劝他"须为国家任此艰苦",这才勉强接受。出国后,郭嵩焘能认真考察和分析西方国情和现状,在日记和报告中对西方文明有些肯定的描述。不料竟遭到顽固保守派士大夫的群起攻击。尤其是驻英副使刘锡鸿还打小报告诬告郭嵩焘"崇洋媚外""有失国体",甚至有"私通洋人之嫌",以致郭任期未满就被清政府调回。他写的《使西纪程》一书也被禁止发行并毁版。这位晚清中国人走向世界的先行者,最后落得悲剧性下场。自1877年至1878年,清政府陆续在英国、法国、德国、日本、美国等国开设了驻外使馆,派遣了驻外使团,还在旧金山、古巴、新加坡等地开设了领事馆。早期的中国外交官群体为晚清中国人走向世界、认识世界起了重要作用,如郭嵩焘、曾纪泽、薛福成、黄遵宪等人都撰写了许多考察研究外国的报告、日记和著作。

19世纪70—80年代清政府还主动独立地派出一些官员出洋考察、游历和调查。例如，1874年清政府曾派出陈兰彬、容闳等官员专程到美洲古巴和秘鲁调查华工受虐待状况，力图维护华工权益。1876年派遣浙海关文案李圭与海关洋员一起前往美国费城参观世界博览会。李圭从上海出发，途经日本，渡太平洋到美国，再横渡大西洋到欧洲，最后经地中海、红海、印度洋又回到上海。他写了一部《环游地球新录》，不仅记录了费城世博会及各国见闻，而且以亲身经历证明了"地球确实是圆的"。1879年官员徐建寅受北洋大臣李鸿章派遣到欧洲订购铁甲舰，同时考察了各国工厂。他写的《欧游杂录》是中国官员第一次对欧洲近代工业进行深入考察的珍贵记录。这个时期地方大员也开始派员出国游历考察，如1878年四川总督丁宝桢派江西贡生黄楙材游历考察缅甸、印度等国。1879年两江总督、南洋大臣沈葆桢派遣道员王之春赴日本，名义上是观光游历，实际上还负有对日本调查侦察的任务。他回国后写了《东瀛录》，书中还附有日本地图。1886年两广总督派记名总兵王荣和等游历南洋群岛，考察华侨状况。

1887年清政府还通过考试，从中央六部中下级官员（如郎中、员外郎、主事）中选拔钦点了12名海外游历使，分别派赴亚洲、欧洲、南北美洲二十多个国家，进行了为期两年的、以调查研究外国情况为主要任务的海外游历考察。海外游历使们最远到达了南美洲的智利、巴西等国，其路程之远及所到国家之多，是前所未有的。而且游历取得的外国调查研究的成果也是空前的。其中仅兵部郎中傅云龙一人就撰写了游历日本、美国、加拿大、古巴、秘鲁、巴西等国的调查报告和游记、纪游诗等共达110卷之多。可惜这批海外游历使回国后却没有被重用，也没有让他们在外交岗位上发挥作用，他们的外国调查研究成果也被束之高阁未受重视，以致这样一次走向世界的举动，竟然渐渐被历史所埋没和遗忘。

这个时期清政府开始向海外派遣官费留学生。最早是官派幼童留美。1871年在容闳的建议下，曾国藩和李鸿章联名奏请派幼童赴美留学，获清

231

廷批准。在上海设立出洋肄业局招生，从1872年至1875年先后分四批派遣120名10—16岁幼童赴美国留学。他们被分散安排在美国居民家中住宿，在美国的中学毕业后，陆续有50多人考入耶鲁大学、哈佛大学、哥伦比亚大学等美国大学学习。留美幼童在美国学习勤奋，生活丰富多彩，同时思想、习俗也渐渐发生变化，如见了官员不愿下跪，要求穿西装，剪辫子，进出教堂等，因此被守旧顽固派攻击为"适异忘本，目无师长"，要求将留美学生赶快撤回。加上当时美国出现排华风潮，清政府在1881年决定将留美幼童全部撤回，以致幼童留美计划半途而废，令人遗憾！这些留美学生回国后不少人成为清末民初中国政界、军界、外交界、科技界和教育界的著名人物，为中国的现代化建设做出了贡献。如主持修建京张铁路，被誉为"中国工程师之父"的詹天佑、民国第一任内阁总理唐绍仪、清华学堂校长唐国安、北洋大学校长蔡绍基等。

1877年至1897年清政府又先后派遣了4批共80多名学生留学欧洲，主要是英国和法国。因为这些学生大多数是从福州船政学堂学生中选拔出来的，赴欧主要是学习海军和造船和驾驶专业，故史称留欧船政学生。这些学生回国后成为中国早期海军和造船工业的骨干，为中国近代海军的创立、发展和工业化做出了贡献。晚清北洋舰队的主要将领、舰长如刘步蟾、林泰曾、邓世昌、林永升等都是留欧船政学生，并都在甲午战争中英勇为国捐躯。还有近代著名的启蒙思想家、翻译家、民国初年北京大学第一任校长严复，当年也是官派留学英国的船政学生。1896年清政府还选派了唐宝锷等13名学生赴日本留学，这是中国第一批官派留日学生。

值得注意的还有1896年李鸿章的出洋。当时清廷派大学士李鸿章为特命头等钦差大臣出席俄国沙皇尼古拉二世的加冕典礼。他负有"联俄拒日"的使命，与俄国政府签订了《中俄密约》，还应邀访问了德国、法国、英国、美国、加拿大等国，会见了各国元首和政要，如英国女王维多利亚、德国首相俾斯麦、美国总统克利夫兰等。李鸿章使团是19世纪清政府派出的最高级别的外交使团，此行共历时190天，水陆行程9万里，是晚清中国人走向世界历史上一件大事。

三、20世纪初：赴日留学考察与五大臣出洋

1895年甲午战争后，中国民族危机空前严重，广大爱国知识分子强烈要求向西方与日本学习，通过改革或革命救亡图存。因此在20世纪初出现了一个赴日本留学和考察的热潮，成为晚清中国人走向世界第三个时期的新特色。当时清末新政急需人才，清政府实行提倡、鼓励官费、自费并举赴日留学的政策。1905年废除科举考试后，出洋留学也成了知识分子的重要出路。而且日本政府采取主动吸引中国留学生的政策，加上赴日留学路途近、交通方便、费用少、文字习俗相似等因素，都是留日热潮形成的重要原因。留日学生从1901年的200多人，1903年增到1300多人，1904年2400多人，1905—1906年猛增到8000多人，达到最高潮。大批中国青年学生争先恐后涌向日本留学，有的甚至夫妻、父子全家赴日。后来因中日双方的限制政策和国内教育的逐渐普及、欧美国家也积极招收中国留学生，留日热才逐渐降温。1908—1909年减到5000多人，1911年辛亥革命后许多留日学生回国投身革命。与19世纪清政府派往欧美的官费留学生大多学习理工和海军不同，20世纪初以自费生为主的留日学生学习的专业非常广泛，从政法、文史、军事、外语、师范，到理工、农医、商业，以及音乐、美术、体育，等等，而其中以学政法和陆军为最热门。

很多留日学生在日本吸收新知识、新思想，参加爱国运动，逐渐从改良走向革命。他们利用在海外求学的条件，组织革命团体，出版革命书刊，使日本东京成为20世纪初中国革命派的主要海外基地。孙中山领导的同盟会的主要骨干如黄兴、宋教仁、胡汉民等都是留日学生。重要的革命宣传家如陈天华、邹容及历次武装起义的指挥和骨干如刘道一、秋瑾等，也都是留日学生，他们为发动辛亥革命推翻清王朝做出了重大贡献。

另外，归国的留日学生也是清末新政改革的骨干力量。筹备立宪、法制改革、教育改革、军事改革的许多建议、法令、制度都是他们起草的。

233

不少归国留日学生成了清政府各种新政机构的官员和新军的各级军官。

除了赴日留学外，20世纪初还有大批中国官员、士绅、文人、学者或官派或自费赴日本考察游历。他们调查考察日本新政，涉及的范围很广，从宪政、法律、军事、教育、工业、商业、农业、交通到司法、卫生、监狱等等。如教育方面从大学、中学、小学到职业学校、女子学校、聋哑学校、幼稚园，都有深入考察。他们还撰写了不少调查报告和考察笔记，为中国改革和建设提供借鉴和参考。

这个时期还应特别提到1905—1906年的五大臣出洋，它标志着晚清中国官员在走向世界的历程上又迈出了一大步。1905年由于民族危机加深和日俄战争的影响，中国要求立宪的呼声日益高涨，驻外公使和地方督抚也纷纷奏请仿效日本与欧美的政治，实行君主立宪。清廷决定派王公大臣出洋，深入考察欧美与日本的政治，归国报告后再作决策。于是就有了1905年的五大臣出洋。这次出洋的特点是官员级别高、随员多、目标明确、效果显著。出洋人选几经变动，最后派出的是镇国公载泽、户部侍郎戴鸿慈、湖南巡抚端方、山东布政使尚其亨和顺天府丞李盛铎五人，全都是王公亲贵和一、二品大员。还选调了近百名素质高的官员和归国留学生为随员。出洋目的是"分赴东西洋各国，考求一切政治，以期择善而从"。他们分成两路先后考察了欧美13国和日本，共计半年左右。其中，载泽一行重点是考察日本和英国、法国，戴鸿慈、端方一行重点是考察德国、美国和俄国。他们的考察虽以宪政为中心，但实际调查范围很广，涉及议会、政府、司法、工厂、银行、学校等，并请外国政治家和学者讲解宪政原理和各种制度，还大量收集、翻译各类外国图书资料。因此五大臣出洋收获丰硕，效果明显，直接推动了清政府预备立宪的决策。他们一回国就向慈禧太后和光绪皇帝复命，力陈中国立宪之必要，终于促使清廷在1906年9月1日正式颁布"仿行立宪"的上谕。他们还向慈禧和光绪进呈了介绍各国政治的《欧美政治要义》《列国政要》等书和大批外国书籍，对清末新政和预备立宪的各项改革和制度、法律建设有重要参考价值。

此外，戊戌变法失败后被迫流亡海外的维新派领袖康有为、梁启超等也周游列国，考察和分析各国政治和文化，撰写游记。如康有为写了《欧洲十一国游记》，梁启超1902年美洲之行，写了《新大陆游记》。他们的著作为中国人认识世界提供了新的视角和资料。

综上所述，我们可以看到晚清中国人特别是中国官员走向世界的一个大体发展轨迹。从在洋人带领下走出国门，到中国人独立周游世界；从选拔中下级官员海外游历，到派遣王公大臣出洋考察；从出洋观光或泛泛调查异国风情，到全面深入考察外国国情特别是政治制度；从回国后默默无闻几乎被历史遗忘，到推动立宪决策发挥重要作用。反映晚清中国官员在走向世界的艰难曲折道路上，一步一步地在前进，逐步地迈向国际社会，登上世界舞台。但同时也暴露了清王朝的衰败和腐朽，终究不能挽救其最后灭亡的命运。此外，晚清走向世界的中国留学生也经历了从留美幼童的半途而废，到留欧船政学生的甲午悲剧，再到留日学生的革命风潮。中国爱国青年学生通过走向世界，走向革命，终于成了清王朝的掘墓人。

（原载于《文史知识》2011年第2期）

第三节 晚清中国官员三次集体出洋之比较

本节试图以清政府官员从19世纪60年代至20世纪初的三次大规模集体出洋为例，比较其出洋的背景、动机、成员、活动及走向世界的效果、影响等层面，进而探讨晚清中国官员走向世界的轨迹及其历史经验教训。

实例之一：蒲安臣使团（1868—1870）——由洋人带队的中国第一个外交使团

晚清中国官员初次集体出洋，跨出走向世界和国际社会的第一步，应是清政府1868年派赴欧美的第一个正式外交使团蒲安臣使团。尽管在此前的 1866 年，清政府曾派前山西襄陵县知县斌椿率其儿子和三个同文馆学生，随回国休假的海关总税务司英国人赫德赴欧洲游历，开了晚清官员出洋的先例，不过那仅仅是一次试探性的观光旅行。

清政府首次向海外遣使乃形势所迫，同时也颇具戏剧性。19 世纪 60 年代以来，西方列强陆续派遣公使常驻北京，而中国却尚未遣使出洋。清政府已深感："近来中国之虚实，外国无不熟悉，外国之情伪，中国一概茫然，其中隔阂之由，总因彼有使来，我无使往。"① 尤其是 1858 年《天津条约》规定的十年修约之期将至，清政府担心西方列强趁修约之机"索要多端"，急欲事先遣使笼络各国。可是使臣的遴选和中外礼仪纠葛却成为两大难题。无论未出过国不通外语的总理衙门官员，或是毫无外交经验的同文馆师生，都不堪当此重任。"若不得其人，贸然前往，或致狎而见辱，转致贻羞域外，误我事机。"②

正当主持总理衙门外交事务的恭亲王奕訢和文祥等大臣百般焦虑、忧心忡忡之时，在欢送卸任美国公使蒲安臣的宴会上，听到蒲安臣表示"嗣后遇有与各国不平之事，伊必十分出力，即如中国派伊为使相同"③。奕訢等不禁灵机一动，何不干脆请洋人为使呢？既可达到遣使出洋的实效，又能避免中外礼仪的纠葛。在取得蒲安臣的同意和赫德的支持之后，奕訢正式向朝廷上奏"请派蒲安臣权充办理中外交涉事务使臣"。奏折中赞扬前美国公使蒲安臣"其人处事和平，能知中外大体，遇有中国为难不便之事，极肯排难解纷"。而且说明由于中外礼仪不同，"用中国人为使臣，诚不免于为难，用外国人为使臣，则概不为难"。④

于是开始组建清政府第一个外交使团。前美国公使蒲安臣摇身一变，成了中国皇帝的钦差，率领中国外交使团的"办理中外交涉事务大臣"。

---

① 筹办夷务始末·同治朝：卷五〇 [M]．北京：故宫博物院，1930．
② 筹办夷务始末·同治朝：卷五〇 [M]．北京：故宫博物院，1930．
③ 筹办夷务始末·同治朝：卷五一 [M]．北京：故宫博物院，1930．
④ 筹办夷务始末·同治朝：卷五一 [M]．北京：故宫博物院，1930．

为了维护大清帝国的面子，清政府又任命了两名级别不太高的总理衙门章京，即记名海关道志刚和礼部郎中孙家谷，"赏加二品顶戴"，也以同样的名义，会同蒲安臣办理中外交涉事务。为了不得罪英国和法国，寻求列强之间的平衡，又特地聘请英国驻华使馆翻译柏卓安和法籍海关职员德善分别担任"左协理"和"右协理"。此外，使团还包括中国随员、译员（大部分是同文馆学生）等共30多人。

蒲安臣使团于1868年2月25日从上海出发，先乘船横渡太平洋到美国，访问了旧金山、纽约、华盛顿等城市。然后又横渡大西洋赴欧洲，访问了英国、法国、瑞典、丹麦、荷兰、普鲁士、俄国、比利时、意大利、西班牙等国。直至1870年10月18日回到上海，历时两年八个月，先后访问了11个国家。①

对于蒲安臣使团应该给予客观全面实事求是的评价。一方面，蒲安臣使团表现了清政府外交的半殖民地和屈辱色彩。近代中国第一个外交使团居然要由外国人来率领，晚清中国官员的第一次大规模集体出洋竟是在洋大人的带队和搀扶下，摇摇晃晃地迈出国门，小心翼翼地走向国际社会。美国人蒲安臣基本上操纵了使团的领导权。尽管组建使团时总理衙门曾有限制蒲安臣权限的如意算盘，向皇帝报告说："凡于中国有损之事，令其力为争阻；凡于外国有益之事，令其不遂应允，必须知会臣衙门覆准，方能照行。在彼无可擅之权，在我有可收之益。倘若不能见效，即令辞归。"②使团出发前又给蒲安臣8条训令，要求他前往各国，所办之事，所到之处，都应与中国使臣"和衷商酌"，大小事件都要"逐细告知"。遇到重大事情，必须与中国使臣一起"咨明中国总理衙门候议，再定准否"。③也并未授予其订约之权。可是当使团出国以后，蒲安臣便独揽大权，包办

---

① 关于蒲安臣使团的详情可参见王晓秋指导闵锐武撰写的博士论文《蒲安臣使团研究》，中国文史出版社，2002。
② 筹办夷务始末·同治朝：卷五二 [M]. 北京：故宫博物院，1930.
③ 筹办夷务始末·同治朝：卷五二 [M]. 北京：故宫博物院，1930.

各种谈判交涉,甚至擅自订约。如在美国,蒲安臣多次单独与美国国务卿西华德秘密会谈,商订有利于美国输入华工及在华贸易、传教的《中美续增条约》(俗称《蒲安臣条约》)。中国官员直到举行签约仪式时,才被请去出席并画押、盖印,清政府事后也不得不予以批准。中国使臣志刚、孙家谷在前期几乎成了点缀品和观光客,主要活动是参观游览。直到1870年2月蒲安臣在俄国彼得堡因病去世,使团才由志刚主持。

另一方面,蒲安臣使团作为中国政府出访欧美的第一个正式外交使团,毕竟跨出了晚清官员走向世界、迈向国际社会的第一步,成为中国外交从传统走向近代、从朝贡体系转向条约体系的开端。出洋期间,蒲安臣还为使团设计了第一面中国国旗,即黄地蓝镶边,中绘一龙,长3尺,宽2尺,"与使者命驾之时,以为前驱"①。作为中国象征的黄龙旗飘扬在欧美各国,标志着中国第一次以主权国家面目出现在国际社会之中。蒲安臣使团在一定程度上完成了"笼络各国"的外交使命,得到了美、英等国政府不借修约干涉中国的承诺。

同时,蒲安臣使团客观上也为以后中国近代外交使节制度的建立开辟了道路。当时李鸿章就指出,此次乃"权宜试办,以开风气之先,将来使回,如查看有效,另筹久远章程,自不宜常令外国人充当"②,19世纪70年代,清政府终于开始陆续派出驻外使节。蒲安臣使团里的中国官员也通过这次出访大开眼界,接触新事物,吸收新思想,并锻炼了外交才干。如使臣志刚参观美国国会后,赞扬议会制度可使"民情达而公道存"③,并深感国际交往之必要。志刚在出访期间也锻炼了外交能力,因此能在蒲安臣病逝后担当起领导使团的重任,主持了访问俄国等国时的交涉。参加蒲安臣使团的晚清中国官员对世界的认识、见闻和思想变化,可以从他们所写

---

① 志刚.初使泰西记:卷二[M].钟叔河,杨国桢,左步青.走向世界丛书.长沙:岳麓书社,1985.
② 筹办夷务始末·同治朝:卷五五[M].北京:故宫博物院,1930.
③ 筹办夷务始末·同治朝:卷五二[M].北京:故宫博物院,1930.

的几部游记，如志刚《初使泰西记》、孙家谷《使西述略》、张德彝《欧美环游记》等书中看出来。

实例之二：海外游历使（1887—1889）——几乎被历史遗忘的出洋盛举

19世纪70—80年代，清政府陆续向国外派遣驻外公使和外交官。第一位是1875年任命1877年正式到伦敦上任的驻英公使郭嵩焘，之后又派出了驻美国、日本、法国、德国、俄国等国的公使。1885年有一位御史谢祖源上奏，批评以往出使人员大多非科举正途出身，素质较差，对外国调查研究也不够，建议选拔一批文化修养较高的中央各部官员出国游历，可为国家培养外交和洋务人才。此奏得到皇帝重视，命总理衙门议奏和实施。由此引出了1887年清政府派遣一批海外游历使集体出洋、周游世界之举。①

在蒲安臣使团出洋20年之后1887年的这批晚清官员集体出洋，又跨出了近代中国人走向世界新的一步，打破了好几项历史记录。

首先，这次出使的全部是中国官员，清政府破天荒第一次为中央各部保举出国的官员举行了别开生面的选拔考试。这次考试完全不同于以往的科举考试，考试由总理衙门主持，在同文馆举行。考试内容不考四书五经和八股诗文，只作关于边防、史地、外交、洋务方面的策论。考试于1887年6月12—13日举行，由总理衙门大臣曾纪泽等亲自出题、监考、阅卷。吏、户、礼、刑、兵、工六部共保送了76名官员，实际应考者54人，经笔试初步录取28人。第一名是兵部郎中傅云龙，其试卷《记明代以来与西洋交涉大略》还被刊登在1887年10月28日《申报》的头版头条。初试录取之28名官员又经总理衙门大臣面试，"观其器识"，然后再向皇帝引见。最后由光绪皇帝亲自用朱笔圈定傅云龙等12人为钦定海外游历使。如果对这些人做个数量分析的话，可发现以下特点：他们都是科举正途出

---

① 关于1887年海外游历使的详情，可参见王晓秋、杨纪国著《晚清中国人走向世界的一次盛举》一书，辽宁师范大学出版社，2004。

身,其中进士9名、监生3名;都是中央六部五六品中级官员(如五品郎中、员外郎,六品主事),而且基本上都是候补官员;籍贯以江浙籍居多,年龄大多三四十岁。

其次,清政府同时派遣12名海外游历使,分赴亚洲、欧洲、南北美洲的二三十个国家,进行为期两年的游历考察,最远到达南美洲的智利和加勒比海古巴等国,其路程之远及所到国家之多,也是前所未有的。

总理衙门把12名海外游历使及其随员、译员分成5个组,分别派赴亚洲、欧洲、南北美洲,指定重点游历的国家已有美、英、法、日等21个国家。而实际上根据游历使们的报告和游记,他们所到的国家已大大超过这个数字。以傅云龙一组为例,他们先到日本考察6个月后,乘船横渡太平洋到美国,又乘火车横穿美国。然后到加拿大游历,回到美国,又乘船赴古巴考察。然后经加勒比海的海地、多米尼加和中南美洲的哥伦比亚、巴拿马、厄瓜多尔,到秘鲁游历。又绕道智利、阿根廷、乌拉圭到达巴西游历,然后经西印度群岛回到美国作第三次考察,再乘火车横贯美国东西部到旧金山,乘船再次横渡太平洋到日本又作5个月考察才坐船回到上海。傅云龙一行此次游历自1887年9月2日从北京启程,到1889年11月20日回到北京销差,共26个月770天,总行程120844华里,重点游历6国,顺途考察5国,往返共经14国。不少地方如美洲南端麦哲伦海峡,恐怕是中国官员第一次经过的。而当年蒲安臣使团只到了欧美11国,在美洲仅访问了美国。这些海外游历使们在所到各国进行了不少外交礼仪及文化交流活动,会见了不少国家总统、国王和部长,加强了中外联系和友谊。他们还进行了大量参观访问和调查考察活动,涉及政府机关、军事设施、工厂矿山、学校图书馆、博物馆、动植物园等。

最后,这次游历考察所取得的对外国调查研究的成果也是空前的。游历使们分别撰写了几十种对外国调查研究的著作、考察报告及海外游记、日记和诗文集。其中仅傅云龙一人就撰写了游历日本、美国、加拿大、古巴、秘鲁、巴西六国的调查报告(称为《游历图经》)、游记(称为《游历图经余记》）和纪游诗，共达110卷之多。奉命游历欧洲的刘启彤也写了《英政概》《法政概》《英藩政概》《欧洲各国火轮车道纪略》等著作。

因此，我把这次清政府派遣海外游历使之举称为19世纪80年代"中国人走向世界的一次盛举"。可令人惊讶的是，这批游历使回国后却没有受到重用，更没有在外交岗位上发挥作用。这样一次出洋盛举竟然渐渐被历史所埋没和遗忘，以致过去在各种清史、近代史、中国外交史和中外关系史的教材和著作中基本上都没有记载。

为什么会出现这样的怪现象呢？分析起来原因很多。首先清政府1887年派遣海外游历使之举，一开始就立意不高，目标不明确。当时总理衙门制定的《游历章程》，仅仅着眼于海外调查考察，要求游历使"将各处地形要隘，防守之大势以及远近里数、风俗、政治、水师、炮台、制造厂局、火轮舟车、水雷炮弹，详细记载，以备考查"[1]。并没有指出求知识于世界、借鉴外国经验等更远大的动机和目标，也没有把这批海外游历使真正作为外交人才来加以培养、锻炼、使用。因此他们回国后仍然是回到六部或是派遣地方任职，而不是考虑利用他们通过这次宝贵的海外游历实践获得的海外知识和外交经验，发挥其外交人才的作用。12名游历使中竟没有一人出任外交官，著述最多的傅云龙和刘启彤也不过加赏二品衔以道员分派北洋，任北洋机器局和海防支应局的会办。

其次是受到保守势力和社会偏见的打击压制。早在选拔考试和派遣出洋时，已有人冷嘲热讽，讥笑这些官员只是在六部提升无望，才冒险以海外游历为升官捷径和出路。游历使在海外期间又有人造谣诽谤，诬告他们谋取私利、行为不端。待游历使快要回国时，又有人妒忌他们可能得到格外保举升迁太快。御史何福堃甚至专门上奏，要求"请薄其奖叙，即有佳者，只可发往南北洋当差"。以致他们回国后，总理衙门不敢提拔和重用他们出任公使等外交职务。

---

[1] 清季外交史料：卷七一[M].北京：北平清季外交史料编纂处铅印，1931.

再次与海外游历使本身的地位及素质也有关系。这次选拔和派遣的海外游历使级别和地位太低，只是五、六品候补官员，人微言轻，其言论和著述难以产生更大影响，甚至连所到游历国家也常加以轻视怠慢。游历使们周游世界辛辛苦苦写下的调研报告交到总理衙门后，大多被束之高阁，有的书后来还是他们自己花钱印刷出版的。另外，他们基本上都是科举出身传统文化培养出来的旧学人才，西学和外国知识很少，更缺乏外交经验且不通外语，因此在国外调查与交流都遇到很多困难。

最后是受到经费的制约并与驻外使馆发生矛盾。清政府由于财政困难，拨给游历使出洋的经费不足，而且这笔4万两银子经费还是从各驻外使馆人员经费中克扣出来的（每人节省20%薪俸），因此造成驻外使馆人员与游历使间的矛盾，有的使馆不仅不提供方便反加种种刁难。

由于以上种种原因，1887年清政府派遣海外游历使集体出洋的盛举，尽管又跨出了走向世界的一大步，甚至远至南美洲偏僻之地都出现了中国官员的身影。可是此举最终对中国政治、外交所起的作用和影响不大，致使这批风尘仆仆历尽千辛万苦周游世界的海外游历使多数在历史上默默无闻，渐渐被世人遗忘。这次走向世界的盛举也逐渐湮没于历史的尘埃之中而鲜为人知了。

实例之三：五大臣出洋（1905—1906）——王公大臣走出国门考察政治推动立宪

19世纪末至20世纪初，随着清末新政改革的需要和推动，晚清官员出国游历考察逐渐形成风气，而且出现要求王公大臣出洋的呼声，考察外国政治特别是宪政，也被提上日程。1905—1906年的五大臣出洋，标志着晚清中国官员在走向世界的历程上又迈出了一大步。

早在1895年张謇为张之洞起草的《条陈立国自强疏》中就建议"亲贵大臣及满汉世家子弟，尤宜选其贤者，遣出游历"，因为"风气自上开之，视为下者事半功倍"。① 1898年戊戌维新期间，康有为特地代御史杨深秀起草了《拟请派近支王公游历折》。礼部主事王照甚至上书请光绪皇帝奉慈禧太后东游日本，"藉以考证得失，决定从违"，② 结果被顽固派大臣斥为"用心不轨"③。

20世纪初，经过了义和团运动、八国联军战争，清王朝内外交困，统治摇摇欲坠。1901年1月，镇压过戊戌维新的慈禧太后被迫宣布要"取外国之长"以"补中国之短"，实行变法新政。④ 同年张之洞、刘坤一联名所上《江楚会奏变法三折》中也明确提出"拟请敕派王公大臣"分赴各国游历。其理由是"亲贵归国，所任皆重要职事，所识皆在朝之达官，故其传述启发，尤为得力"。⑤ 1902年以后逐渐出现官员以至王公大臣出洋游历考察的热潮，对推动清末新政的进展起了一定的作用。

1905年，由于日俄战争和民族危机加深的影响，要求立宪的舆论日益高涨，驻外公使和地方督抚也纷纷奏请仿效日本及欧美政治，实行君主立宪。清廷决定派王公大臣出洋，深入考察欧美及日本等国政治，归国报告后再作决策，于是就有了1905—1906年的五大臣出洋。

这次五大臣出洋的特点是级别高、随员多、目标明确、效果显著。

清廷所派考察政治出使大臣的人选几经变动，最初曾想派贝子载振、军机大臣荣庆、户部尚书张百熙和湖南巡抚端方，后荣庆、张百熙不愿去，改为军机大臣瞿鸿禨与户部侍郎戴鸿慈。之后又因载振、瞿鸿禨公务在身，不能出洋，改派镇国公载泽、军机大臣徐世昌，不久又追加商部右丞绍英。1905年9月24日，正值使团在北京正阳门车站上车准备出发时，遭革命党人吴樾炸弹袭击。绍英等人受伤，徐世昌兼任巡警部尚书也走不

---

① 张謇. 张謇全集：卷一 [M]. 南京：江苏古籍出版社，1994：39.
② 中国史学会编. 戊戌变法 [M]. 第二册，上海：上海神州国光社，1953：353.
③ 康有为. 康有为全集：第5册，中国人民大学出版，2007：99.
④ 故宫博物院明清档案部. 义和团档案史料：下册 [M]. 北京：中华书局，1959：914.
⑤ 朱寿朋. 光绪朝东华录 [M]. 北京：中华书局，1958：4755.

了，又改派山东布政使尚其亨和顺天府丞李盛铎。因此，最后真正出洋的五大臣是载泽、戴鸿慈、端方、尚其亨、李盛铎，全部是高级别的一、二品大员。镇国公载泽，姓爱新觉罗，满洲正黄旗人，是嘉庆皇帝第五子惠亲王之孙，其妻是光绪皇后隆裕之姐妹，属近支王公，宗室贵胄，故出洋后常被外国报纸称为"亲王殿下"。他是深得慈禧太后宠信的满族亲贵。出洋前任盛京守陵大臣，回国后不久就升任御前大臣、度支部尚书。户部侍郎戴鸿慈与湖南巡抚端方都曾在慈禧西逃时护驾有功，获慈禧赏识，刚出洋就分别被升为礼部尚书和闽浙总督，回国后端方更调任两江总督兼南洋大臣。尚其亨是二品布政使，汉军旗人，并与慈禧沾亲。而李盛铎原是慈禧宠臣荣禄之心腹，此时被任命为出使比利时大臣兼考察政治大臣。可见，五大臣都是地位显赫之高级官员。

五大臣出洋还选调了大批随员，选拔标准是"必须择其心地纯正见识开通者，方足以分任其事"①。随员不仅人数众多，而且级别较高、素质较好，不少人后来成为政坛和外交界的风云人物。他们先是奏调了38人名单，实际上后来分两路出发，仅载泽一路在其日记上提到的随行或先遣人员名单已达54人。② 戴鸿慈一路，其日记所记同行随员也有48人。随员中包括部分京官，如御史、内阁中书、翰林院编修，各部郎中、员外郎、主事等，不少人级别已超过当年海外游历使。还有地方官员，如道员、知府、知县，海陆军官如参将、都司，以及地方督抚派的随员和留学生等，有些是精通外语和外国情况曾经留学欧美、日本的归国留学生。其中包括民国时代当过内阁总理或部长、公使的熊希龄、陆宗舆、章宗祥、施肇基等人，还有袁世凯的长子袁克定。随员们各有分工，分别担任先遣联络、考察、翻译、编撰等任务。

---

① 故宫博物院明清档案部. 清末筹备立宪档案史料：上册 [M]. 北京：中华书局，1979：3.
② 载泽. 考察政治日记 [M] //钟叔河，杨国桢，左步青. 走向世界丛书. 长沙：岳麓书社，1986：571.

五大臣出洋目标远大，任务明确，调研细致。1905年7月16日上谕规定目的是"分赴东西洋各国，考求一切政治，以期择善而从"，并要求在国外"随事谘询，悉心体察，用备甄采，毋负委任"。① 临行之前，慈禧太后和光绪皇帝连日召见考察大臣，认真听取了端方演讲《立宪说略》，并让考察大臣带上些宫廷御点路上充饥。光绪帝还面谕军机大臣：考察政治是今天当务之急，务必饬令各考察大臣速即前往，不可任意延误。

载泽、尚其亨、李盛铎一行于1905年12月11日出京，1906年1月16日抵达日本，后经美国赴英国、法国，最后到比利时，7月12日回到上海。戴鸿慈、端方一行于1905年12月7日出京，也先到日本参观，1906年1月23日抵美，后取道英、法，抵德国，然后考察奥地利、俄国、意大利，并游历丹麦、瑞典、挪威、荷兰、瑞士，7月21日回到上海。实际上前者重点是考察日本和英国、法国，后者则是重点考察德国、美国和俄国。

戴鸿慈与端方在出洋途中与随员详细讨论和制订了考察方针和计划，立宗旨以考察各国政体、宪法为中心。并作分工、专责任、定体例、勤采访、广搜罗，以图"他山攻玉"，"纲举目张"。②

两路考察大臣出洋为时半年左右，前后到了14个国家。每到一国游历结束时，都及时向清政府奏报考察经过和心得，并介绍该国的政治体制和统治得失、经验教训。他们考察虽以政治特别是宪政为中心，但实际调查范围很广，包括议会、政府机关、工厂、银行、学校、警察、图书馆、博物馆、动植物园，以至监狱、浴池等。并请外国政治家、学者讲解宪政原理和各种制度，还大量收集、购买、翻译各类图书、资料。③

---

① 故宫博物院明清档案部．清末筹备立宪档案史料：上册［M］．北京：中华书局，1979：1.
② 戴鸿慈．出使九国日记［M］//钟叔河，杨国桢，左步青．走向世界丛书．长沙：岳麓书社，1986：333.
③ 五大臣出洋的详情，可参见王晓秋指导陈丹撰写的博士论文《清末考察政治大臣出洋研究》，社会科学文献出版社，2011．

五大臣出洋收获丰硕，效果显著，推动了预备立宪的决策。1906年回国后，载泽等人编辑了书籍67种146册，并将其中30种分别撰写了提要，进呈光绪和慈禧御览。另将购回的400余种外交书籍送交考察政治馆备考。戴鸿慈、端方也带回许多书籍、资料，并赶写出介绍欧美各国政体制度的《欧美政治要义》供朝廷采择。以后又编写了介绍各国政治源流和概况的《列国政要》133卷。这些书对清末新政和预备立宪的各项改革和制度建设具有重要参考价值。

五大臣出洋所起的最重要作用是推动了清政府预备立宪基本国策的确定。他们一回到北京就直奔颐和园复命，慈禧太后和光绪皇帝立即召见他们。前后计召见载泽、戴鸿慈各2次，召见端方3次，尚其亨1次。他们在召见时力陈"中国不立宪之害及立宪之利"，并一连上了好几份奏折，详加阐述。其中最重要的是载泽的《奏请宣布立宪密折》，为解除慈禧太后对立宪的思想顾虑，着重指出君主立宪有三大利，即"皇位永固""外患渐轻""内乱可弭"①，为维护清王朝的统治开了一副包医百病的药方，令慈禧读后颇为动容。端方也上了《请定国是以安大计折》，洋洋万言，阐述考察欧美各国政治的结论："东西洋各国之所以日趋强盛者，实以采用立宪政体之故。"因此"中国欲国富兵强，除采取立宪政体而外，盖无他术矣！"② 1906年8月25日，清廷命醇亲王载沣和各军机大臣、政务处大臣及北洋大臣袁世凯等共同阅看考察大臣的条陈各折并会议讨论。这实际上是决定国策的重臣会议。会上多数人赞同立宪，少数人尚有保留。8月29日慈禧太后与光绪皇帝召见诸大臣，决定预备立宪。三天之后，即1906年9月1日，清廷正式颁布"仿行立宪"的上谕。可见，五大臣出洋在清政府确定实行预备立宪国策的过程中起了十分关键的作用。

---

① 故宫博物院明清档案部．清末筹备立宪档案史料：上册 [M]．北京：中华书局，1979：175．
② 故宫博物院明清档案部．清末筹备立宪档案史料：上册 [M]．北京：中华书局，1979：175．

可是，五大臣出洋和清政府的预备立宪仍然不能挽救清王朝的覆灭。虽然之后又实行了改革官制，颁布宪法大纲，设立谘议局和资政院等一系列措施，但清王朝的腐败专制统治已像一座基础腐烂快要倒塌的房屋一样不可救药了。1911年，清政府实行了镇压立宪派国会请愿运动、成立皇族内阁、宣布铁路干线国有等一系列倒行逆施，最终引发了保路运动和武昌起义。1912年2月12日，清帝正式宣布退位，统治中国260多年的清王朝终于结束了。

通过以上三个实例的比较，我们可以看到晚清中国官员走向世界的发展轨迹。从在洋大人带领下走出国门，到中国人独立周游世界；从选拔中下级官员海外游历，到派遣王公大臣出洋考察；从泛泛调查异国风情，到重点考察外国政治；从回国后默默无闻几乎被历史遗忘，到推动立宪国策发挥重要作用……反映了晚清中国官员在走向世界、认识世界的艰难历程中一步一步地前进，逐步融入国际社会，登上世界外交舞台。但同时也暴露了清王朝的衰败和腐朽，终究不能挽救其灭亡的命运。

（原载于《学术月刊》2007年第六期）

参考文献

[1] 广东省社科院历史所,中国社科院近代史所,中山大学历史系. 孙中山全集［M］. 北京：中华书局,1981.

[2] 尚明轩. 孙中山全集［M］. 北京：人民出版社,2016.

[3] 邱捷. 孙中山全集续编［M］. 北京：中华书局,2017.

[4] 陈锡祺. 孙中山年谱长编［M］. 北京：中华书局,1991.

[5] 桑兵. 孙中山史事编年［M］. 北京：中华书局,2017.

[6] 姜义华,张荣华. 康有为全集［M］. 北京：中国人民大学出版社,2007.

[7] 汤志钧. 康有为政论集［M］. 北京：中华书局,1991.

[8] 蒋贵麟. 康南海先生未刊遗稿［M］. 台北：台北文史哲出版社,1979.

[9] 汤志钧,汤仁泽. 梁启超全集［M］. 北京：中国人民大学出版社,2018.

[10] 陈铮. 黄遵宪全集［M］. 北京：中华书局,2005.

[11] 吴振清,徐勇,王家祥. 黄遵宪集［M］. 天津：天津人民出版社,2003.

[12] 黄遵宪. 日本国志［M］. 吴振清,徐勇,王家祥,点校整理. 天津：天津人民出版社,2005.

[13] 黄遵宪. 人境庐诗草笺注［M］. 钱仲联,笺注. 上海：上海古

籍出版社，1981.

［14］实藤惠秀，郑子瑜. 黄遵宪与日本友人笔谈遗稿［M］. 东京：早稻田大学东洋文化研究会，1968.

［15］傅云龙. 傅云龙集［M］. 傅训成，点校. 杭州：浙江古籍出版社，2018.

［16］傅云龙. 傅云龙日记［M］. 傅训成，整理. 杭州：浙江古籍出版社，2005.

［17］北京大学图书馆. 汪荣宝日记：影印本［M］. 天津：天津古籍出版社，1987.

［18］汪荣宝日记［M］. 韩策，崔学森，整理；王晓秋，审订. 北京：中华书局，2013.

［19］中山大学历史系. 林则徐集［M］. 北京：中华书局，1962.

［20］林则徐全集编辑委员会. 林则徐全集［M］. 福州：海峡文艺出版社，2002.

［21］杨国桢. 林则徐书简［M］. 福州：福建人民出版社，1985.

［22］来新夏. 林则徐年谱：增订本［M］. 上海：上海人民出版社，1995.

［23］魏源集［M］. 北京：中华书局，1970.

［24］魏源. 海国图志［M］. 长沙：岳麓书社，1998.

［25］郭嵩焘日记［M］. 长沙：湖南人民出版社，1982.

［26］郭嵩焘. 伦敦与巴黎日记［M］. 长沙：岳麓书社，1984.

［27］钟叔河. 走向世界丛书：第一辑［M］. 长沙：岳麓书社，1985.

［28］王彦威，王亮. 清季外交史料光绪朝，宣统朝［M］. 北京：北平清委外交史料编纂处铅印，1932，1935.

［29］故宫博物院明清档案部. 清末筹备立宪档案史料［M］. 北京：中华书局，1979.

附 录

王晓秋学术简历

1942年8月9日出生于上海市，祖籍江苏海门。

1953—1956年在上海市延安中学初一，徐汇中学初二、初三、高一学习。

1957年9月—1958年7月在上海市华东师大一附中高二学习。

1959年7月于上海市徐汇中学高三毕业。

1959年9月考入北京大学历史学系学习。

1964年7月于北大历史学系五年制本科毕业，留校任中国近代史教研室助教。

1969—1970年北大江西鲤鱼洲五七干校劳动兼教工农兵学员。

1971—1976年回京为北大工农兵学员、外国留学生讲授中国近代史。

1977年10月晋升讲师，为恢复高考后本科生讲授中国近代史、中日文化交流史等课程。

1980年10月分别在《历史研究》和《近代史研究》上发表学术论文。

1986—1987年晋升副教授，赴日本庆应大学做访问学者一年。

1987年10月出版学术著作《近代中日启示录》，并获第二届全国通俗政治理论读物一等奖。

1987—1998年担任北大历史学系中国近代史教研室主任。

1991年8月晋升教授，出版《近代中日文化交流史》《中日文化交流史话》《民族英雄林则徐》等著作。

1993年1月起享受国务院政府特殊津贴。

1993年3月—5月赴泰国法政大学做访问学者。

1994年被评为博士生导师，开始招收博士研究生。

1995年3月—6月赴韩国高丽大学任客座教授。

1995—2007年担任北京中日文化交流史研究会会长。

1995—1996年参与《中日文化交流史大系》编写，任《历史卷》中方主编。

1996年8月—1997年7月赴日本京都，任日本国际日本文化研究中心客员教授一年。

1997年著作《近代中日关系史研究》在中国社会科学出版社出版。

1998年8月筹办戊戌维新百周年国际学术讨论会，主编《戊戌维新与近代中国的改革》论文集。

1998—2012年担任第九、十、十一届全国政协委员及全国政协文史与学习委员会委员。

1999—2005年担任民盟北京大学委员会主委，民盟中央文化委员会副主任。

1999—2019年任北京大学中外关系史研究所所长。

2002年起担任国家清史编纂委员会委员，参与国家清史工程。

2003年11月—12月赴法国任巴黎高师客座教授。

2003—2004年出版《近代中国与世界》《晚清中国人走向世界的一次盛举》等学术著作。

2004—2009年任中国社科院近代史研究所学术委员会委员。

2005年起参与高校政治理论课教材《中国近现代史纲要》编写与修订工作。

2005—2012年任中国中日关系史学会副会长。2012年后任顾问。

2006—2012年任中日历史共同研究委员会中方委员，参与中日历史共同研究。

2010年5月任中国国家图书馆国情咨询专家委员会委员。

2010—2016年担任教育部中国近现代史纲要教学指导委员会副主任。

2011年11月主办北大纪念辛亥革命百周年国际学术讨论会，主编《辛亥革命与世界》论文集。

2011年11月赴日本访问，获日本关西大学名誉博士称号。

2012年4月—5月赴台湾近代史研究所做访问学者。

2012—2013年在北京大学出版社出版《东亚历史比较研究》《改良与革命：晚清民初史事新探》等学术著作。

2013年7月退休并继续指导未毕业博士生至2017年。

2018年2月著作《史海遨游录》由中国文史出版社出版，列入政协委员文库。

2019年12月获北京大学离退休教师学术贡献奖。

2020年9月著作《青蓝集：王晓秋书序选》由中国文史出版社出版。

2024年9月，著作《日本历史镜鉴录》由中国社会科学出版社出版。

王晓秋学术著作目录

《近代中日启示录》，北京出版社，1987年。

《近现代中国的革命》（与谢毅合著），北京出版社，1987年。

《从鸦片战争到辛亥革命》（日文），日本东方书店，1991年。

《中日文化交流史话》，山东教育出版社，1991年；增订本，商务印书馆，1996年。

《民族英雄林则徐》，河北教育出版社，1992年。

《近代中日文化交流史》，中华书局，1992年，新版2000年。

《东亚风云》，台湾宏观文化公司，1995年。

《中日文化交流史大系（历史卷）》（中方主编），中文本，浙江人民出版社，1996年；日文本，日本大修馆，1995年。

《近代中日关系史研究》，中国社会科学出版社，1997年。

《戊戌维新与清末新政》（论文集主编），北京大学出版社，1998年。

《国外中国近现代史研究述评》（主编之一），中国文史出版社，1999年。

《戊戌维新与近代中国的改革》（论文集主编），社会科学文献出版社，2000年。

《伟哉中华（中华五千年历史图卷）》（文字作者），云南教育出版社，2000年。

《近代中国与日本：他山之石》（韩文），韩国高丽大学出版部，2002年。

《近代中国与世界：互动与比较》，紫禁城出版社，2003年。

《晚清中国人走向世界的一次盛举：1887年海外游历使研究》（与杨纪国合著），辽宁师范大学出版社，2005年。

《近代中国与日本：互动与影响》，昆仑出版社，2005年。

《黄遵宪与近代中日文化交流》（论文集主编），辽宁师范大学出版社2007年。

《东亚历史比较研究》，北京大学出版社，2012年。

《改良与革命：晚清民初史事新探》，北京大学出版社，2012年。

《中日文化交流两千年：回顾与展望》（论文集主编之一），社会科学文献出版社，2013年。

《辛亥革命与世界》（论文集主编），北京大学出版社，2013年。

《近代中日文化交流史人物研究》，昆仑出版社，2015年。

《史海遨游录》，中国文史出版社，2018年。

《青蓝集：王晓秋书序选》，中国文史出版社，2020年。

《日本历史镜鉴录》中国社会科学出版社，2024年。

后　记

利用本书出版之机，谨向在笔者五十多年研究中国近代史和中外关系史的过程中，曾支持、帮助或交流、合作过的国内外学术机构、学术团体、学校、图书馆、出版社，以及中外学者、领导、同事、师生、朋友、家人表示真挚的谢意！

本书出版得到北京大学历史学系离退休教师科研专项基金资助，光明日报出版社的编辑、校对也为此付出了辛勤的劳动，一并表示感谢。

作者王晓秋

2024 年 3 月 10 日